MITTELA

Strategie und Kr

MITTELALTER
Strategie und Kriegskunst

Brandenburgisches Verlagshaus
SIEGLER

Impressum

Mathias Lempertz GmbH
Hauptstr. 354
53639 Königswinter
Tel.: 02223 / 900036
Fax: 02223 / 900038

Deutsche Übersetzung: Dorko Michael Rybiczka

Umschlagentwurf: Grafikbüro Olaf Schumacher, Königswinter

Satz: Axel Mertens

Printed and bound in Czech Republic

ISBN: 978-3-939908-69-2

Inhalt

Frühmittelalterliche Kriegsführung

Als die germanischen Eindringlinge im 5. Jahrhundert das weströmische Reich überrannten, brachten sie Krieg über die römisch beherrschten Bevölkerungen, wie diese ihn seit Jahrhunderten nicht mehr erlebt hatten. Die Kultur der Germanen drehte sich um den freien Mann als Krieger. Ein König, der sich nicht darauf verstand, seine Truppen im Feld zu leiten, wurde verachtet und lebte meist nicht lang; wer einem König folgte, der sich in der Schlacht als Feigling erwiesen hatte, war für sein Leben mit Schande überzogen.

Kleine germanische Nachfolgestaaten traten an die Stelle des Römischen Reiches und Nachbar kämpfte gegen Nachbar um Prestige, Überlegenheit und Beute, die es ermöglichte, sich Loyalität zu erkaufen. Leider bleiben die meisten Details dieser frühmittelalterlichen Kriegsführung für uns im Dunkeln. Unsere schriftlichen Quellen sind äußerst spärlich. Was die Kriegsführung in der Epoche nach den Germaneninvasionen noch schwerer verständlich macht: Selbst wenn eine Quelle vorhanden ist, bleibt sie zumeist quälend unklar – es heißt dann etwa, dass eine Armee die andere besiegte, Details sind aber unerwähnt. Oder eine frühmittelalterliche Sage enthält derart viel Legendenbildung, dass sich die historische Realität dahinter nicht ermitteln lässt. Niemand wird zum Beispiel annehmen, dass ein frühmittelalterlicher Krieger die Fähigkeiten eines Beowulf aufwies, obgleich das Gedicht wichtige Hinweise auf Bewaffnung und Rüstung liefert. Zum Teil lässt sich die genannte Unklarheit darauf zurückführen, dass die meisten Berichte von Mönchen verfasst wurden, die normalerweise von den Kampfmethoden der weltlichen Gesellschaft wenig Ahnung hatten. Vor allem aber verließen sich die Verfasser darauf, dass jedermann wusste, wie eine Schlacht vonstatten ging, welche Kampftechniken Anwendung fanden und welche taktischen Möglichkeiten

Links: Die Schlacht auf dem Lechfeld im Jahr 955. Eine romantisierte Darstellung von Ottos I. Sieg über die Magyaren. Rechts: Eine für das Mittelalter typische Szene. Der Lehrer, ein Mitglied des Klerus, liest den Knaben vor

den Opponenten zur Verfügung standen. Dennoch lassen sich einige Grundzüge der frühmittelalterlichen Kriegskunst eruieren, die größtenteils für die gesamte Militärgeschichte des Mittelalters Geltung haben.

Taktik und Strategie

Es ist wichtig, zunächst einmal festzuhalten, zumal Hollywood so häufig ein Zerrbild der mittelalterlichen Schlachten darbietet, dass die damaligen Kommandeure sich oft ausgezeichnet auf Strategie und Taktik verstanden. Im Mittelalter gab es keine Entsprechungen für diese beiden Begriffe, doch gibt es aus jenen Jahrhunderten hinreichend Beispiele dafür, dass kluge Kommandeure, die häufig eindrucksvolle Siege errangen, diese Erfolge ausschließlich ihrem Gespür dafür verdankten, was sie mit ihren Truppen auf dem Schlachtfeld anzufangen hatten und wie sie erfolgreich kämpfen konnten.

Ein mittelalterlicher Mönch kopiert händisch einen Text; Bücher waren im Mittelalter teuer.

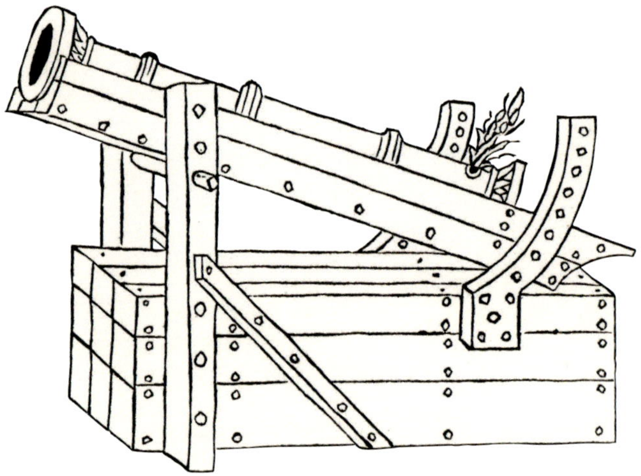

Darstellung einer Kanone aus dem 14. Jh., nach dem Traktat 'De re militari' des Vegetius (einem römischen Kriegshandbuch).

774

Karl der Große besiegt den Langobardenkönig Desiderius und wird König der Langobarden.

772–785, 792–793, 798–803

Karl der Große besiegt die Sachsen.

778

15. August: Schlacht bei Roncesvalles. Karls des Großen Armee zieht sich aus Spanien zurück, als die Basken aus dem Hinterhalt seine von Graf Roland angeführte Nachhut vernichten.

Rechts: Dieses romantische Gemälde zeigt die Landung der Wikinger an der englischen Küste und erinnert an den Schrecken, den die Räuber aus dem Norden hervorriefen.

Unten: Graf Gottfried V. von Anjou (1113-1115), der einzige mittelalterliche Feldherr, von dem man weiß, dass er den Traktat 'De re militari' gelesen hat.

Was es im Mittelalter hingegen nicht gab, war eine regelrechte Ausbildung der Generäle in der Kunst, Befehle zu erteilen. Es gab ein einziges römisches Handbuch zum Thema Krieg aus dem späten vierten Jahrhundert, 'De re militari' von Vegetius. Es wurde im Mittelalter immer wieder kopiert und später auch ins Französische, Englische, Italienische, Deutsche, Spanische, Portugiesische und selbst ins Hebräische übersetzt. Die Übersetzung in die letztgenannte Sprache weist darauf hin, dass Vegetius` Leser seine Abhandlung nicht zur Planung von Feldzügen herangezogen, sondern eher ein antiquarisches

788

Fränkische Eroberung Baierns.

782

Massaker von Verden. Die Franken unter Karl dem Großen ermorden tausende sächsische Gefangene.

789

Erster bekannter Wikingerüberfall, gegen die Südostküste Englands.

Interesse an den alten Römern pflegten. Nur einmal wird ein Feldherr erwähnt, der sich tatsächlich an Vegetius orientierte: Graf Gottfried V. von Anjou soll im frühen 12. Jahrhundert den Traktat während der Belagerung einer Festung gelesen haben.

Die Größe der Armeen

Ein zweites grundlegendes Problem beim Studium des Krieges im Mittelalter ist die Größe der beteiligten Armeen. Bis königliche Rechnungsbücher im 13. und 14. Jahrhundert begannen, Zahlungen an Truppen aufzulisten, bleibt man in der Frage, wie viele Männer an einer Schlacht teilnahmen, auf bloße Schätzungen angewiesen, und die Schätzungen der Historiker gehen durchaus weit auseinander. Mittelalterliche Quellen sind beim Berechnen der Truppenstärken keine große Hilfe, denn ihre Autoren hatten eine Vorliebe für große, runde Zahlen, die angesichts der damaligen Ressourcen schlichtweg im Bereich des Unmöglichen liegen. Am anderen Ende der Skala finden wir Definitionen, wie sie etwa in den Gesetzen des westsächsischen Königs Ine (um 700) enthalten sind, denen zufolge bis zu sieben Mann als Diebe betrachtet werden sollten, 7 bis 35 Mann als „Bande" und alles, was darüber hinausgeht, als Armee. Eine Streitmacht von 36 gut bewaffneten Männern konnte in der Tat die meisten frühmittelalterlichen Dörfer erfolgreich überfallen, und viele frühmittelalterliche „Schlachten" scheinen als Überfälle begonnen zu haben, denen Widerstand geleistet wurde.

Im Allgemeinen sind Historiker der Ansicht, dass die Armeen vor dem 11. Jahrhundert klein gewesen sein müssen – nicht weil die Könige nicht mehr Männer hätten ausheben können, sondern eher aus logistischen Erwägungen heraus. Selbst eine Armee von 2000 bis 3000 Mann hätte sich großen Versorgungsproblemen ausgesetzt gesehen. Die frühmittelalterlichen Krieger mussten Waffen und Verpflegung selbst stellen. Wie aber hätten sie größere Mengen an Lebensmitteln und Tierfutter über weite Strecken transportieren können? Große Teile Westeuropas verließen sich als Infrastruktur weiterhin auf die römischen Straßen, und es gibt Hinweise, dass diese in manchen Regionen ausgebessert und instandgehalten wurden. Viele Kämpfe trugen sich aber an Grenzen zu, die die Römer kaum je erreicht hatten. Die Transportprobleme waren derart unüberwindlich, dass die Könige mit ihrem Hofstaat schon

Idealisierte Darstellung eines Militärlagers aus dem 15. Jh. Nur Ritter und Adlige genossen den Luxus eines Zelts.

789–795

Karl der Große besiegt die Awaren auf dem Balkan.

793

8. Juni: Die Wikinger brandschatzen Lindisfarne.

800

25. Dezember: Karl der Große wird in Rom zum Kaiser gekrönt.

in Friedenszeiten langsam von Ort zu Ort zogen, sich von den jeweils einheimischen Lebensmitteln ernährten und keine eigenen Vorräte in ihre Höfe schafften. Je länger der Feldzug – und je größer die Zahl der daran beteiligten Truppen -, desto mühsamer wären diese Probleme zu lösen gewesen. Verschlimmert wurde die Lage noch dadurch, dass die meisten frühmittelalterlichen Feldzüge im Frühjahr stattfanden und die Krieger demnach nicht darauf hoffen konnten, sich von den Früchten des Landes, das sie durchzogen, leben zu können. Zwar verschoben die Karolinger im späten achten Jahrhundert den Termin des jährlichen Feldzuges von März auf Mai, offenbar aber nur aus dem Grund, damit die steigende Zahl ihrer Kavalleriepferde genug zu grasen hatte. Es blieb das Problem, Lebensmittel für die Menschen und Futter für die Tiere mitzuführen.

Wer kämpfte?

Fraglich ist auch, ob die größte Armee wirklich auch die effizienteste und effektivste war, zumindest stellt sich die Frage für das Frühmittelalter. Die frühgermanische Gesellschaft, die der römische Historiker Tacitus im frühen zweiten Jahrhundert beschrieb, war eine vom Krieg beherrschte Gesellschaft, in der alle freien Männer Waffen trugen und ihren Platz im Heer einnahmen. Nicht alle Männer waren aber in der Schlacht von gleichem Nutzen. Der durchschnittliche Freie war relativ arm, gemessen an seiner Militärausrüstung. Es herrschte Mangel an Metall, und die Rüstung, wenn überhaupt vorhanden, bestand aus Leder, ebenso der Helm; der Schild war aus Holz gefertigt und der Krieger kämpfte überwiegend mit dem Speer – dessen Spitze in der Regel das größte Metallstück war, das er besaß. Als Zweitwaffe diente der Dolch oder auch die Axt.

Man vergleiche die Effektivität eines solchen Kriegers mit den Kämpfern eines wichtigen Lords, die überwiegend Kettenhemden, Metallhelme und stärkere Schilde mit Metallbesätzen und

Die besten Straßen des Mittelalters waren zumeist die verbliebenen römischen Straßen, die Europa kreuz und quer durchzogen.

Ab dem 12. Jh. trugen die Ritter Familienwappen, hier etwa der Earl von Oxford.

Die Dänen errichten den Danevirke, einen 19 Kilometer langen Wall samt Graben, auf der Halbinsel Jütland.

805-807

Die Muslime erobern Zypern.

-rändern zur Verstärkung besaßen. Ein solcher Mann begann die Schlacht wohl mit einem Speer, hatte aber wohl auch ein Schwert – eine große Investition, die nach einem frühen germanischen Gesetzestext drei Ochsen wert war. Diese „professionellen“ Kämpfer hatten wohl auch Pferde, daher kamen sie rascher zu einer Schlacht und waren mobiler, und in manchen frühmittelalterlichen Kulturen dienten sie in der Schlacht als Kavallerie. Natürlich hatten diese Männer auch keinen anderen Beruf als das Kämpfen, daher dürften sie besser ausgebildet und als Einheit kampfstärker gewesen sein.

Zu den Zeiten, in denen uns vorhandene Quellen Einblick gewähren, wer an Schlachten teilnahm, zogen die Herrscher eindeutig kleinere Armeen aus besser bewaffneten und besser ausgebildeten Kämpfern gegenüber großen Bauernhaufen vor. Die Herrschaft des Frankenkönigs Karls des Großen (768-814) wird in dieser Hinsicht gerne als Wendepunkt angesehen. Im Jahr 807 legte Karl gesetzlich fest, dass drei (später vier) ‘mansi’ bebauten Landes einen wohlausgerüsteten Kämpfer zu stellen hatten. Ein ‘mansus’ war etwa die Fläche, die nötig war, um eine Familie zu ernähren, und der Besitzer eines so großen Grundstückes musste in eigener Person zum Kampf erscheinen, während weniger reiche Freie sich zusammentaten und einen aus ihren Reihen stellten. War dies aber etwas Neues oder nur die Festschreibung bereits üblicher Praktiken, wie es bei den Karolingern so häufig der Fall war? Wir wissen es nicht. Hingegen

Karl der Große (768-814), der das weströmische Reich wieder errichtete, wurde am Weihnachtstag des Jahres 800 zum Kaiser gekrönt.

Weltliche und fromme Szenen wurden oft miteinander verbunden, wie in dieser Abbildung von St. Bertin aus einer Handschrift aus dem 10. Jh., wo unten eine Eberjagd dargestellt ist.

808

Karl der Große erlaubt es den ärmeren Freien, sich für die Ausrüstung ihrer Kriegsdienstleistenden zusammenzutun.

814–817

Die Bulgaren belagern Konstantinopel.

Gottfried von Bouillon (1058-1100) und seine Ritter brechen zum Ersten Kreuzzug auf. Gottfried wurde erster Herrscher des christlichen Königreiches Jerusalem.

wissen wir, dass Karl nicht bei jedem Feldzug Truppen aus seinem gesamten großen Reich zusammenstellte. Zuweilen wurden nur Kämpfer aus der nächstgelegenen Region zum Militärdienst berufen. Bei anderen Gelegenheiten wurde proportional ausgehoben. Die Sachsen zum Beispiel mussten für den Feldzug in Spanien nur jeden sechsten Krieger stellen und jeden dritten gegen die Böhmen, während die gesamte Streitmacht nötig war, um gegen die benachbarten Elbslawen zu Felde zu ziehen.

Um 830 mussten die Bauern nicht mehr kämpfen, wie die fränkischen 'Annalen des St. Bertin' erhellen. Der mönchische Chronist berichtet, dass die Gemeinen seiner Region einen gegenseitigen Beistandspakt gegen die Überfälle der Wikinger schlossen. Die örtlichen Adligen hingegen griffen die Bauern für diese Anmaßung an und metzelten sie nieder. Es war Pflicht und Recht des Adels und seiner bewaffneten Einheiten allein, Krieg zu führen – nicht der aufmüpfigen Bauern, die am Ende noch die Waffen gegen ihre rechtmäßigen Herren erhoben hätten.

827-902

Die Muslime entreißen Sizilien dem Byzantinischen Reich.

829-843

Fränkischer Bürgerkrieg.

834

Die Wikinger brandschatzen Dorstadt und Utrecht.

Im Frankreich des 10. Jahrhunderts konnten König und Großadel wohl jeweils 200 schwerbewaffnete Kavalleristen und 1000 Fußsoldaten auf-

Phantasievolle Abbildung des Wikingerangriffs auf Paris im Jahre 845. Die Wikinger hätten an ihren Langschiffen nicht Ruder und Segel gleichzeitig benutzt.

König Ludwig IX. von Frankreich (1226-1270). Ludwig war zwar kein erfolgreicher Befehlshaber, seine beiden Kreuzzüge führten aber dazu, dass Frankreich zum ersten Mal seit Jahrhunderten wieder vereint war.

bringen. Der niedere Adel brachte zumindest genügend Männer zusammen, um ihren Willen in ihren eigenen Ländereien durchzusetzen. Diese Kriegshaufen waren eine bunte Ansammlung von kräftigen Bauern, die man vom Feld holte, und den jüngeren Söhnen von privilegierten Kämpfern, die ihren Weg noch machen mussten. Erst nach und nach stiegen diese Männer, als es Brauch wurde, ihnen Lehen zu überlassen, aus denen sie sich versorgen konnten, in den privilegierten Kleinadel auf und wurden zu „Rittern“, einer Kaste, die im 10. und 11. Jahrhundert aufkam.

Warum kämpfen?

Warum führten die Menschen im Frühmittelalter Kriege? Bis zu einem gewissen Grad aus denselben Gründen, die in der Geschichte des Krieges schon immer den Ausschlag gegeben hatten: man kämpfte, um zu verteidigen, was einem am Herzen lag, um seine Loyalität

843

August: Der Vertrag von Verdun teilt das Frankenreich zwischen Lothar, Ludwig und Karl auf, den Söhnen Ludwigs des Frommen.

845

28. März: Die Wikinger brandschatzen Paris.

847

Die Muslime brandschatzen Rom und plündern die Basilika St. Peter. Papst Leo IV. (847-855) baut daraufhin eine Mauer um den Vatikan.

und seine Ehre unter Beweis zu stellen oder aber um Gewinn. Im 9. und 10. Jahrhundert waren die Eliten hauptsächlich mit dem Führen von Kriegen beschäftigt. Könige mussten ihre Armeen persönlich anführen; wenn das nicht möglich war, diente gewöhnlich ein enger Verwandter, vorzugsweise der Sohn des Königs, als Kommandeur. Frühmittelalterliche Könige, die ihre Armeen nicht mehr zu befehligen imstande waren, hielten sich nicht lange.

Viele Kriege waren eindeutig Privatfehden, Vendetten zwischen rivalisierenden Klans oder simple Angriffe, um einem Nachbarn Grundbesitz zu entreißen. Diese Privatkriege wurden erst nach und nach geächtet; in Frankreich etwa geschah dies im 13. Jahrhundert durch Ludwig IX (1226-1270), in Deutschland blieben sie das gesamte Mittelalter hindurch erlaubt.

Die Herrscher führten Krieg, um Land zu gewinnen oder zu schützen; ihre Gefolgsleute kämpften,

Links: Troubadour Bertran de Born (1140-um 1215) gibt uns wertvolle Einblicke in die ritterliche Welt des 12. und 13. Jahrhunderts.

Rechts: Der hl. Augustin (354-430) war Bischof in Hippo und einer der Kirchenväter.

850

Die Wikinger erobern Utrecht.

851

Schlacht von Sandwich. Der König von Kent besiegt ein großes Wikingerheer.

852

Schlacht von Givald's Foss. Die Wikinger schlagen den westfranzösischen König Karl den Kahlen.

um sich ihre privilegierte Position zu bewahren, um Beute zu machen (oder von der Großzügigkeit ihres Herrn nach dem Kampf belohnt zu werden) und aus Spaß an der Freud. Vielen Kämpfern war es im Winter wohl langweilig und sie freuten sich auf die Eröffnung der Feldzugssaison, die ihrer Langeweile abhalf. Sie hätten wohl Bertrand de Born, einem Troubadour des 12. Jahrhunderts, Recht gegeben, der schrieb, er freue sich auf die frischen Blüten und das Gras des Frühlings, denn nun könne der Krieg von neuem beginnen und die Großzügigkeit der Herren zum Blühen bringen. Ein jährlicher Feldzug war im Frühmittelalter die Norm, erst im späteren Mittelalter änderte sich dies, außer wenn es um umstrittene Grenzen oder Gebiete ging.

Regeln des Krieges

Die frühmittelalterlichen Krieger unterschieden sich in einer Hinsicht deutlich von ihren germanischen Vorfahren: Sie waren Christen, und die christliche Ethik schlich sich auf seltsame Weise in die

Die deutschen Nationalisten des 16. Jahrhunderts betrachteten Gestalten wie Ludwig den Deutschen (um 806-876) als Gründungsväter des deutschen Staates.

858

Ludwig der Deutsche fällt in der Normandie ein, wird aber von seinem Bruder Karl dem Kahlen von Frankreich wieder vertrieben.

860

Ein russischer Angriff auf Konstantinopel wird von der byzantinischen Flotte abgewehrt.

865-878

Die „Große Armee“ der Wikinger erobert den größten Teil von England.

gesellschaftlichen Vorgänge, auch auf das Schlachtfeld. Nicht, dass frühmittelalterliche Geistliche die Krieger davon überzeugt hätten, auch die andere Wange hinzuhalten – oder dies auch nur versucht hätten. Schließlich gehörte auch der Klerus derselben kriegerischen Gesellschaft an und übernahm meistenteils deren Werte in den eigenen Kanon. Dennoch sickerten im Laufe der Zeit einige Ansichten zur „richtigen" Kriegführung von den Theologen zu den Kämpfern selbst durch. Im Frankreich des 9. Jahrhunderts starb der Brauch aus, geschlagene Feinde zu versklaven (sofern die Verlierer keine Heiden waren). Ebenso wurden gefangene Feinde nach dem Sieg nicht mehr getötet (sofern die Verlierer keine Heiden waren; in einem berüchtigten Fall massakrierte Karl der Große 782 bei Verden 4500 geschlagene Sachsenkrieger).

Die Banner wurden gesegnet, wenn der König und seine Armee loszogen und umfassende christliche Liturgien ermutigten die Krieger, die ab dem 9. Jahrhundert wohl auch ihre Sünden beichteten und vor jedem wichtigen Gefecht das Abendmahl zelebrierten. In der zweiten Hälfte des 10. Jahrhunderts waren die Rituale noch umfangreicher und das Schwert eines neuernannten Ritters wurde gesegnet, Teil einer „Weihe" mit stark religiösen Untertönen.

Der Klerus hatte zudem eine Theorie des „gerechten Krieges" entwickelt, derzufolge ein Krieg lobenswert war, wenn man das eigene Heimatland gegen Barba-

Der Sachsenherzog Widukind unterwirft sich 785 im französischen Versailles Karl dem Großen.

870

Schlacht von Hoxne. Die Große Armee der Wikinger besiegt und tötet König Edmund von Ostanglien.

Karl der Kahle und Ludwig der Deutsche teilen im Vertrag von Mersen Lothringen auf.

871

Die Westsachsen schlagen neun Schlachten gegen die Wikinger.

875-885

Die Byzantiner erobern Unteritalien zurück.

ren verteidigte oder die Gesellschaft als Ganzes gegen Rebellen. Die Kirchenväter, vor allem der hl. Augustinus, stellten Regeln dafür auf, wann man kämpfen durfte, und betonten die Notwendigkeit, dass ein Krieg formell erklärt werden und im Namen eines Prinzen, einer Religion und der Gerechtigkeit geführt werden müsse. Dennoch war die Haltung der Kirche zum Krieg bestenfalls uneindeutig. Die Kirchenkonzile verboten den Klerikern mehrfach, selbst Waffen zu tragen (dass dies mehrfach geschah, belegt, dass viele Kirchenmänner in der Tat auf den Schlachtfeldern Europas Dienst taten). Und Soldaten, die im Krieg töteten, mussten Buße tun, obgleich diese Anforderung nur selten umgesetzt worden sein dürfte, und die Dauer der Buße ohnehin geringfügig war (ganze vierzig Tage).

Der Vorteil der „Kernländer“

Etwa mit dem Jahr 800 werden unsere Quellen zur frühmittelalterlichen Kriegsführung besser, und ein Punkt tritt besonders deutlich hervor: Die etablierten christlich-germanischen Nachfolgestaaten Westeuropas, die „Kernländer“ des mittelalterlichen Westens, besaßen einen klaren militärischen Vorteil gegenüber den „Barbaren“ jenseits der Grenzen. Dieses Gefälle zwischen Kernland und Peripherie blieb im Großen und Ganzen das gesamte Mittelalter hindurch erhalten. Die germanischen Nachfolgestaaten waren zwar, verglichen mit dem Römischen Imperium, verarmt, wiesen aber eine hinreichende Stabilität auf, um ein beeindruckendes Kriegswesen zu organisieren. Um etwa 750 erlebten die Städte im Großteil des ehemals römischen Gebietes einen neuerlichen Aufschwung. Eherne Waffen waren zwar teuer, standen aber zur Verfügung. Könige und Großadel konnten ihre Truppen nun mit Helmen und ehernen Kettenhemden ausrüsten, die guten Schutz boten, zumindest gegen Hiebe auf dem Schlachtfeld.

In den Kernländern standen zudem zunehmend Pferde zur Verfügung und ein beträchtlicher Teil der Armeen der Nachfolgestaaten ritt in die Schlacht, wenn man auch zum Kampf dann wohl abstieg. Im 8. Jahrhundert wurde der traditionelle fränkische Aushebungstermin vom 1. März auf den 1. Mai verschoben, offenbar, damit die größere Zahl an Pferden genügend Futter fand. Es gibt Hinweise darauf, dass im späten 8. Jahrhundert die Franken zu Pferde kämpften und Hieb- und Wurfwaffen benutzten,

König Offa von Mercia hält ein Modell des Klosters St. Albans in der Hand. Die Illustration versinnbildlicht die Kombination aus Kriegertum und Frömmigkeit, die den König auszeichnete.

876

8. Oktober: Schlacht von Andernach. Ludwig der Jüngere des Ostreiches schlägt den Einfall Karls des Kahlen des Westreiches zurück.

878

6. Januar: Schlacht von Chippenham. Der Wikingerkönig Guthrum schlägt die Westsachsen in einem Überraschungsangriff. König Alfred flieht und überlässt Wessex großteils den Wikingern.

Mai: Schlacht von Edington, England. Die Armee von Wessex, geführt von Alfred dem Großen, schlägt die Große Armee der Wikinger unter Guthrum, was die Tür zu Verhandlungen öffnet.

Vertrag von Wedmore. Wikingerkönig Guthrum schließt einen Vertrag mit Alfred dem Großen von Wessex, schließt Frieden und bekehrt sich zum Christentum.

Das Epos des Rolandsliedes (um 1100 geschrieben) stellt die ritterlichen Ideale und den Krieg gegen die Heiden in Form einer erhabenen und ergreifenden Erzählung dar.

nicht die Lanze, die ab dem 12. Jahrhundert das Kennzeichen des „Ritters" werden sollte.

Viel Tinte ist auf die Frage verschwendet worden, wann der Steigbügel in Westeuropa eingeführt wurde, wobei man davon ausgeht, dass erst diese Innovation die Kavallerie zu einer wirksamen Gattung machte. Derzeit halten die meisten Militärhistoriker diese Debatte aber für fehlgeleitet. Steigbügel wurden augenscheinlich im späten 6. Jahrhundert in Europa eingeführt, setzten sich aber erst Jahrhunderte später bei den Reitern allgemein durch. Eine jüngere Generation von Historikern hat antike und mittelalterliche Kavalleriepraktiken in der Praxis erprobt, statt am Schreibtisch zu theoretisieren. Sie stellten fest, dass Steigbügel der Kavallerie keine Vorteile bringen und für einen Ritter, der mit einer Lanze angreift, entbehrlich sind. Damit ein Kavallerist sicherer sitzt, ist hingegen ein stützender Sattel, am vorderen und hinteren Ende nach oben gezogen, vonnöten – eine Erfindung, die bereits den späten Römern bekannt war.

In der zweiten Hälfte des 8. Jahrhunderts gewann das Militär an Effizienz und ehrgeizigere Herrscher in den Kernländern errichteten auf Kosten der „Wilden", die jenseits ihrer Grenzen siedelten, eindrucksvolle Staaten. Die Militärkarrieren des fränkischen Königs Karls des Großen (768-814) und des Angelsachsen Offa von Mercia (757-796) illustrieren diese Entwicklung sehr schön.

Die Quellenlage zu Karl dem Großen ist wesentlich günstiger. Karl weitete die Erfolge seines Vaters und seines Großvaters aus und verbrachte den Großteil seiner langen Regierungszeit damit, auf 53 großen Feldzügen seine Nachbarn an sämtlichen Grenzen zu bekämpfen, von denen er 30 persönlich anführte. Er besiegte die Langobarden (die es wohl bei der Ausrüstung mit ihm aufnehmen konnten, nicht aber organisatorisch), die Bajuwaren, die Sachsen und schließlich die Awaren, verdoppelte die Größe des fränkischen Königreiches und machte genügend Beute, um kulturelle und Verwaltungsreformen durchführen zu können.

Karl der Große war in der militärischen Ausrüstung, an Mobilität und an schierer Heeresgröße von derartiger Überlegenheit, dass die meisten Gegner es nicht wagten, seinem Heer in der offenen Feldschlacht gegenüberzutreten, daher musste er sich auf

um 880

Bau von Burhs, befestigten Fluchtburgen zum Schutz vor den Wikingerüberfällen in ganz Wessex.

881

3. August: Ludwig III., der Westfrankenkönig, schlägt die Wikinger in einer offenen Feldschlacht bei Saucourt.

Überfälle und Belagerungen beschränken. Karl schlug in der Tat nur drei offene Schlachten, von denen eine – die Schlacht von Roncesvalles im Jahr 778 – mit der Aufreibung seiner gesamten Nachhut in einem baskischen Hinterhalt endete (nicht immer waren die überlegenen Waffen ausschlaggebend). Karl war imstande, beträchtliche militärische Ressourcen auf die Beine zu stellen. Bei den Belagerungen von Pavia (773) und von Barcelona (802) soll er schweres Belagerungsgerät und große Versorgungseinheiten gehabt haben. Im Allgemeinen waren aber die Möglichkeiten eines Herrschers, die Armee logistisch zu unterstützen, sehr begrenzt. Karl der Große verlangte in der Regel, dass seine Truppen sich selbst versorgten und Karren mit Vorräten für drei Monate mitbrachten, wenn er sie ins Feld rief. Die Bereitschaft der Franken zum Kampf hing zu einem großen Teil von den reichen Belohnungen ab, die ein erfolgreicher Feldzug mit sich brachte. Am Ende wurde Karl zum Opfer seines eigenen Erfolges, als ihm die profitablen Feinde ausgingen; seine Erben mussten dann mit den Erschütterungen in einem Staat fertigwerden, der auf dem Fundament des Krieges errichtet war, dem es aber am Mörtel der Verwaltung und der Institutionen mangelte.

In England war König Offa von Mercia ebenso imstande, seinem großen Reich taugliche Waffen und seine kraftvolle Persönlichkeit zu stellen. Gäbe es zu Offa ebenso viele Quellen wie zu Karl, trüge er wohl

Links: Ein Teil von Offa's Dyke, einem massiven Erdwall, den König Offa von Mercia im späten 8. Jahrhundert zwischen England und Wales errichten ließ.

Kaiser Ludwig I. der Fromme (814-840), dessen Herrschaft durch Bürgerkrieg und Wikingereinfälle geprägt war.

882

Schlacht von Ashloh. Die Wikinger besiegen eine ostfränkische Armee, die von König Karl dem Dicken befehligt wird.

885-886

Die Wikinger belagern Paris. Nach 11 Monaten lassen sie sich durch Geldzahlungen zum Abzug bewegen.

Prinz Arpád (um 845-um 907), der zweite Führer der Magyarenkoalition, die Mitteleuropa im 9. und 10. Jh. in Sorge versetzte.

heute auch den Beinamen „der Große." Mercia war stets eines der stärksten Königtümer des angelsächsischen England gewesen und Offa konnte auf die starke Militärmacht aufbauen, die sein Vater Aethelbald ins Leben gerufen hatte; ferner machte er sich einen langjährigen Bürgerkrieg, der im Süden in Wessex tobte, zunutze. Offa besiegte mehrere der kleinen Königreiche um Mercia herum – wie Karl der Große im Falle der Langobarden setzte er sich gegen ähnlich ausgerüstete Heere durch, die aber schlechter organisiert und geführt waren als seine eigene Streitmacht. Auch führte er mindestens drei Feldzüge in Wales durch und machte sich seine überlegenen Waffen gegen ein Volk an der Grenze zunutze. Er zeigte sich geschickt darin, seine Krieger zu befehligen und offenbarte seinen Ehrgeiz durch den Bau eines großen Walls, den er über die gesamte Länge der mercisch-walisischen Grenze errichten ließ. Dieser hohe Erdwall mit Graben war beinahe 240 Kilometer lang; mindestens 5000 Mann arbeiteten an ihm. Wie im Falle Karls des Großen aber basierte das Königreich Mercia auf dem Charisma und dem Erfolg eines Einzelnen und zerfiel nach Offas Tod rasch.

Die letzte Invasionswelle

Karls des Großen Frankenstaat war nicht auf Einwirkung von außen angewiesen, um zusammenzubrechen; 829 brach ein Bürgerkrieg aus, als seine Enkel, die Kinder Ludwigs des Frommen, sich um ihren Anteil am Karolingerreich stritten. Am Ende zerfiel Karls Reich in drei Teile, die Königreiche Frankreich und Deutschland und ein Gebiet dazwi-

886

Die Armee von Wessex erobert London von den Wikingern, das erste Anzeichen dafür, dass die Befreiung Englands möglich ist.

um 890

Schlacht von Hafrsfjord. König Harald I. schlägt eine Koalition des Adels und vereint erstmals Norwegen.

Erfindung des Hufeisens.

891

1. September: Schlacht am Dyle (im heutigen Belgien). Eine ostfränkische Armee unter König Arnulf besiegt die Dänen in einem Überraschungsangriff auf ihr Lager.

Die Magyaren stellten für Deutschland eine ernste Gefahr dar, insbesondere aufgrund ihrer Pferde, die sie sehr beweglich machten, und ihrer Kompositbogen.

Rechts: Der deutsche Kaiser Heinrich I. begann mit der Durchführung der militärischen Reorganisation, die unter der Herrschaft seines Sohnes Ottos des Großen die Magyarengefahr beendet.

schen (Lothringen, die Provence und Norditalien umfassend), das jahrhundertelang Zankapfel zwischen den beiden großen Reichen blieb. Das Chaos dieser Periode des Zwistes im 9. und 10. Jahrhundert wurde freilich durch die letzte „barbarische" Invasionswelle in Westeuropa entschieden gesteigert.

Dreifach war die Gefahr. Aus Nordafrika kommend eroberten muslimische Piraten und staatliche Truppen Sizilien, versuchten, Süditalien in ihre Gewalt zu bekommen und führten vernichtende Angriffe gegen die italienische West- und die französische Südküste. Von Norden her überfielen Skandinavier – erst Piraten, später auch offizielle Armeen – vor allem Frankreich und die britischen Inseln, eroberten und besiedelten Teile von Frankreich, England, Schottland und Irland. Die wohl geringste Gefahr ging von den Magyaren (Ungarn) aus, nomadischen Reitern, die große Gebiete in Deutschland, Norditalien und der heutigen Schweiz plünderten, aber wenigstens nicht den Versuch unternahmen, sich in Westeuropa anzusiedeln. In allen Fällen

896

Schlacht von Bulgarophygon.
Zar Simeon I. von Bulgarien besiegt eine byzantinische Armee.

897

Alfred der Große von Wessex entwirft und baut Kriegsschiffe, um die Dänen zur See zu bekämpfen.

Papst Johannes X. (914-928) führte bei Garigliano persönlich eine italienische Armee zu einem großen Sieg über die Sarazenen.

waren die Invasoren tendenziell weniger gut bewaffnet als die Bewohner der von ihnen überfallenen Länder. Außer bei der Eroberung Siziliens operierten sie mit schnellen Überfällen und gingen, wo immer möglich, offenen Feldschlachten aus dem Weg. Diese neue Gefahr beschleunigte zwei Züge der westlichen Kriegsführung, die in Ansätzen bereits vorhanden waren: Mobilität und Bau von Befestigungen – beides blieb im Militärleben bis zum Ende des Mittelalters und darüber hinaus dominant.

Deutschland und die Magyaren

Der Fall Deutschland und die Magyaren kann zur Illustration dienen. Die nomadisch lebenden Magyaren kamen um 890 ins Karpatenbecken und führten zwischen 899 und 955 mindestens 32 größere Angriffe nach Westeuropa hinein durch, häufig gemeinsam mit verbündeten slawischen Stämmen. Die Magyaren waren leichtbewaffnete Bogenschützen zu Pferde, die nach Art der Steppenvölker kämpften, geschickt mit plötzlichen Angriffen und vorgetäuschter Flucht operierten, um die Reihen der Gegner auseinanderzuziehen. Da es ihnen an Belagerungsgerät fehlte, nahmen sie nur selten befestigte Orte ein; zuweilen versuchten sie sich aber an einer Blockade.

Die Magyaren waren so zahlreich, dass die Armee eines einzelnen deutschen Fürstentums nur selten etwas gegen sie ausrichten konnte, selbst wenn das Heer rasch genug aufgestellt werden konnte. Im Jahr 907 besiegten die Magyaren die Baiern, rieben im folgenden Jahr ein fränkisch-thüringisches Heer auf und 910 eine gemeinsame deutsche Streitmacht. Der Sieg bei Augsburg von 910 war besonders eindrucksvoll, da die Magyaren erst zwei deutsche Hilfsheere schlugen, dann durch eine vorgetäuschte Flucht das deutsche Zentrum isolierten, sich umwandten und dem in Unordnung geratenen Heer in die Flanken und in den Rücken fielen. Manchmal gelangen Siege gegen die Invasoren, etwa 913, als eine verbündete Streitmacht von Schwaben und Baiern einen überzeugenden Sieg landete. In der Regel aber behielten die Magyaren im frühen 10. Jahrhundert die Oberhand.

898-955

Mindestens 32 Überfälle der Ungarn auf Deutschland und Norditalien.

899

26. Oktober: Tod Alfreds des Großen von Wessex.

903

Die Muslime erobern die Balearen.

Im Jahr 924 gelang es König Heinrich I., einen magyarischen Prinzen gefangenzunehmen, was ihm die Möglichkeit eröffnete, im Austausch gegen den Prinzen und regelmäßige Tributzahlungen einen neunjährigen Waffenstillstand zu erlangen. Während die Waffen schwiegen, machte sich Heinrich daran, künftige Angriffe zu unterbinden. Er errichtete befestigte Fluchtburgen an der Elbgrenze und widmete den Großteil seiner Mittel dem Aufbau einer starken Kavallerie. Die Adligen und ihre Gefolgsleute waren wohl bereits beritten, die deutsche Reiterei hatte bislang aber wahrscheinlich mitten unter der Infanterie gekämpft statt einen eigenen, beweglichen Flügel zu bilden, der es vor und in der Schlacht mit den berittenen Magyaren aufnehmen konnte. Heinrich war also weniger Innovator als Reformator, was er erreichte, war darum aber um nichts weniger eindrucksvoll. Als seine Streitmacht bereit war, brach Heinrich das Abkommen und weigerte sich, weitere Tributzahlungen zu leisten. Als ein großes Magyarenheer auftauchte, schlug er es im März 933 bei Riade mit Leichtigkeit. Einer Chronik zufolge flohen

Dieses Gemälde zeigt die Schlacht auf dem Lechfeld (955) und räumt der Kirche (Bischof Ulrich mit Kreuz in der Hand) ebensoviel Bedeutung ein wie dem Staat (Kaiser Otto I.).

907

Die Magyaren schlagen die Baiern in der Schlacht von Pressburg.

908

Die Magyaren schlagen die Franken und die Thüringer.

910

Schlacht von Augsburg. Die Magyaren schlagen eine ostfränkische Armee unter König Ludwig III.

Schlacht von Tetlenhall. König Edward von Wessex besiegt eine Armee des Danelaw (des dänischen England).

Dieses nüchternere Gemälde der Schlacht auf dem Lechfeld aus dem frühen 20. Jh. stellt Otto I. in den Mittelpunkt.

die Magyaren, statt sich der schweren Kavallerie, die ihnen gegenüberstand, zu stellen. In einer anderen heißt es, Heinrich habe seine neue schwere Kavallerie hinter leichtbewaffneten Reitern versteckt und dann den Feind mit einem raschen Angriff überrascht. Die Effektivität seiner neuen Armee lässt sich nicht nur an diesem Sieg gegen die Magyaren ablesen, sondern auch an seinem Erfolg über eine slawische Koalition 929 bei Lenzen und über die aufständischen Sachsen und Lothringer im Jahr 939.

Anfangs dürften die schweren Kavalleriekontingente klein gewesen sein; ein Aufeinandertreffen noch im Jahr 955, als Slawen 50 dieser neuen Kavalleristen töteten, wurde als katastrophaler Rückschlag angesehen. Die neue Kampfart war teuer: Pferde waren traditionell das Beförderungsmittel der Reichen und wurden in kleiner Zahl gezüchtet. Kettenhemden, Helme und Schwerter waren ebenfalls horrend teuer – ebenso die Hufeisen, die in Nordeuropa unentbehrlich waren. 955 konnte Heinrichs Sohn Otto I. „der Große" immerhin schon seine schwere Kavallerie zu Tausenden aufstellen.

Das Jahr 955 kann als das Jahr gelten, in dem die Armee des ottonischen Reiches (benannt nach Otto I.) sozusagen erwachsen wurde. Otto hatte bereits die Aufständischen niedergeschlagen und Norditalien unterworfen. Im Jahr 955 aber sah er sich einer zweifachen Gefahr aus dem Osten gegenüber, in Gestalt magyarischer und slawischer Armeen. Im Juli 955 rückten die Magyaren in Baiern ein und began-

911

Herbst: Vertrag von St.-Clair-sur-Epte. König Karl der Einfältige von Frankreich erlaubt die Ansiedlung der Wikinger in der nachmaligen Normandie; erster Graf ist der Wikingerführer Rollo.

913

Eine schwäbisch-bairische Armee besiegt die Magyaren.

915

Eine italienisch-christliche Liga unter Führung von Papst Johannes X. vertreibt die Muslime aus ihrer Hochburg Garigliano.

Bedrohliche Darstellung von Wikingerschiffen, die sich der englischen Küste nähern.

nen mit der Belagerung von Augsburg. Otto eilte mit seinen sächsischen Truppen (er war König, aber auch Fürst von Sachsen) an die Donau, musste aber den Großteil seiner Truppen zurücklassen, um gegen die Angriffe einer slawischen Koalition vorzugehen. In Baiern stießen aber die Streitkräfte anderer deutscher Staaten und ein Kontingent an Böhmen unter seinem Herzog zu ihm. Die Gesamtgröße dieses Heeres lag irgendwo zwischen 3000 und 10.000 Mann; die Quellen lassen keine genauere Angabe zu. Zwei Dinge scheinen aber sicher: Die Magyaren übertrafen Ottos Heer zahlenmäßig, doch bestand dieses überwiegend aus schwerer Kavallerie.

Die Heere stießen am 10. August 955 am Lech nahe Augsburg aufeinander und fochten eine der großen Entscheidungsschlachten der europäischen Geschichte. Die Mobilität und die Rüstungen der Deutschen sowie die gute Truppenführung trugen an jenem Tag den Sieg davon. Die Deutschen griffen die Magyaren in Kolonnenformation an, die Magyaren versuchten ihre übliche Taktik, den Feind einzukreisen und von hinten anzugreifen. Da die neue Kavallerie aber hochmobil war, konnten sich genügend

Das Wikingerschiff von Oseberg, etwa 22 m lang und 5 m breit, wurde um das Jahr 820 gebaut und diente 834 der Bestattung einer Frau.

918

König Edward von Wessex besiegt und tötet den Dänenkönig Guthrum II. von Ostanglien in der Schlacht von Tempsford.

923

15. Juni: Schlacht von Soissons. König Karl der Einfältige von Frankreich besiegt seinen Rivalen, den Grafen Robert von Paris.

Die Belagerung von Paris, 885

2. Nach der Landung bauen die Wikinger Belagerungstürme, um die befestigte Nordbrücke anzugreifen.

1. Die Wikingerarmee segelt mit etwa 700 Schiffen die Seine hinauf nach Paris.

3. Die Wikinger rollen ihre Türme vorwärts und attackieren den Nordturm der Brücke drei Tage lang, ohne sie zu nehmen.

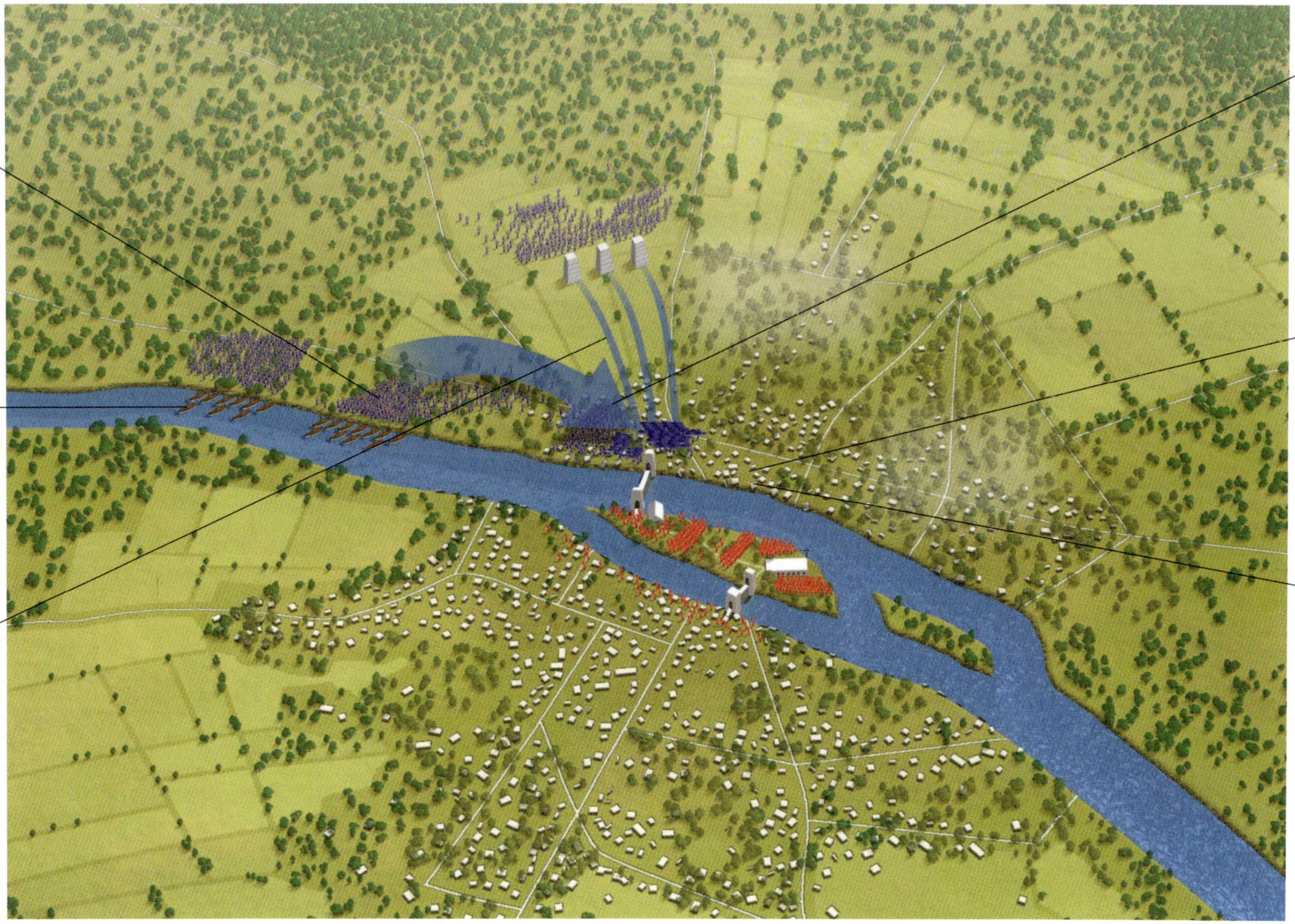

5. Im zweiten Versuch landen die Wikinger am Nordufer und versuchen, die befestigte Brücke im Überraschungsangriff zu nehmen, was ebenfalls scheitert.

4. Die Wikinger errichten Lager, versuchen aber nicht, die Stadt völlig abzuschneiden.

6. König Karl der Dicke schickt ein fränkisches Entsatzheer; die Wikinger besiegen es und töten den Anführer.

924

Schlacht von Lemnos (Griechenland). Die byzantinische Flotte zerstört die Flotte des Moslempiraten Leo.

929

Schlacht von Lenzen. Eine deutsche Armee unter Heinrich I. besiegt die Slawen.

deutsche Soldaten umstellen und die Magyaren in Schach halten. Als die Invasoren den deutschen Tross plündern wollten, wurden sie vertrieben und lösten ihre Ordnung auf; schließlich besaßen die meisten Magyaren keine Rüstungen. Entscheidend war aber die lange Verfolgung, die sich nun anschloss. Ein Großteil der Magyarenarmee kam ums Leben. Die Prinzen der Magyaren wurden gefangengenommen – und gehängt, nicht, wie sonst üblich, als Lösegeldbringer behalten. Die Magyarengefahr war für Europa vorüber und Otto I. ging aus der Schlacht auf dem Lechfeld mit höherem Prestige hervor, das noch weiter stieg, als er einige Wochen später die Slawen bei Recknitz schlug. Wenige Jahre später wurde Otto in Rom zum Kaiser des wiederbelebten Römischen Reiches gekrönt (am 2. Februar 962) – ein Titel, den die meisten deutschen Könige bis 1806 führten.

Alfred der Große überwacht den Wiederaufbau der Mauern von London, nachdem er die Stadt 886 den Dänen entrissen hat.

Ein späteres Porträt König Alfreds des Großen von Wessex (871-899), der sein Reich vor dänischer Eroberung beschützte und die Vereinigung Englands begann.

Die Wikinger

Die Nordmänner, die mit der Plünderung von Lindisfarne in Northumbrien im Jahr 793 in das Bewusstsein der europäischen Kernländer traten, stellten diese vor Probleme, die von Region zu Region unterschiedlich geartet waren. Da sie eine germanische Sprache benutzten, wurden sie als weniger „fremd" empfunden als die Magyaren (denen man Kannibalismus und andere Scheußlichkeiten nachsagte; die Wikinger fürchtete man einfach aufgrund ihrer Grausamkeit). Die Herrscher waren daher zuweilen bereit, mit den skandinavischen Räubern Bündnisse gegen ihre „zivilisierten" Nachbarn

929

16. Januar: Errichtung des unabhängigen Umayyadenkalifats von Spanien durch Kalif Ahd er-Rahman III.

933

15. März: Schlacht von Riade (Allstedt), nahe Erfurt. König Heinrich I. schlägt eine große Magyarenarmee mit seiner neuen schweren Kavallerie.

934

König Aethelstan von England fällt zu Lande und zur See in Schottland ein.

Brandschatzung Genuas durch eine Fatimidenflotte.

zu schließen, vor allem im nichtgermanischen Irland, wo Kämpfer aufgrund der großen Zahl an unabhängigen Königreichen gesucht waren. Und die Wikinger waren ausgezeichnete Kämpfer. Helme und Rüstungen trugen sie kaum, da diese teuer und Eisen rar war, und Schwerter waren das Privileg der Reichen. Doch der durchschnittliche Wikingerkrieger war offenbar sehr kriegserfahren, auch wenn die Nordmänner offene Schlachten nach Kräften vermieden. Viel lieber überfielen sie aus dem Nichts kommend unbefestigte Klöster oder Dörfer, machten Beute (auch Sklaven) und verschwanden wieder, ehe eine Streitmacht gegen sie aufgestellt werden konnte. Da sie über das Meer und in Schiffen kamen, die bis zu zehn Knoten schnell waren und häufig mit ihren flachkieligen, beweglichen Schiffen Flüsse hinaufruderten, war die Vorwarnzeit für die Betroffenen zumeist sehr kurz.

Oben: Otto I. von Deutschland (936-973) wurde am 2. Februar 962 zum Herrscher des erneuerten europäischen Kaisertums gekrönt, später als Heiliges Römisches Reich bekannt.

Links: König Hugo Capet von Frankreich (987-996), dessen anfangs schwache Dynastie Jahrhunderte benötigte, um einen vereinten französischen Staat zu schaffen.

Die Plötzlichkeit der Wikinger-Angriffe bedeutete, dass Mobilität den betroffenen christlichen Westeuropäern nur wenig helfen konnte, obwohl die Franzosen in der Entwicklung ihrer Kavallerie offenbar schon weiter waren als die Deutschen. Die meisten Historiker stimmen heute darin überein, dass die Lords und ihre Gefolgschaft im angelsächsischen England ebenfalls beritten waren und nennen als Beleg die Schlacht von Maldon im Jahr 991, wo der northumbrische Kommandeur Byrhtnoth vor der Schlacht absitzen ließ und die Pferde fortschickte, um eine Flucht zu verhindern. Mit Ausnahme der großen Armee, die in England von 865 bis gegen

937

In der großen Schlacht von Brunanburgh (Nordengland oder Südschottland) besiegt König Aethelstan von England eine Koalition aus Schotten, Walisern und Wikingern und vereint England.

939

Schlacht von Birten. König Otto I. schlägt die rebellischen Sachsen und Lothringer und sichert damit seinen Anspruch auf den Thron.

880 operierte, waren die Wikingerbanden zudem nur ein paar hundert Mann groß und zählten nicht nach Tausenden wie die Magyaren. Aus diesem Grund waren Befestigungen gegen die Wikinger von größerem Belang als Kavallerieeinheiten.

Westeuropa war großteils unbefestigt, als die Wikinger mit ihren Überfällen begannen. Die von den Römern errichteten Stadtmauern hatte man verfallen lassen oder ihre Steine für andere Bauten benutzt. Die meisten Klöster hatten nur spirituelle Mauern in Gestalt einer Hecke oder flacher Steine, die die Grenzen des heiligen Bezirks anzeigten. Selbst die Sitze der Adligen waren üblicherweise nicht befestigt, ganz zu schweigen von den Dörfern, wo die Mehrzahl der Menschen wohnte. Bald aber zog man eindrucksvolle Befestigungen hoch. Während der Periode der Wikingerüberfälle wurden Stadtmauern neu errichtet oder repariert. Es wurden befestigte Brücken gebaut, um den Eindringlingen den Zugang zu den großen Flüssen zu verwehren, was manchmal auch gelang. Wie wichtig diese Befestigungen waren, erkennt man an den Belagerungen von Paris in den Jahren 845 und 885. Eine mindestens 120 Boote umfassende Wikingerflotte plünderte 845 die Stadt; 885/86 hingegen belagerte eine große skandinavische Flotte die Stadt 11 Monate lang. Ein zeitgenössischer Bericht erzählt, wie die Angreifer versuchten, Belagerungsgerät zu bauen, darunter einen hohen Belagerungsturm, sich dabei aber so ungeschickt anstellten, dass der Turm zusammenbrach und viele Wikinger tötete. Am Ende kaufte man sich frei, da der König von Frankreich nicht genug Soldaten ausheben konnte, um die Belagerung zu beenden. Im Jahr darauf belagerte dieselbe Wikingerarmee sechs Monate lang Sens, musste aber schließlich unverrichteter Dinge abziehen.

Die eindrucksvollsten Befestigungen, die gegen die Wikinger errichtet wurden, waren die 'burhs' in Wessex, gebaut auf Befehl Königs Alfred des Großen in den 880er- und 890er-Jahren. Ein 'burh' war ein Fluchtort, offenbar zumeist eine einfache hölzerne Palisade, in der einige tausend Menschen mitsamt

Ein „Porträt" von Kaiser Otto III. (973-982) aus dem 18. Jh.; der Herrscher musste durch die Sarazenen und eine große Slawenrevolte schwere Niederlagen hinnehmen.

Als der byzantinische Kaiser Basileios II. Bulgaroktonos einen großen Sieg über die Bulgaren errungen hatte, soll er seine 10.000 Gefangenen geblendet und jedem hundertsten Mann ein Auge gelassen haben, damit sie die anderen heimführen konnten.

941

Schlacht von Andernach. Otto I. schlägt einen Aufstand nieder, den Herzog Giselbert von Lothringen, Herzog Eberhard von Franken und sein eigener Bruder Heinrich anführen.

Angriff der Russen auf Konstantinopel, von der byzantinischen Flotte aufgehalten.

946

Deutsche Invasion Frankreichs.

947

Belagerung von Senglis. Erste schriftliche Erwähnung von Armbrüsten im mittelalterlichen Westen.

um 950

Bau von Doué-la-Fontaine, der ersten bekannten Steinburg in Europa, im Loiretal südöstlich von Angers.

950-952

Erste Italienfahrt von König Otto I.

ihrem Vieh Platz fanden. Sie lagen über das gesamte Gebiet Alfreds verteilt, so dass die Mehrzahl seiner Untertanen innerhalb eines Tages einen sicheren Ort erreichen konnte. Ein Dokument aus dem frühen 10. Jahrhundert, 'The Burghal Hideage', enthüllt das Ausmaß der Pläne des Königs. Es gelang ihm, seine Untertanen zum Bau und zur Bemannung dieser 'burhs' zu veranlassen, die eine wichtige Rolle dabei spielten, als die Wikinger, die in den 890er-Jahren Wessex erneut angriffen, aufgehalten werden konnten. Den Wikingern standen nicht die Belagerungstechniken zu Gebote, um die 'burhs' einzunehmen, zumindest nicht auf die Schnelle, und die Westsachsen nutzten sie als Basen, von denen aus sie einen Guerillakrieg gegen die Eindringlinge führten. Wie im Falle Kaiser Ottos I. und der Magyaren gingen Alfred der Große und seine Dynastie mit gesteigertem Prestige und mehr Macht aus den Wikingerkämpfen hervor; am Ende dieser Entwicklung wurden aus den Königen von Wessex die Könige ganz Englands.

Ergebnisse der Invasionen

Die größte Bedeutung der Invasionen des 9. und 10. Jahrhunderts liegt darin, dass sie die Entwicklung der europäischen Staaten begünstigten, da die Herrscher Verteidigungseinrichtungen schufen (oder

Links: Der Sieg Ottos I. auf dem Lechfeld führte zu seiner Kaiserkrönung im Jahr 962.

Rechts: Ein byzantinischer Dromon, jahrhundertelang das Standard-Kriegsschiff im Mittelmeerraum.

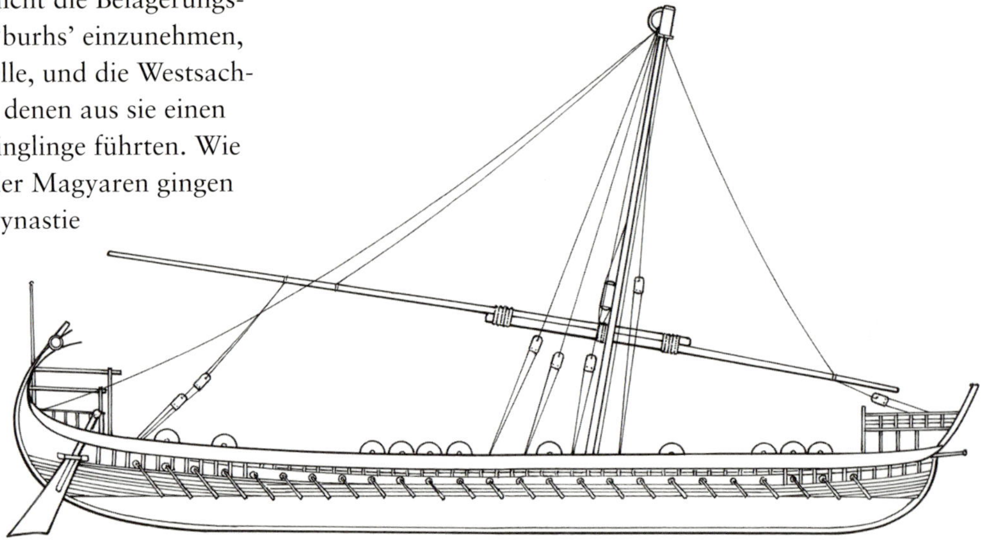

954

Schlacht von Stainmore. Ein englisches Heer lockt Erik I., den Wikingerkönig von York, in einen Hinterhalt und tötet ihn. Das Königreich York geht in England auf.

955

10. August: Schlacht auf dem Lechfeld. Ein 8000 bis 10.000 Mann starkes deutsches Heer unter König Otto I. „dem Großen" schlägt die eindr ingenden Magyaren nahe Augsburg vernichtend; Ende der magyarischen Überfälle auf Deutschland.

16. Oktober: Schlacht von Recknitz. König Otto I. schlägt die slawischen Wenden vernichtend.

960–961

Byzantinische Rückeroberung Kretas.

dies unterließen). Frankreich ging aus der Invasionsperiode als schwächster der europäischen Staaten hervor, obgleich wir daran denken müssen, dass die Region wiederholt von Bürgerkriegen, nicht nur von den Wikingereinfällen betroffen war. Die Überfälle begünstigten den Zerfall der Herrschaft, zumal mehr als nur ein König nicht imstande war, die Wikingerangriffe zu beenden. Manchmal gingen Adlige, nicht aber der König, aus einer Attacke mit höherem Prestige hervor, etwa im Jahr 886, als der Kapetinger Odo Paris erfolgreich gegen die Wikinger verteidigte – während der König seine Rückgratlosigkeit bewies, indem er sie durch Bestechung zum Abzug verleitete. Odo wurde in der Tat einige Jahre darauf zum König gewählt und sein hohes Ansehen verhalf seiner Dynastie dazu, 987 den Thron zu besteigen.

Sowohl die Ottonen in Deutschland als auch das Haus Cerdic, die Herrscherdynastie von Wessex, legten in der Invasionszeit an militärischen Ressourcen und an Ansehen zu. Mitte des 10. Jahrhunderts hatten die Nachfahren Alfreds des Großen England vereinigt; etwa zur gleichen Zeit vollbrachte Otto der Große in Deutschland eindrucksvolle Großtaten für seine Dynastie. Beide Staaten fußten auf der Notwendigkeit, militärischen Widerstand zu leisten und sich unter einer starken Hand gegen große Gefahren von außen zu verteidigen.

Dennoch hingen sowohl Deutschland als auch England von der Persönlichkeit und der Fähigkeit des Königs und Kriegsherrn ab, der auf dem Thron saß. Wessex` Aufstieg durch die Absorption anderer englischer Königreiche erlebte regelmäßig Rückschläge, wenn schwächere Könige in dieser Sache versagten. Das galt auf katastrophale Weise für König Aethelred II. „den Unfertigen", dessen unseliger Beiname „Unraed" besser als „der Unberatene" übersetzt wird – auch das für einen frühmittelalterlichen König ein unerhörter Vorwurf. In der Tat fand zu Aethelreds Regierungszeit die Eroberung Englands durch den Dänenkönig Sweyn und dessen

Mittelalterliche Darstellungen von majestätisch thronenden Herrschern wie diese hier verschleiern die in Wahrheit über das ganze Mittelalter schwache Zentralmacht.

962

2. Februar: Otto I. wird in Rom zum Kaiser gekrönt.

964

Eine byzantinische Flotte versucht, Sizilien zurückzuerobern, wird aber von den Muslimen vernichtet.

965

Byzantinische Rückeroberung Zyperns.

Sohn Knut statt. Zwar hatten sich die skandinavischen Staaten damals miteinander verbündet und stellten so eine größere Gefahr dar als die auf eigene Faust durchgeführten Wikingerangriffe, Aethelreds Probleme waren aber in erster Linie seiner eigenen schwachen Persönlichkeit und seiner Unfähigkeit geschuldet, sich die Loyalität seiner Adligen zu sichern.

Auf ähnliche Weise war die deutsche Armee im späteren 10. Jahrhundert zwar eindrucksvoll, konnte aber gegen schwache Führer nichts ausrichten. Ottos I. Sohn Otto II. war nicht vom Kaliber seines Vaters. Er ließ sich in einen katastrophalen Krieg gegen die muslimischen Invasoren in Süditalien hineinziehen, verlor fast seine gesamte Armee und ermöglichte dadurch nicht unerhebliche Aufstände der Slawen. Da spielte es keine Rolle mehr, dass seine Gefolgschaft aus Bischöfen, königlichen Klöstern und weltlichem Adel es ihm ermöglichte, mindestens 8000 Mann schwerer Kavallerie und eine erkleckliche Zahl an Infanteristen aufzustellen (die Zahlen stammen aus dem 'Indiculus Loricatorum' von 981, einem Musterungsbefehl zur Verstärkung von Ottos Feldzug in Italien). In der Schlacht von Cotrone 982 wurde er einfach überlistet, als die Deutschen in der Mitte der leichter bewaffneten Muslimenarmee durchbrachen und deren Anführer töteten, dann aber aus der Ordnung gerieten, als die muslimische Reserve sie an der Flanke angriff.

Der byzantinische Militärapparat

Ende des 10. Jahrhunderts lagen die Armeen der westeuropäischen Kernländer trotz aller Bemühungen noch immer weit hinter den militärischen Möglichkeiten des byzantinischen Reiches im Osten zurück. Nach einem dornigen 9. Jahrhundert hatten die östlichen Kaiser im 10. enorme militärische Fortschritte gemacht und beherrschten Ende des 10. Jahrhunderts ein Gebiet, das fast ebenso groß war wie vor der islamischen Invasion im 7. Jahrhundert. Besonders bemerkenswert war die Niederwerfung der Bulgaren durch Kaiser Basileios II., den „Bulgarenschlächter", in mehreren Feldzügen, die für ihre Brutalität berüchtigt wurden. Im Gegensatz zu den westeuropäischen Ländern stellten die byzantini-

Rechts: König Aethelred II. von England (978-1016), genannt der Unfertige (d.h. der Unberatene).

Ganz rechts: Seltene Abbildung aus dem 10. Jh. von berittenen Soldaten, nach einer Kopie des Beatus von Liebanas Kommentar zur Apokalypse.

966

Herzog Mieszko I. von Polen bekehrt sich zum Christentum.

969

Die Fatimiden erobern Ägypten.

973

Die Muslime werden aus ihrem Außenposten in La Garde-Freinet in der Provence vertrieben.

um 974

Schlacht von Hals (Limfjord) in Nordost-jütland. Eine adlige Koalition schlägt König Harald II. von Norwegen und tötet ihn.

978

Ein deutscher Einfall in Frankreich erreicht das Umland von Paris.

982

Schlacht von Cotrone (Capo Colonna, Kalabrien). Die Muslime versuchen, Unteritalien zu erobern und werden von einer deutsch-italienischen Armee unter Kaiser Otto II. vernichtend geschlagen.

schen Herrscher zahlreiche Söldner in ihren Dienst, darunter ab 986 die berühmte Waräger-Garde, die aus „Barbaren" aus dem Norden und Westen bestand und loyal für ihre Kaiser kämpfte.

Das Byzantinische Reich unterhielt zudem eine große und wirksame Flotte, die im 10. Jahrhundert annähernd 200 Schiffe umfasste, und beschäftigte etwa 40.000 Ruderer und Seeleute. In Westeuropa gab es nichts Vergleichbares. Aus Skandinavien haben wir knappe Kunde von Seeschlachten, normalerweise zwischen den vielen Prätendenten auf die skandinavischen Throne. Seit den Zeiten Alfreds des Großen besaßen auch die Engländer wenigstens einige wenige Kriegsschiffe, die sich freilich nicht dazu eigneten, die Wikingereinfälle zu stoppen. Im westlichen Mittelmeer dominierten die Schiffe der Muslime. Die byzantinische Flotte hingegen zerstörte 924 eine muslimische Piratenflotte in einem von wohl zahlreichen Zusammenstößen, da die byzantinischen 'dromon' im östlichen Mittelmeer regelmäßig patrouillierten. Die byzantinische Flotte eroberte 960/61 Kreta von den muslimischen Herrschern zurück und nahm 965 Zypern ein. Die Byzantiner

Schiffe der byzantinischen Flotte, die ihre militärische Wichtigkeit bis in das 12. Jh. behielt.

983

Großer Slawenaufstand gegen die deutsche Herrschaft.

986

Einrichtung der Warägergarde in Konstantinopel, einer kaiserlichen Eliteeinheit, die aus nördlichen Söldnern besteht.

987

Krönung von Hugo Capet, dem ersten französischen König der Kapetingerdynastie.

988

Bekehrung Wladimirs von Kiew zum orthodoxen Christentum.

hofften sogar weiterhin, ihre letzten Besitzungen in Unteritalien vergrößern zu können, doch die muslimische Streitmacht auf Sizilien war zu gefestigt – und die byzantinische Politik sorgte dafür, dass der einzige erfolgreiche Kommandeur, der die Insel wiedererobern hätte können, abberufen wurde. Dennoch war die byzantinische Flotte stark genug, um russische Angriffe auf Konstantinopel in den Jahren 860, 907, 941 und 1043 abwehren zu können.

Im Jahr 1000

Zum Ende des 10. Jahrhunderts gab es bereits fast alles, was die europäischen Kriege in den folgenden Jahrhunderten beherrschen sollte. Das lässt sich besonders an dem habhaften Unterschied zwischen Kernland und Peripherie, der Art und Weise, wie sich die Rekrutierung zum Militärdienst vollzog und am Aufstieg des schweren Kavalleristen, des „Ritters“, festmachen.

Im 9. und 10. Jahrhundert wurde offenbar, dass die Kernländer Europas – insbesondere Frankreich, aber auch Deutschland, Norditalien und England – einen materiellen Vorteil in Sachen Militärausrüstung gegenüber den Randstaaten genossen. Als die letzte Invasionswelle verebbt war, polarisierte sich die Kriegsführung in zwei Richtungen. Zum einen gab es den „zivilisierten“ Krieg gegen christliche Nachbarn, bei dem es normalerweise zu geringen Verlusten kam, zumindest in den Reihen der gut bewaffneten oberen Schichten. Dies galt als echte, angemessene Kriegsführung. Andererseits gab es die an den Rändern geführten Kriege, oft gegen Nichtchristen und häufig gegen Völker geführt, die an Kriegsgerät gegenüber den Kernländern im Hintertreffen waren. Diese Kriege wurden ganz anders geführt als zivilisierte Kriege. Die Slawen, Iren und teils auch die Schotten konnten ihren Besatzern nicht in der offenen Schlacht gegenübertreten und verlegten sich daher auf Überfälle und Hinterhalte, auf die die Ritter aus den Kernländern schlecht eingestellt waren.

Auch wer üblicherweise kämpfte, war bereits um das Jahr 1000 festgelegt. Zwar hatten die westlichen Herrscher schon immer Söldner beschäftigt, je mehr, umso reicher der Herrscher war, die Armeen setzten sich aber in der Mehrheit aus halbprofessionellen Adligen und deren Gefolgschaft zusammen. Die Militärdienste, die jedem Fürsten abverlangt wurden, stiegen ständig. Zum Beispiel nahmen die deutschen Herrscher gewohnheitsmäßig für den Dienst innerhalb Deutschlands ein größeres Kontingent in Anspruch als für die zahlreichen Expeditionen nach Italien. In Frankreich konnten, so schätzt man, die Könige und Hochadligen des 10. Jahrhunderts jeweils etwa 200 Ritter und 1000 Fußsoldaten aufbieten. Die Bauern nahmen im späten 10. Jahrhundert in den Kernländern nicht an Schlachten teil.

Vor allem aber haben wir mit dem Jahr 1000 das zukunftsweisende Zeitalter der schweren Kavallerie betreten, die die nächsten 500 Jahre lang die europäischen Schlachtfelder beherrschen sollte. Die Mehrzahl der Soldaten jeder Armee bestand aus Infanterie – nicht nur waren Fußsoldaten billiger auszurüsten, eine Armee, die nur aus Kavallerie ohne Infanterie-Unterstützung bestanden hätte, hätte sich auch nicht lange halten können. Doch die effektivste Waffe der europäischen Armeen war nun der berittene Soldat, der Kettenhemd, Metallhelm und zunehmend auch einen drachenförmigen Schild trug, der beim Reiten leichter zu handhaben war als der alte runde Typ des Frühmittelalters. Wenn also ein Autor Ende des 10. Jahrhunderts den Begriff ‘miles’ verwendete, können wir sicher sein, dass er damit den berittenen Soldaten meinte, den Elitekämpfer der späteren mittelalterlichen Armee.

989

Konzil von Charroux. Beginn der Gottesfrieden-Bewegung, die Kleriker, Frauen und Arme vor den um sich greifenden Kriegen beschützen will.

991

10. oder 11. August: Schlacht von Maldon. Dänische Angreifer besiegen ein Heer aus Essex unter Ealdorman Byrthnoth.

992

27. Juni: Schlacht von Conquereuil. Graf Falk Nerra von Anjou schlägt Conan I., Herzog der Bretagne, als dieser Fulks Belagerung von Nantes aufheben will.

König Aethelred II. „der Unfertige“ von England stellt eine Flotte auf, um eine dänische Invasion abzuwehren; die englische Flotte wird geschlagen.

999

Brandschatzung von Santiago (Spanien) durch den Umayyadenkalif Muhammad al-Mansur.

Das 11. Jahrhundert: Europa expandiert

Es begann ein revolutionärer Abschnitt der europäischen Geschichte: Papst und Kaiser ließen sich auf einen langen, zerstörerischen Kampf um die Herrschaft über die Kirche ein; eine Umwälzung des Bildungswesens führte letztlich zu einem neuen Zeitalter der Bürokratie und die europäischen Kernländer begannen einen Expansionsprozess, der für das weitere Mittelalter prägend war.

Das Jahrhundert wurde vom Beginn eines erheblichen Bevölkerungswachstums und einem wirtschaftlichen Wiederaufstieg geprägt. Militärisch kam es im 11. Jahrhundert zu größeren Kriegen als man sie seit dem alten Rom erlebt hatte, da etliche Herrscher ihre Kriegstaktik von rein punktuellen Überfällen auf territoriale Expansion umstellten. Diese Art der Kriegsführung brachte oft weniger Gewinn ein als reine Überfälle oder war nur auf lange Sicht profitabel, daher entstanden komplexe staatliche Organisationen, die sich der zunehmend teureren Aufgabe annahmen, sich um militärischen Ruhm und Gewinn zu kümmern. Vor allem aber war dies das Jahrhundert der Normannen, der Nachfahren der Wikinger, die sich in Nordwestfrankreich niedergelassen hatten und sich den Ruf erwarben, die größten Krieger ihrer Zeit zu sein.

Um das Jahr 1000 fand die letzte Invasionsperiode der europäischen Geschichte ihr Ende. Die Magyaren bildeten einen eigenen Staat (das heutige Ungarn) und integrierten sich durch Annahme des Christentums in die europäische Gesellschaft. Die slawischen Staaten Polen, Böhmen und Kiew hatten sich ebenso herausgebildet und im späten 10. Jahrhundert das Christentum angenommen. Das führte

Links: Wilhelm der Eroberer führt die normannische Attacke bei der Schlacht Hastings am 14. Oktober 1066 an.
Rechts: Darstellung eines normannischen Fußsoldaten aus dem 18. Jh.

Links: Kaiser Heinrich II. (1002-1024), später heiliggesprochen, setzte sich zu Lebzeiten großer Kritik aus, weil er sich mit Heiden gegen die christlichen Polen verbündete.

freilich nicht dazu, dass die benachbarten Kernländer nicht länger gegen Polen, Magyaren usw. kämpften, sondern änderte lediglich die Natur der Feldzüge gegen sie. Statt Eindringlinge abzuwehren bemühten diese sich nun, ganze Landstriche in ihre Gewalt zu bringen, und die Kriegsregeln, die gegen diese nun christlichen Gegner galten, wurden entsprechend angepasst. Herzog Mieszko I. von Polen, der im späten 10. Jahrhundert zum Christentum konvertierte, rief danach fast umgehend nach päpstlichem Beistand gegen seine deutschen Feinde. Dennoch führte Heinrich II. in den ersten beiden Jahrzehnten des 11. Jahrhunderts einen langen Krieg gegen Mieszkos Nachfolger Boleslav Chrobry („der Tapfere") von Polen – die Zeitgenossen waren schockiert, dass Heinrich sich mit einer nichtchristlichen slawischen Koalition gegen Mitchristen verbündete. Auf ähnliche Weise führte Deutschland einige Kriege gegen die Magyaren, deren Zweck aber darin bestand, deren Staat zu unterjochen, und nicht der bloßen Verteidigung dienten. In der Tat gelang es dem deutschen Kaiser Heinrich III. um 1040, Böhmen und Ungarn zu Vasallenstaaten zu machen; allerdings wurden die Länder bald wieder unabhängig.

Hochorganisierte Invasoren

Auch die Wikingerüberfälle in Nordeuropa wandelten sich zu zwischenstaatlichen Kriegen, als die skandinavischen Herrscher ihre Konkurrenten niederrangen und sich zum Christentum bekehrten. Der Übergang zu neuen Formen der militärischen Organisation lässt sich anhand der dänischen Eroberung Englands in den ersten Jahrzehnten des 11. Jahrhunderts erkennen. Als der englische Könige Aethelred II. „der Unfertige" (978-1016) sich als schwacher Herrscher erwies, begannen die Wikingerüberfälle erneut, zunächst mit dem großen Überfall des Jahres 991, der in dem Wikingersieg bei Maldon gipfelte. Es waren aber bereits Unterschiede offensichtlich: Die Invasoren waren nun besser organisiert, besser bewaffnet und teil auch schon Christen. Aethelred kaufte sich mehrmals von den Wikingern frei, was lediglich den dänischen König Sweyn ermunterte, einen Blick auf die Reichtümer Englands zu werfen. Noch schlimmer war, dass Aethelred den Befehl gab, sämtliche Dänen in England am St. Brictius-Tag des Jahres 1002 zu ermorden. Diesem Massaker fiel der

1000

Früheste Erwähnung der *'ministeriales'*, den „unfreien" Rittern der deutschen Lande.

Bekehrung König Stephans von Ungarn zum Katholizismus.

Schlacht von Svoldr. Eine schwedisch-dänische Flotte besiegt Olaf Tryggvasson von Norwegen und tötet ihn. Die dänische Herrschaft über Norwegen wird wieder hergestellt.

1002

Brian Boru besiegt Mael Sechnaill II. und wird Großkönig von Irland.

13. November: Massaker vom St.Brictius-Tag. Aethelred II. der Unfertige befiehlt die Ermordung aller Dänen in England.

Legende nach auch Sweyns Schwester zum Opfer. 1003 griff Sweyn, der bereits Norwegen und Teile Schwedens erobert hatte, in einem Krieg an, der sich rasch vom Rache- zum Eroberungsfeldzug wandelte. Sweyn benötigte zwei Invasionen – 1009 und 1013 -, es gelang ihm aber, Aethelred ins Exil zu treiben und den Thron von England an sich zu reißen. Er verstarb nach einer nur sechs Wochen währenden Herrschaft, doch sein Sohn Knut wurde nach einer weiteren Invasion sein Nachfolger als König von England (1016-1035).

Starke Führung

Knut gewann die entscheidende Schlacht bei Ashingdon gegen Aethelreds Sohn Edmund II. Ironside im Jahr 1016 nicht, weil die Skandinavier den technologischen Abstand gegenüber den Kernländern wettgemacht hatten (obwohl dieser Abstand rasch kleiner wurde), noch weil er seine Truppen besser befehligte – Edmund war ein wesentlich stärkerer Führer als sein Vater. Vielmehr schreiben die Historiker Knuts Sieg Verrat in den Reihen der Angelsachsen zu. Ein Adliger, Eadric von Mercia, lief mitten in der Schlacht über. Dieser Vorfall ist ein wertvoller Hinweis darauf, dass die Bildung stärkerer, zentralisierterer Staatswesen im 10. Jahrhundert nicht ohne Widerstreben vonstatten ging. Noch 1016 zogen es viele Bewohner von Mercia vor, von einem fernen Skandinavierkönig statt von einem Abkömmling des Königshauses von Wessex beherrscht zu werden. Solche Illoyalität kam umso eher in Betracht, als Knut Christ war.

In Irland vollzog sich in gleicher Weise ein mählicher Übergang von der Gegenwehr gegen Eindringlinge hin zum Kampf gegen die sich niedergelassen habenden Normannen, die viele Sitten des Landes, in dem sie nun siedelten, angenommen hatten. Die Schlacht von Clontarf im Jahr 1014, die dem irischen König Brian Boru einen großen Sieg brachte (obwohl er selbst dabei ums Leben kam), ist in der irischen Überlieferung zu einem Sieg über die bösen, gottlosen Wikinger verklärt worden. In Wahrheit war Brians Hauptgegner der irisch-christliche König Maél Schnaill

Dieses Gemälde aus dem 19. Jh., das die Plünderung der Toten durch Knuts Armee zeigt, macht romantischen Naturen das Mittelalter lebendig.

1003

König Sweyn Gabelbart von Dänemark fällt in England ein.

1003-1017

Krieg zwischen Kaiser Heinrich II. und Herzog Boleslaw Chrobry von Polen.

1008

Der englische König Aethelred der Unfertige erhebt den „sea fyrd" – je 300 Haushalte müssen gemeinsam ein Schiff samt Mannschaft für den Kampf gegen die Dänen stellen. Die Flotte erweist sich als nutzlos.

von Leinster. Während die meisten normannischen Siedler an der irischen Ostküste für Leinster Partei ergriffen, kämpften auch einige an Brians Seite.

Die normannischen Siedler im Nordwesten Frankreichs erwiesen sich im 11. und frühen 12. Jahrhundert als die größten Exponenten des Kampfstils, der in den europäischen Kernländern üblich war. Die normannische Eroberung Unteritaliens und Siziliens sowie Englands sind daher ausgezeichnete Fallstudien für die militärischen Tendenzen der Zeit.

Ein Zeitalter der Eroberungen

Die Grundregel im 11. Jahrhundert scheint gelautet zu haben: Nimm, was Du kriegen kannst – die Hauptakteure waren ehrgeizige und skrupellose Fürsten, die die Ressourcen für territoriale Expansion aufbringen konnten und sich auf diese statt auf die bloßen Überfälle verlegten, die die vorherigen Jahrhunderte geprägt hatten. Nirgends tritt dies deutlicher zutage als bei der normannischen Eroberung von Unteritalien und Sizilien.

1016 erreichte eine Gruppe normannischer Pilger Salerno und fand die Stadt von den Muslimen belagert vor. Die Normannen übernahmen die Verteidigung und besiegten die Belagerer. Ihre Fähigkeit im Kampf beeindruckte den Herzog der Lombardei

Die Schlacht von Clontarf (1014), eine von vielen Schlachten, in denen die kleineren Könige sich um die irische Königskrone stritten.

derart, dass er die Normannen als Söldner in seine Dienste nahm, dazu alle Freunde und Verwandte, die sie auftreiben konnten. 1018 traten zudem einige Normannen in den Dienst des byzantinischen Statthalters von Unteritalien. Doch die Normannen bemerkten rasch, dass die Kleinstaaten, ob lombardische oder byzantinische, schlecht regiert und noch schlechter verteidigt wurden. Dies war eine ausgezeichnete Gelegenheit und eine ehrgeizige Söldnerfamilie, die Hautevilles (eine mindere, aber zahlreiche Rittersippe aus der Normandie), beschloss, diese Gelegenheit zu ihren Gunsten zu nutzen. Anfangs verdingten sich die Normannen als Söldner, begannen dann aber, die Länder zu übernehmen und errangen 1040 die ersten wichtigen Siege über die örtlichen Herrscher. Ihr Erfolg beunruhigte Papst Leo IX. derart, dass er 1053 ein Heer aufstellte und bei Civitate persönlich gegen den Normannenführer Robert Guiscard („den Schlauen“) zu Felde zog, aber in Gefangenschaft geriet und gezwungen war, große Zugeständnisse zu machen.

1071 hatten die Normannen Bari in ihrem Besitz,

1009

Invasion Englands durch König Sweyn von Dänemark.

Schlacht von Nairn (Schottland). Dänen unter Führung von Sweyn Gabelbart besiegen Malcolm II. von Schottland.

1010

Schlacht von Mortlack. Malcolm III. von Schottland schlägt eine zweite dänische Invasion zurück.

1011

Die Muslime brandschatzen Pisa.

die letzte auf der Halbinsel verbliebene byzantinische Festung, und machten sich an die Eroberung Siziliens.

Die andere, berühmtere Eroberung der Normannen, Herzog Wilhelms der Normandie Invasion von England im Jahr 1066, war ein nicht minder kühnes Unterfangen, das ihm eine Krone einbrachte. Wilhelm hatte offenbar den Anspruch auf den englischen Thron von seinem Cousin Edward dem Bekenner übernommen – obwohl sie über Edwards Mutter miteinander verwandt waren und Wilhelm keinen Tropfen angelsächsischen Blutes in sich hatte. Gleichwohl musste Wilhelm nach Edwards Tod im Jahr 1066 um seine Ansprüche kämpfen, da Earl Harold Godwinsson behauptete, Edward habe ihn auf dem Totenbett als Nachfolger benannt und sich diesen Anspruch sofort von den anwesenden englischen Edelleuten bestätigen ließ. Wilhelm riskierte alles – sein Prestige, seine Herrschaft über die Normandie und sein Leben – in dem großen Spiel um England. Er stellte ein eindrucksvolles Heer von etwa 7000 Mann auf und überquerte mit ihm den Kanal. Das Glück war auf seiner Seite. Das Wetter verzögerte Wilhelms Aufbruch, so dass König Harolds Flotte bereits zerstreut war, als Wilhelm dann tatsächlich kam, und nichts gegen die Landung unternehmen konnte. Vor allem aber war einen

Das Mausoleum des normannischen Kreuzfahrerprinzen Bohemund I. (um 1058-1111) in Canosa di Puglia.

Monat zuvor der Norwegerkönig Harald Hardrada in Nordengland eingefallen. Der englische Harold musste nach Norden eilen, um Hardrada bei der Schlacht von Stamford Bridge niederzuringen; Wilhelm landete derweil im Süden, ohne auf Widerstand zu stoßen. Harold musste nun wieder nach Süden eilen, ließ seine Infanterie großteils zurück und musste in die Schlacht ziehen, ohne zuvor vor Ort eine Infanterie ausheben zu können. Herzog Wilhelms Plan ging auf. Die Normannen schlugen Harolds Heer am 14. Oktober 1066 und Wilhelm wurde an Weihnachten zum König von England gekrönt.

Diese Art, fremde Gebiete an sich zu reißen, hatte es vor dem 11. Jahrhundert nicht gegeben, kam nun aber vielerorts vor. Vielleicht sollte man das als äußerliche Manifestation der neuen militärischen Stärke der Herrscher deuten, die über größere Ressourcen verfügten als jemals zuvor. Zumeist versuchten sie, einer bestimmten politischen Einheit Land zu entreißen. Einzige wichtige Ausnahme hiervon waren die zahlreichen Nachfolge- und Eroberungskriege, die sich in der ersten Hälfte des Jahrhunderts in Skandinavien zutrugen – die letzte Stufe in der Erschaffung dauerhafter Staaten. In Skandinavien kam es mehrmals zu beherzten Versuchen, einen umfassenden skandinavischen Gesamtstaat zu etab-

1013-1016

Die Könige Sweyn und Knut von Dänemark erobern England.

1014

23. April: Großkönig Brian Boru besiegt König Maél Sechnaill von Leinster und dessen norwegische Verbündete in der Schlacht von Clontarf, wird aber in der Schlacht getötet.

29. Juli: Schlacht von Belathista (Belashita). Der byzantinische Kaiser Basileios II. „der Bulgarentöter“ schlägt die Bulgaren nd soll 15.000 Gefangene geblendet haben. Der Bulgarenzar Samuel stirbt an einem Schock, was die byzantinische Eroberung Bulgariens ermöglicht.

1015 (oder 1016)

Olaf Haraldsson schlägt Sweyn von Dänemark in der Seeschlacht von Nesjar vor der norwegischen Küste.

Eine genuesisch-pisanische Flotte vertreibt Muslimpiraten von Sardinien.

lieren, vor allem durch Sweyn von Dänemark, der Olaf Tryggvasson von Norwegen in der Seeschlacht von Svoldr besiegte und tötete und nach der Schlacht Norwegen einnahm. Sweyns Sohn Knut der Große besiegte St. Olaf von Norwegen und dessen Verbündeten Onund von Schweden in der Seeschlacht von Helgaá um 1026. Einige Jahre später war Norwegen allerdings wieder frei und Harald Hardrada von Norwegen focht 17 Jahre lang, letztlich allerdings erfolglos, darum, Dänemark unter norwegische Herrschaft zu bringen. In Skandinavien konnte ein König aber auch von seinen eigenen Leuten ermordet werden, wie es St. Olaf in der Schlacht von Stiklestad 1030 widerfuhr und wie es geschah, als 1044 zwei Prätendenten um den dänischen Thron bei Aarhus in die Schlacht gingen. (1044 siegte König Magnus über seinen Rivalen.)

Man würde im 11. Jahrhundert in Skandinavien unsichere Zustände und territoriale Angriffskriege erwarten. In den Kernländern Europas hingegen erreichte der Kampf um territoriale Gewinne eine neue Stufe. Bestes Beispiel hierfür ist die aggressive Politik von Fulk Nerra, Graf von Anjou (987-1040). Er war ein starker Mann, der sich nahm, was er haben wollte – als er sich auf Pilgerfahrt im Heiligen Land befand, soll er ein Stück des Grabes Christi abgebissen haben, um es als Reliquie mit heimzunehmen. Fulk führte etliche Kriege mit seinem Nachbarn Graf Odo II. von Blois, darunter die Schlacht von Pontlevoy im Jahr 1016, bei der 3000 bis 6000 Menschen ums Leben gekommen sein sollen.

Eine Ursache für Fulks aggressives Vorgehen bestand darin, dass die Könige von Frankreich im

Links: Die wichtigste Pflicht eines mittelalterlichen Herrschers war der Schutz der Kirche; darauf schworen die Könige, wenn sie gekrönt wurden.

Unten: Szene des Bildteppichs von Bayeux, der großartigen gewebten Darstellung der normannischen Eroberung Englands aus dem 11. Jh.

1016

Eine Gruppe normannischer Pilger erreicht Salerno, während die Muslime die Stadt belagern. Die Normannen schlagen sie.

6. Juli: Schlacht von Pontlevoy. Fulk Nerra von Anjou und sein Verbündeter Graf Herbert von Maine schlagen Graf Odo II. von Blois in einer der blutigsten Schlachten des Jahrhunderts.

Dänische Belagerung Londons.

18. Oktober: Schlacht von Ashingdon. Knut von Dänemark schlägt den englischen König Edmund II. Ironside. Im nachfolgenden Vertrag wird England geteilt: Edmund behält Wessex, Knut erhält den Rest des Königreichs.

Links: Diese Abbildung der Seeschlacht von Svold (9. September 1000) illustriert lebhaft die Gefahren des Kampfes zur See.

Unten rechts: Ein Stich aus dem 19. Jh. zeigt die Grafen Fulk III. Nerra und Gottfried II. Martel von Anjou.

11. Jahrhundert nicht stark genug waren, um für Frieden zwischen ihren Adligen zu sorgen. Die frühen Kapetinger waren zudem bestrebt, jede Gelegenheit zur territorialen Expansion, die sich ihnen bot, zu nutzen, selbst auf Kosten ihrer Vasallen. Daher rückte Heinrich I. von Frankreich 1053/54 und erneut 1057 in der Normandie ein und machte sich dabei interne normannische Probleme zunutze (obwohl Herzog Wilhelm beide Invasionen zurückschlug). 1057 zeigte Wilhelm seine militärische Befähigung besonders eindrucksvoll. Die Normannenarmee folgte der von Heinrich I. und Graf Gottfried von Anjou geführten Invasionsarmee, bis das gegnerische Heer den Fluss Dives bei Varaville überqueren wollte; die hereinkommende Flut brachte es in Unordnung. Wilhelm griff nun an und fügte den Invasoren derart hohe Verluste zu, dass sie sich zurückziehen mussten. Auf ähnliche Weise nutzte Wilhelm politische Unruhen unter seinen Nachbarn, um die Grafschaft Maine im Jahr 1063 zu erobern.

Die Ritter

Herzog Wilhelms Hauptstreitmacht bei Varaville und bei der Invasion von Maine war, wie in all seinen Kriegen, die schwere Kavallerie. Im Oktober 1053 hatte er die Invasion der Normandie durch Heinrich I. bei St. Aubin-sur-Scie mit einer List zurückgeschlagen, die bald klassisch werden sollte: Wilhelms Kavallerie wandte sich zum Schein zur Flucht, drehte sich dann aber um und griff das französische Heer an, das jeglichen Zusammenhalt verloren hatte, während es den vermeintlich Geschlagenen nachsetzte. Robert Guiscards Sieg bei Civitate im selben Jahr ging in erster Linie auf die Ritter zurück, die in den folgenden Jahrhunderten das dominierende Element der europäischen Armeen werden sollten.

1017

Edmund Ironside stirbt, Knut wird König von ganz England.

1018

30. Januar: Der Friede von Bautzen beendet den Krieg zwischen Deutschland und Polen, Polen erhält die Lausitz und Schlesien.

Schlacht von Cannae. Eine byzantinische Armee schlägt den Lombardenfürsten Melus von Bari und seine normannischen Söldner an dem Ort der großen Niederlage der alten Römer.

Malcolm II. von Schottland fällt in Northumbrien ein, schlägt die Engländer bei Carham und verlegt die schottische Grenze an den Tweed.

Normannische Kavalleristen trugen im 11. Jh. üblicherweise knielange Kettenhemden (mit Schlitz, um das Reiten zu ermöglichen) und konische Helme mit Nasenschutz.

Was aber war ein Ritter genau? Der Ausdruck lässt an die höfische Gesellschaft denken, an junge Edelleute, die die Hand einer schönen Dame im Turnier gewinnen wollen. Der frühe Ritter entsprach freilich ganz und gar nicht diesem romantischen Bild. Er war ein schwerer Kavallerist und zumeist auch ein unfreier schwerer Kavallerist. Seine Ausrüstung war überaus teuer – Kettenhemd, Helm, Schild, Lanze, Schwert und natürlich mehrere Pferde, die auf Stärke und Ausdauer hin gezüchtet waren. Dieser Ausrüstung bediente sich ein Mann von jahrelanger Ausbildung, der es sich leisten konnte, den Kampf zu seiner Hauptbeschäftigung zu machen. Diese Umstände bedeuteten, dass man in der Frühzeit auf zweierlei Art Ritter wurde: Entweder beschaffte sich ein reicher Grundbesitzer selbst die nötige Ausrüstung des schweren Kavalleristen (der er überwiegend immer schon gewesen war) oder er rüstete seine Gefolgschaft entsprechend aus. Diese Gefolgsleute konnten die landlosen jüngeren Söhne eines Landbesitzers sein, die vielleicht ihre Ausrüstung und sonst nichts von ihren Eltern erhielten, ehe diese sie mit einem warmen Händedruck verabschiedeten. Häufiger aber wählte ein Herr vielversprechende, muskulöse Bauernburschen aus und nahm sie in Dienst, wodurch eine Soldatenkaste entstand,

1020

Sachsenaufstand gegen Kaiser Heinrich II.

1025

18. April: Krönung von Boleslaw I. Chrobry zum ersten König Polens.

Der byzantinische Kaiser Basileios II. stirbt während der Vorbereitung einer byzantinischen Invasion Siziliens.

1026

Eine dänische Flotte besiegt die Schweden in der Schlacht von Stangebjerg.

König Knut der Große von Dänemark, Schweden und England, der die von seinem Vater begonnene Eroberung Englands abschloss und bis zu seinem Tod im Jahr 1035 ein großes Reich im Norden zusammenhielt.

die den Sklavensoldaten der zeitgenössischen muslimischen Gesellschaften nicht unähnlich war. Der englische Begriff 'knight' geht auf das angelsächsische Wort 'cniht' zurück – das 'Knecht' bedeutet. Das würdevollere französische 'chevalier' bedeutet hingegen 'Pferdemann', ursprünglich ohne soziale Nebenbedeutung. Autoren des 10./11. Jahrhunderts sprachen einfach von 'milites' - Soldaten.

Diese Männer lebten ein gefährliches Leben, aßen an der Tafel ihres Herren, schliefen in seinen Sälen und erhielten hin und wieder Geschenke oder einen Teil der Kriegsbeute. Die Glücklichsten ergatterten von ihrem Herrn ein Lehen, also Grundbesitz, der genug einbrachte, dass der Ritter sich ausrüsten konnte; dies war im Europa der Feudalwirtschaft schlichtweg die einfachste Möglichkeit. Es gibt Schätzungen, dass ein Ritter des 11. Jahrhunderts für den Unterhalt seiner Pferde und für seine Waffen das Einkommen aus 12 Bauernhöfen benötigte, und die Sache wurde noch teurer, als in den folgenden Jahrhunderten die Rüstungen umfangreicher wurden. Wahrscheinlich hat man aber der Idee, dass die mittelalterlichen Ritterheere vom Feudalismus unterfüttert waren, zuviel Bedeutung beigemessen – dem Verleihen der Lehen gegen klar definierte Militärdienste. Wer ein solches Lehen erhielt, konnte sich glücklich schätzen; viele andere erhielten nur Geld und wurden so praktisch Angestellte ihrer Herren. Ritter, die Lehensdienst leisteten, machten offenbar nicht einmal im 11. Jahrhundert die Mehrheit der Armeen aus. Die traditionelle Beschränkung des Kriegsdienstes auf 40 Tage, die in den meisten Ländern galt, und die Qualität der auf diese „feudale" Art ausgehobenen Krieger ließ die Herrscher nach Mitteln und Wegen suchen, nach eigener Wahl Truppen zusammenzustellen, in der Menge, die ihnen richtig erschien, je nach Bedarf auf Ritter und Fußsoldaten aufgeteilt.

Immerhin waren so viele Ritter zugleich Lehensempfänger, dass im 11. Jahrhundert der soziale Status des Ritters zu steigen begann. Im größten Teil Europas vergaß man die niedere Abkunft des Ritters rasch, außer in Deutschland, wo die Klasse der 'ministeriales' - Ritter, die rechtlich Leibeigene ihres Herrn blieben, gleich, wie viel Macht und Wohlstand sie gewannen – das ganze Mittelalter hindurch Bestand hatte. Zu den größten Erfolgsgeschichten des Mittelalters zählt die des Ministerialen Werner

1027

Konzil von Toulouges. Erste Ausrufung des Gottesfriedens, ein Versuch, den Krieg an Feiertagen einzudämmen.

Sancho III. der Große von Navarra und Aragón erobert das christliche Spanien. Nach seinem Tod werden die Königreiche wieder aufgeteilt.

Normannische Söldner in Italien erhalten Aversa, die erste dauerhafte normannische Siedlung in Italien.

1028

Schlacht am Heiligen Fluss (Helgaá) vor der Ostküste von Skåne. König Knut der Große führt eine anglo-dänische Flotte gegen Olaf von Norwegen und dessen Verbündeten Onund von Schweden; Olaf wird ins Exil getrieben.

II. von Bolanden, der im 12. Jahrhundert Kaiser Friedrich I. Barbarossa treu diente. In seinem Zenit herrschte Werner über 17 Burgen und 1100 Ritter.

Es ist gewöhnlich sehr schwierig, die Anteile der schweren Kavallerie und der Infanterie in einem Heer zu beurteilen, weil die vorhandenen Schlachtenberichte sich auf die ruhmreichen chevaleresken Auseinandersetzungen statt auf das gewöhnliche Fußvolk konzentrieren. In Wahrheit verfügten alle mittelalterlichen Armeen sowohl über Kavallerie wie über Infanterie, und die Infanterie war gewöhnlich zahlenmäßig stark in der Überzahl. Vom späten 10. bis zum Ende des 13. Jahrhunderts aber war es die Kavallerie, die die Schlachten gewann – zumindest in den Augen der Chronisten. Obwohl die Infanterie im Spätmittelalter unter Beweis stellte, dass sie es mit der Kavallerie aufnehmen konnte, waren dies schrecklich riskante Unterfangen. Gute Befehlshaber bedienten sich beider Truppenteile.

Hastings

Die Schlacht von Hastings am 14. Oktober 1066 zwischen dem englischen König Harold II. (Harold Godwinsson) und Wilhelm dem Eroberer illustriert die gemischte Taktik, die zum Sieg führte. Harold befand sich von Anfang an im Nachteil. Seine Armee hatte den norwegischen Invasoren Harald Hardrada am 25. September bei Stamford Bridge besiegt. Nur drei Tage später landete Herzog Wilhelm von der Normandie im Süden. Harold beschloss, nach Süden zu eilen und sich dem zweiten Eindringling raschestmöglich zu stellen, vielleicht, weil Wilhelm Harolds persönliche Güter verwüstete. Daher legte sein Heer – zumindest die (überwiegend berittenen) Eliteeinheiten, die schritthalten konnten – in Eilmärschen die 304 Kilometer von York südwärts nach London zurück. In London machte er eine sechstägige Pause und rekrutierte vor Ort Verstärkungen für seine müden Truppen, ehe er die restlichen 80 Kilometer bis zum Ort der Schlacht, 11,2 Kilometer nördlich von Hastings (heute Battle) zurücklegte.

Dort scheint Harold von den Normannen überrascht worden zu sein, während er darauf wartete, dass seine Verstärkungen zu ihm stießen. Die englische Armee wurde auf einem hochgelegenen Ort überrascht, wo ihr der Rückzug durch die normannische Kavallerie abgeschnitten wurde. (Obwohl moderne Militärhistoriker nach und nach zu der Ansicht finden, dass die englischen Armeen schon vor der normannischen Eroberung über Kavallerie verfügten, gibt es im Fall von Hastings dafür keinen Beleg.) Der verzweifelte Harold scheint nur einige wenige Bogenschützen um sich gehabt zu haben, wohl weil es ihm an Zeit gefehlt hatte, in den westlichen Grafschaften, die die Bogenschützen stellten, Truppen auszuheben und die übrigen im Norden zurückgeblieben waren, als er nach Süden geeilt war. Daher bestand Harolds Heer aus 7000 bis 8000 Kämpfern; ohne Kavallerie und Bogenschützen konnte er aber nicht angreifen. Die normannische Armee umfasste hingegen 1000 bis 2000 Ritter und 5000 bis 6000 Infanteristen. Viele dieser Infanteristen waren Bogenschützen. Sie trugen so sehr zum Sieg bei, dass der adlige Hersteller des Bildteppichs von Bayeux sich veranlasst sah, einige von Wilhelms Bogenschützen abzubilden – obwohl sie kleiner als die Ritter dargestellt sind.

Hastings war eine verzweifelt geführte Schlacht, die von Tagesanbruch bis Sonnenuntergang währte. Die Engländer bildeten einen Wall aus Schilden und stellten die Infanteriereihen eng beieinander auf, damit jeder sich selbst und seinen Nachbarn mit Streitäxten und Schilden verteidigen konnte. Die vorderen Reihen wurden sicherlich durch die Leibwachen Harolds und seiner Adligen verstärkt, Männer, die wussten, dass es vor den normannischen Kavalleristen kein Entrinnen gab. In der Tat griff Wilhelm wieder und immer wieder an, wurde aber von den

1030

31. August: Schlacht von Stiklestad (Norwegen). König St. Olaf von Norwegen wird besiegt und bei dem Versuch, aus seinem russischen Exil zurückzukehren, getötet.

1031

Fall des Kalifats Córdoba; das muslimische Spanien zerfällt in eine Vielzahl rivalisierender Nachfolgestaaten (*'taifas'*).

1035

Bürgerkrieg in Norditalien, ausgelöst durch einen Aufstand der Vasallen.

gut bewaffneten Sachsen ebenso oft zurückgeschlagen. Wilhelm selbst kam um ein Haar ums Leben, als er seine Ritter anführte. Schließlich brachte eine Kombination zweier Faktoren das Ende der Schlacht. Wilhelm sah, wie eine Gruppe Engländer sich aus der Schlachtreihe gelöst hatte, um sich zurückziehenden normannischen Kavalleristen zu folgen. Offenbar spielte er sein Lieblingsspiel, die vorgetäuschte Flucht. Wie zuvor in Frankreich machten sich viele Feinde zur Verfolgung auf und wurden allesamt getötet, als die Ritter sich auf ein vereinbartes Signal hin umdrehten. Doch selbst dieser Trick hätte ihm an diesem Tag kaum den Sieg gebracht, wenn nicht die normannischen Bogenschützen soviel ausgerichtet hätten. Sie fügten den Engländern den gesamten Tag über schwere Verluste bei und streckten am Ende selbst König Harold, dem ein Pfeil durchs Auge drang, nieder, woraufhin der Widerstand in sich zusammenfiel.

Links: Wilhelm der Eroberer betrachtet nach der Schlacht von Hastings (1066) das Schlachtfeld.

Rechts: Waffen, die für die normannische Invasion Englands (1066) in die Schiffe verbracht werden; Bildteppich von Bayeux (Ausschnitt).

Der Vorteil der Kavallerie

Wilhelm der Eroberer siedelte nach dem Sieg rasch Ritter in England an und schuf sich damit eine neue, etwa 5000 Mann starke Militäraristokratie. Diese Streitmacht gab Wilhelm, im Verein mit den

1038–1040

Eine byzantinische Armee unter Georg Maniakes versucht, Sizilien der muslimischen Herrschaft zu entziehen und nimmt Messina und Syrakus ein.

1039

Mailand: erster belegter Einsatz eines *'carroccio'*, einer Standarte in Form eines Banners, das an einem Mast befestigt ist, der wiederum auf einem Wagen steht.

Bretislav I. von Böhmen fällt in Polen ein, erobert Teile Schlesiens und brandschatzt Gnesen.

etwa 1000 in der Normandie verbliebenen Rittern, die mit Abstand größte Zahl an Rittern westlich des Rheines an die Hand. Dennoch hatten Wilhelm und seine Nachfolger auch viele Söldner in ihren Diensten, insbesondere Infanteristen, die sie vor allem in Brittannien rekrutierten.

Zu ihrer ersten Blütezeit kämpften die Ritter noch nicht in der Art, wie sie es im späteren Mittelalter taten: in enger Formation angreifend, die Lanze unter den Arm geklemmt, so dass die ganze Wucht von Ritter und Pferd im Lanzenstoß steckte. Stattdessen kämpften die Ritter, wie auf dem Bildteppich von Bayeux zu sehen, je nach Situation mit hoch erhobener oder gesenkter Lanze und nutzten die Höhe des Pferdes (auch wenn diese im 11. Jahrhundert durchschnittlich nur etwa 12 Handspannen betrug), um von oben auf die Feinde zu Fuß einzustechen.

In der Tat scheinen die Ritter im 11. Jahrhundert weniger durch ihre Überraschungstaktiken als durch ihre Beweglichkeit und ihre Ausbildung nützlich gewesen zu sein. Man muss an dieser Stelle anmer-

Die Schlacht von Hastings hat die Engländer seit 1066 stets in ihren Bann geschlagen. Diese viktorianische Darstellung zeigt einen normannischen Ritter mit hinlänglicher Genauigkeit; die normannischen Bogenschützen trugen aber keine Hosen dieser Art.

1040

15. August: Macbeth von Schottland tötet seinen Cousin König Duncan I. in der Schlacht von Pitgaveny und usurpiert den Thron.

1041

Kaiser Heinrich III. besiegt die Böhmen.

4. Mai: Schlacht von Monte Maggiore. Die unteritalienischen Normannen schlagen eine byzantinische Armee, der wichtigste von drei Siegen im Jahr 1041.

1042–1043

Bürgerkrieg in Mailand zwischen Adel und Bürgertum.

Dieser Stich stellt die Krönung Wilhelms des Eroberers zum König von England als gewalttätigen Akt dar; in Wahrheit akzeptierten ihn die meisten Engländer nach der Schlacht von Hastings als ihren rechtmäßigen Herrscher.

ken, dass die Ritter zwar keine Profis nach modernen Maßstäben, aber in der Regel gut ausgebildete Männer waren, die ihre militärische Disziplin häufig in ganz Europa und im Nahen Osten zur Schau gestellt hatten. Wir wissen nichts über die Ausbildung künftiger Ritter zu jener Zeit, können aber sicher sein, dass sie aus Muskeltraining, Reiten (häufig in der Form der Jagd) und Übungen zur Verbesserung der Koordination zwischen Auge und Hand bestand. Dass Turniere so beliebt waren, erlaubt uns einen besseren Blick darauf, wie sich die Ritter in Form hielten.

Turniere – ritualisierte Kämpfe zwischen verschiedenen Ritterteams – wurden um das Jahr 1090 beliebt und waren um 1130 überall in Europa gängige Praxis. Anders als die individuellen Kämpfe des Spätmittelalters war das Turnier des Hochmittelalters eine Großveranstaltung, bei der auf jeder Seite bis zu 100 Ritter teilnehmen konnten. Die erfolgreichsten Turnierkämpfer waren diejenigen, bei denen Teamwork im Vordergrund stand – die nämliche Eigenschaft, mit der Schlachten gewonnen wurden. Vor dem 13. Jahrhundert werden keine stumpfen Waffen erwähnt, und häufig kam es zu Todesfällen und ernsthaften Verletzungen. Die Kirchenmänner versuchten wiederholt, die Turniere zu verbieten und drohten denen, die im Turnier töteten, mit der Exkommunikation oder gar der Verweige-

Turniere kamen erstmals im späten 11. Jahrhundert auf, Einzelkämpfe Mann gegen Mann wurden aber erst viel später zur Norm.

1042–1044

Deutsche Feldzüge gegen die Ungarn, eine Antwort auf ungarische Angriffe an der deutschen Südgrenze.

rung eines christlichen Begräbnisses. Wie viele Ächtungen des mittelalterlichen Kriegswesens durch die Kirche verhallten auch diese Mahnungen ungehört. Turniere waren einfach zu nützlich. Nicht nur waren sie ein gutes Training, das dazu beitrug, dass die Ritter die Schlacht überlebten und sich Ruhm erwarben, ein Turnier war auch eine gute Gelegenheit, sich vor einem reichen Herrn zu beweisen und dadurch an einem edlen Hof eine Anstellung oder gar ein Lehen zu gewinnen. Turniere waren auch eine wichtige Einkommensquelle für verarmte Ritter, denn wem es gelang, einen gegnerischen Ritter zu besiegen und gefangenzunehmen, der hatte Anspruch auf dessen Waffen und Pferd.

Das Zeitalter der Befestigungen

Ein anderer wichtiger militärischer Zug der Zeit, der im 11. Jahrhundert deutlich zutage tritt, war die Errichtung von Burgen, kleinen Festungen, die Sicherheit und die Möglichkeit boten, feindliches Umland zu beherrschen. Im mittelalterlichen Europa hatte es seit dem Beginn der Wikinger-, Magyaren- und Sarazenenüberfälle zahlreiche mit Wällen befestigte Dörfer gegeben. Einzelne Behausungen von Adligen blieben aber überwiegend unbefestigt.

Clifford's Tower in York wurde 1068 errichtet, um Wilhelm dem Eroberer bei der Beherrschung von Nordengland dienlich zu sein.

Einer der ersten wichtigen Burgenbauer in Europa war Graf Fulk Nerra von Anjou, der im späten 10. und frühen 11. Jahrhundert in seinen Bemühungen, seinen Nachbarn Gebiete zu entreißen, nicht nachließ. Er gewann eine Reihe von Schlachten – doch Schlachten allein genügen nicht, um erobertes Land auch zu sichern. Daher errichtete Fulk Burgen, die nach und nach immer tiefer ins Feindesland hineinreichten. Die Normannen, die Unteritalien eroberten, folgten im 11. Jahrhundert ähnlichen Praktiken, um ihre Herrschaft über eine Region Burg um Burg auszubauen und nutzten die Burgen als Basen, von denen aus sie die umgebenden Landstriche zur Unterwerfung zwangen. Diese Festungen boten kleinen Garnisonen Schutz, die man permanent vor Ort belassen konnte. Gegnerische Streitkräfte konnten sich in der Nähe einer Burg nicht frei bewegen, mussten sie doch fürchten, dass die Garnison Überraschungsangriffe gegen sie durchführte. Und selbst eine ganz einfache Festung war für die technischen Möglichkeiten der Zeit ein fast unüberwindbares Hindernis. Angreifern blieb nichts anderes übrig, als eine Gegenburg zu errichten, von der aus sie eine langwierige Blockade durchführten. Erst gegen Ende des Jahrhunderts, zur Zeit des Ersten Kreuzzuges, sehen wir die Entwicklung komplexerer Belagerungstechniken.

1043

Ein russischer Angriff auf Konstantinopel wird von der byzantinischen Flotte aufgehalten.

Schlacht von Lysborg. Eine Wendenarmee fällt in Jütland ein, wird aber von einem norwegischen Heer unter König Magnus I. Olafsson geschlagen.

1044

Schlacht von Menfö. Kaiser Konrad II. schlägt die Ungarn vernichtend und zwingt den Ungarnkönig, sein Vasall zu werden.

Erste Erwähnung des Schießpulvers in einer schriftlichen chinesischen Quelle.

Schlacht von Aarhus. König Magnus von Norwegen und Dänemark besiegt seinen Rivalen, den Grafen Sven.

Der byzantinische Kaiser Konstantin IX. Monomachos löst seine Truppen in Armenien auf und lässt sie Steuern zahlen statt Kriegsdienst leisten.

Arundel Castle in Westsussex. Im Herzen der Anlage befindet sich auf dem Hügel eine Rundburg, die aus der Normannenzeit stammt.

Die meisten Burgen waren in der Tat recht einfach. Am häufigsten war die sogenannte Motte, die in einem guten Monat von nur 100 bis 200 Mann errichtet werden konnte. Das ging ganz einfach: Die Erbauer hoben einen tiefen Graben aus und errichteten mit dem Aushub einen Hügel, der bis zu 20 Meter hoch sein konnte. Oben auf diesem künstlichen Hügel, dessen Durchmesser bis zu 30 Meter betrug, errichteten sie dann einfache Holzpalisaden. Häufig umschlossen weitere Palisaden ein größeres Gebiet am Fuße des Hügels – den Vorhof. War etwas Dauerhafteres gefragt, konnte der Adlige einen Bergfried errichten lassen, eine rechteckige Struktur mit dicken Steinmauern und einem einzigen, hoch gelegenen Eingang, um die Verteidigung zu vereinfachen.

Die zum Krieg neigenden Herzogtümer im Nordwesten Frankreichs waren bald mit Burgen übersät; eine Analyse eines 20 qkm großen Gebietes in der Normandie förderte die Überreste von nicht weniger als fünf Steinburgen und 24 Erdburgen zutage! Wilhelm brachte die Burgenbaumanie nach England mit und errichtete zwischen 1066 und 1087 rund 500 bis 550 Burgen im Land. Große Steinburgen zog er in London (der White Tower des Tower of London) und Colchester hoch, doch wurden ihm diese Bauten bald zu teuer, weshalb er sich auf bescheidenere Anlagen beschränkte. Ohne dieses Bauprogramm hätte Wilhelm England nie und nimmer halten können.

Der große deutsche Bürgerkrieg

Burgen waren ein Herrschaftsmittel, das sich naturgemäß zunächst in Regionen entwickelte, wo die Bevölkerung Grund hatte, ihre Herren nicht zu mögen. Das galt insbesondere für Frankreich, ein Land von schwach ausgeprägten politischen Institu-

1047–1064

König Harald Hardrada von Norwegen bekämpft Sven Estrithsson in dem letztlich erfolglosen Versuch, Dänemark wieder unter norwegische Herrschaft zu bekommen.

1047

Schlacht von Val-ès-Dunes. Wilhelm, Herzog der Normandie, und sein Verbündeter König Heinrich I. von Frankreich schlagen eine Koalition rebellischer normannischer Adliger südöstlich von Caen.

1048–1069

Seldschukische Überfälle im byzantinischen Kleinasien.

Der Kaiserpalast in Goslar, ein Bau aus dem 11. Jh. Der Verzicht auf befestigte Mauern zeigt, wie stark die deutschen Herrscher damals waren.

tionen, und für die von den Normannen eroberten Gebiete. Deutschland folgte erst Mitte des 11. Jahrhunderts. Unter den ottonischen und salischen Herrschern hatte sich Deutschland vom Ende der Magyarenheimsuchungen 955 bis zum Tode von Kaiser Heinrich III. im Jahr 1056 einer Phase inneren Friedens erfreut. Daher lebten sowohl Könige wie auch Adlige normalerweise in unbefestigten Anwesen wie dem Königspalast von Goslar, der noch heute steht.

Der innere Friede begann noch zu Lebzeiten Heinrichs III. zu bröckeln, und unter der Herrschaft seines Sohnes Heinrichs IV. (1056-1106) eskalierte das Problem rasch. Das Problem war viergestaltig. Das schon am längsten andauernde Problem war die wachsende Unzufriedenheit der Sachsen. Die Herzöge von Sachsen hatten im 10. Jahrhundert zumeist den deutschen König gestellt und ihrem Land viele Privilegien verliehen. Seit 1004 aber hatten die deutschen Könige Sachsen nur noch selten besucht – aber dennoch versucht, ihre Herrschaft ohne persönliche Kenntnis der Bedürfnisse und der führenden Persönlichkeiten des Landes aufrechtzuerhalten. Ein zweites Problem, das sich für die Königsherrschaft in Deutschland als Katastrophe erwies, bestand darin, dass Heinrich III. vor der Zeit gestorben war und einen Knaben von

1052

Sommer: Der verbannte Earl Godwin und sein Klan fallen in England ein. König Edwards des Bekenners Armee weigert sich zu kämpfen und der König ist zu Verhandlungen gezwungen.

1053

17. Juni: Schlacht von Civitate. Papst Leo IX. führt eine Armee gegen die Normannen Süditaliens, die von Robert Guiscard befehligt wird. Die Armee des Papstes wird geschlagen, Papst Leo gefangengenommen und gezwungen, die normannische Herrschaft über Unteritalien anzuerkennen.

25. Oktober: Schlacht von St.-Aubin-sur-Scie. Herzog Wilhelm der Normandie schlägt Heinrich I. von Frankreich und macht der französischen Invasion der Normandie ein Ende.

1054

Beginn des ost-westlichen Kirchenschismas.

Earl Siward fällt in einer großangelegten Aktion mit einer Flotte und einem Landheer in Schottland ein.

Schlacht von Dunsinane (Schottland). Malcolm III. Canmore, Sohn des ermordeten Königs Duncan, besiegt Macbeth.

sechs Jahren als Thronfolger hinterließ, nicht eine starke Figur, die als Herrscher dienen konnte. So fand sich Heinrich IV. im Mittelpunkt eines Machtringens wieder und wurde von skrupellosen Männern mehr als einmal entführt, die durch ihn Deutschland regieren wollten. Verschärft wurde das Problem, als Heinrich IV. mündig wurde und begann, seine Rechte einzufordern und an denen Rache zu nehmen, die sich seiner bedient hatten – Heinrich besaß alles andere als einen versöhnlichen Charakter. Das Chaos vervollständigte, dass Heinrich IV. sich auf einen Kampf mit dem Papsttum einließ – den sogenannten Investiturstreit, der eine ganze Reihe von Päpsten dazu brachte, alles in ihrer Macht Stehende zu unternehmen, um Macht und Autorität des deutschen Königs zu unterminieren.

Etwa um 1060 errichtete der deutsche Adel in großer Zahl Burgen, da er sich auf schwierige Zeiten einstellte. Die älteste Erwähnung der Zollernburg, der Familienburg der Hohenzollern-Dynastie, datiert zum Beispiel auf das Jahr 1061. Friedrich von Büren

Heinrich IV. fleht Gräfin Matilda von Toskanien um Hilfe in seinem Kampf gegen Papst Gregor VII. an. Heinrich IV. hatte die Folgen der Stärke seiner Dynastie zu tragen – eine heftige Reaktion des deutschen Adels, die Deutschland in den Bürgerkrieg stürzte.

1055

Die Seldschuken nehmen Bagdad.

Schlacht von Hereford. Der verbannte Earl Aelfgar von Mercia fällt mit einem irisch-walisischen Heer in England ein. Er schlägt eine königliche Armee unter Ralf dem Furchtsamen von Hereford.

errichtete etwa 1077 die Burg Hohenstaufen, das Hauptquartier der Staufer. Und Heinrich IV. baute angesichts der unruhigen Sachsen Burgen im Dutzend. Seine Burgen riefen weitere Unruhe hervor, womit eine Abwärtsspirale der gesellschaftlichen Anarchie und des weiteren Burgenbaues begann. Die meisten Burgen, die noch heute Touristen in Deutschland, Österreich, der Schweiz und Italien anziehen, verdanken ihre Existenz dem Investiturstreit und dem ihn begleitenden Bürgerkrieg in Deutschland. Diese Burgen wurden in der Regel an Orten errichtet, wo sie leicht zu verteidigen waren und verzichteten daher auf den Burggraben, der das Merkmal der weiter im Westen gelegenen Baulichkeiten darstellte.

Das Zeitalter der Rebellion

Der deutsche Bürgerkrieg des 11. Jahrhunderts ist nur das blutigste Beispiel eines weiteren neuen Merkmals der Kriegsführung des 11. Jahrhunderts: Überraschend viele militärische Aktionen traten als Aufstände und deren Niederschlagung in Erschei-

Die Hohenzollernburg bei Hechingen. Ursprünglich stammt die Burg aus dem 11. Jh.; in der heutigen Form entstand sie in den Jahren 1454 bis 1461.

1057

15. August: Schlacht von Lumphanan. König Macbeth von Schottland wird von Malcolm III. Canmore, seinem Rivalen um den schottischen Thron, besiegt und getötet.

August: Schlacht von Varaville. Herzog Wilhelm der Normandie schlägt eine französisch-angevinische Invasion unter Führung Heinrichs I. von Frankreich und des Grafen Gottfried von Anjou zurück.

1061–1091

Die Normannen erobern Sizilien.

1062

9. August: König Harald Hardrada von Norwegen schlägt den Dänen Sven Estrithsson in einer nicht entscheidenden Seeschlacht bei Nisaa.

nung. Manchmal waren die Chancen dabei ungleich verteilt, wenn nämlich Fürsten und ihre gut ausgerüsteten Heere Bauernaufstände unterdrückten. Häufiger aber wurden die Schlachten zwischen ähnlich ausgerüsteten Gegnern ausgetragen und waren daher von unklarem Ausgang.

Italien neigte besonders zur Rebellion. Die Norditaliener ließen sich nicht gerne von deutschen Kaisern beherrschen und revoltierten, wenn sich ihnen Gelegenheit dazu bot. Die überwiegend aus der Ferne ausgeübte Herrschaft in diesen Ländern war auch ein fruchtbarer Boden für die Entwicklung der Städte, und bisweilen erhoben Nichtadlige gegen den Adel die Waffen, so im Mailänder Bürgerkrieg der Jahre 1042/43. In Süditalien hatten die Normannen das von ihnen eroberte Land fest im Griff, doch eine Reihe von Päpsten stachelten die Untertanen der Normannen zum Aufstand an – nicht dass es dieser Anstachelung bedurft hätte, da die Normannen strenge Herrn waren.

Anderswo wurden „neue“ Machtansprüche zurückgewiesen. In der Normandie waren die Baro-

Die heute romantisch verklärten zahlreichen Burgruinen Deutschlands belegen die Gewalt, die im Spätmittelalter herrschte.

1063

Die Normannen erobern Maine.

Earl Harold Godwinsson fällt in Wales ein und verstärkt sein Heer mit einer Flotte.

Schlacht von Cerami. Ein normannisches Heer unter Roger I. dem Großen schlägt eine muslimische Streitmacht in einer Schlacht, die den Normannen einen Brückenkopf in Sizilien sichert.

Sultan Alp Arslan vereint das Seldschukenreich.

1064

„Große Pilgerfahrt“ aus Deutschland nach Jerusalem unter Führung des Bischofs von Bamberg, an der 7000 Pilger teilgenommen haben sollen.

Eroberung von Barbastro durch ein aragonesisch-französisches Heer; der erste wichtige Erfolg der *Reconquista.* (Innerhalb eines Jahres wird Barbastro wieder verloren.)

Die italienischen Normannen unter Robert Guiscard und Roger I. greifen mit Hilfe einer pisanischen Flotte Palermo an, werden aber zurückgeschlagen.

Hereward the Wake führte die wichtigste angelsächsische Revolte gegen die Normannen an; diese Illustration zeigt seinen Angriff bei Peterborough Abbey im Jahr 1070.

ne zur Anarchie zurückgekehrt, nachdem ihr starker Herzog Robert der Prächtige 1035 verstorben war. Als Roberts illegitimer Sohn Wilhelm mündig wurde, musste er jahrelang um seine Rechte kämpfen. Wie es bei Rebellionen häufig der Fall ist, konnte der junge Wilhelm in seiner Rache grausam sein: Bei der Belagerung von Alençon 1049 ließ er alle Überlebenden der Garnison verstümmeln, weil sie ihn als Bastard von niedriger Geburt verspottet hatten. Als König von England ab 1066 zeigte sich Wilhelm als ebenso gnadenlos, insbesondere bei der „Bestrafung des Nordens" 1070, als er einen Aufstand in Nordengland dermaßen rücksichtslos niederwarf, dass der Großteil der Bevölkerung hungerte. Viele englischen Soldaten halfen Wilhelm bei der Unterdrückung örtlicher Aufstände, insbesondere wenn sie Gefahr liefen, zu 'nithings' erklärt zu werden – zu nutzlosen Feiglingen.

In anderen Fällen von vorgeblicher Erhebung hatte sich noch keine Dynastie fest etabliert. Im Skandinavien des 11. Jahrhunderts bekämpften sich Prätendenten auf die Throne von Norwegen und Dänemark im Zuge der Herausbildung der Staaten wiederholt in einer Art und Weise, die mehr an Böcke erinnert, die sich um die Dominanz streiten, denn an einen unbestrittenen König, der sich gegen Aufständische verteidigt. Auch in Schottland war König Duncans Niederlage und Tod durch Macbeth eine normale Folge der sich rasch verändernden politischen Allianzen (trotz allem, was Shakespeare schreibt), ebenso Macbeths eigene Niederlage und sein Tod durch die Hand seines Rivalen Malcolm III. Canmore in der Schlacht von Lumphanan am 15. August 1057.

Der Aufstand gegen Heinrich IV.

Der schockierendste der Aufstände des 11. Jahrhunderts war die Erhebung gegen Heinrich IV. von Deutschland, den Erben einer seit langem etablierten und starken kaiserlichen Autorität, die nach dem Geschmack der Untertanen aber allzu stark ausgeprägt war. Die Sachsen rebellierten 1073, nachdem Heinrich IV. nach dem Tod des bisherigen Fürsten versuchte, das Fürstentum zu annektieren. Die Angriffe gegen den Kaiser richteten sich besonders gegen seine verhassten Burgen. Der Hass saß so tief, dass Bauern 1074 die Harzburg nahe Goslar zerstörten und dabei auch die Kirche niederbrannten und die Gräber von Heinrichs Bruder und seinem jungen Sohn schändeten. Dieser Sakrileg kostete die Aufständischen viel Unterstützung und die kaiserlichen Truppen besiegten die Rebellen im Juni 1075 in der

1066

April: Erscheinen des Halleyschen Kometen.

20. September: Schlacht von Gate Fulford. König Harald Hardrada von Norwegen fällt in England ein und schlägt die Armee der Earls des Nordens (Edwin und Morcar) bei Gate Fulford (heute ein Vorort von York). Die Earls schließen mit Harald einen Vertrag.

25. September: Schlacht von Stamford Bridge. Ein englisches Heer unter König Harod Godwinsson überrascht Harald Hardrada. Das norwegische Heer wird vernichtend geschlagen und sowohl Hardrada als auch sein Harold Godwinssons aufständischer Bruder Tostig kommen ums Leben.

28. September: Herzog Wilhelms Invasionsflotte landet bei Pevensey in England.

14. Oktober: Schlacht von Hastings. In einer hart umkämpften Schlacht 11,2 Kilometer nördlich von Hastings schlägt Wilhelm von der Normandie Harold Godwinsson vernichtend und tötet ihn.

25. Dezember: Wilhelm von der Normandie (der Eroberer) wird in Westminster zum König von England gekrönt.

1068

König Sancho I. Ramirez von Aragón wird päpstlicher Vasall und erhofft sich davon militärische Unterstützung gegen die muslimischen Königreiche Zentralspaniens.

Das Ende der ersten Phase des langen deutschen Bürgerkrieges: Die sächsischen Adligen unterwerfen sich am 25. Oktober 1075 in Speyer Heinrich IV.

Schlacht von Langensalza, doch brach bald eine zweite Revolte aus. Während dieser folgende Aufstand weniger breite Unterstützung genoss als der erste, war er wesentlich gefährlicher, denn an ihm waren der Adel, die Ritterklasse und viele Kleriker beteiligt. Verschärft wurde die Lage durch Heinrichs Bruch mit Papst Gregor VII. Der Papst exkommunizierte Heinrich und stachelte die Rebellion an. Heinrich entging der Absetzung lediglich dadurch, dass er mitten im Winter die Alpen überquerte (an den Rebellen vorbei, die diesen Schritt zu verhindern trachteten) und sich mit dem Papst im norditalienischen Canossa traf, wo er diesen derart hartnäckig um Vergebung bat, dass Gregor die Exkommunikation aufheben musste. Gleichwohl wählten die Aufständischen schon bald Herzog Rudolf von Schwaben zum Gegenkaiser und der Kampf setzte sich fort. Im Laufe der Jahre traten auch zwei von Heinrichs Söhnen dem Kampf gegen den Vater bei, Heinrich V. setzte seinen Vater 1105 ab und folgte ihm auf dem Thron nach.

1068–1071

5. August 1068-16. April 1071: Belagerung von Bari. Der Normanne Robert Guiscard nimmt die letzte byzantinische Hochburg auf der Halbinsel ein.

1069

König Sven Estrithsson von Dänemark greift England an und verbündet sich dabei mit einem General, der sich in Yorkshire gegen die Normannenherrschaft auflehnt. König Wilhelm kauft sich von den Dänen frei.

1070

„The Harrying of the North“: Wilhelm der Eroberer führt nach dem Aufstand des Jahres 1069 eine große Strafaktion gegen Nordengland durch.

Sven Estrithsson von Dänemark fällt erneut in England ein und verbündet sich mit dem aufständischen Hereward the Wake von Lincolnshire. Die Dänen werden durch Geld zum Abzug verleitet.

Die meisten Schlachten des deutschen Bürgerkrieges gingen unentschieden und in der Tat häufig so aus, dass beide Seiten den Sieg für sich in Anspruch nehmen konnten. In diesen Schlachten kam es zu interessanten Experimenten, wie man Kavallerie und Infanterie gemeinsam einsetzen konnte. Zum Beispiel traten die Sachsen bei der Schlacht an der Weißen Elster am 15. Oktober 1080 mit wenig Infanterie an (die Heinrich den IV. verfolgte, der marodierend durch das Fürstentum zog), daher ließen sie viele Kavalleristen absteigen, die die Linien gegen Heinrichs Kavallerie verstärken mussten. Obwohl Gegenkaiser Rudolf in der Schlacht fiel, ging der Kampf wohl insgesamt eher zugunsten der Aufständischen aus, zumal Heinrich IV. vom Schlachtfeld floh, als der Kampf Mann gegen Mann begann. Bei Pleichfeld im August 1086 kämpften die Sachsen wiederum abgesessen und fügten dem Kaiser eine heftige Niederlage zu.

Links: Das Grab Rudolfs von Schwaben († 1080), der bis zu seinem Tod in der Schlacht an der Weißen Elster als Gegenkaiser gegen Heinrich IV. kämpfte.

Rechts: Einzug von Rodrigo Díaz, dem Cid, in das muslimische Valencia. Der Cid war einer der größten christlichen Heerführer des mittelalterlichen Spanien und wurde zum Gegenstand vieler Legenden und Gesänge.

1071

Sommer: Belagerung von Ely. Wilhelm der Eroberer besiegt Aufständische unter der Führung von Hereward bei Ely. Hereward entkommt.

5., 19. oder 26. August: Schlacht von Manzikert. Eine Seldschukenarmee unter Sultan Alp Arslan vernichtet eine große byzantinische Armee, die von Kaiser Romanos IV. Diogenes kommandiert wird.

Die Seldschuken erobern Jerusalem von den Fatimiden.

22. Februar: Schlacht von Cassel. Robert der Friese besiegt und tötet seinen Neffen Arnulf III., der die Grafschaft Flandern beansprucht.

Die Expansion Europas

Die letzte große Tendenz in der europäischen Kriegsführung des 11. Jahrhunderts war die entschlossene Hinwendung zu Expansionen an mehreren Fronten. Mit Ausnahme der ottonischen Herrscher, die Deutschlands letztlich erfolglose Versuche, seine Herrschaft auf slawisches Gebiet auszudehnen, anführten, war Europa im 10. Jahrhundert eher ein Gebiet gewesen, das zur Invasion verleitete, statt selbst zu expandieren. Nun änderten sich aber die Zeiten. Die Herrscher des 11. Jahrhunderts, ob auf lokaler oder auf Staatsebene, installierten rasch Verwaltungs- und Steuersysteme, die ihnen nicht nur das Überleben, sondern auch die Expansion ermöglichten. Als Musterbeispiel dieses Phänomens betrachte man die großartige Logistik hinter der normannischen Eroberung Englands im Jahr 1066. Die Staaten wurden ehrgeizig und konnten mehr Geld in Feldzüge stecken, als es die Europäer seit den Zeiten des alten Rom vermocht hatten. Damit hub eine Reihe von Unternehmungen an, die sich über Jahrhunderte erstreckten: die spanische 'reconquista', der von Erfolg gekrönte Anspruch der Italiener auf das Mittelmeer und die Kreuzzüge.

Die Reconquista

Seit der muslimischen Eroberung des größten Teiles von Spanien im frühen 8. Jahrhundert hatten sich einige kleine christliche Königreiche am Fuß der Pyrenäen mühsam über Wasser gehalten. Sie durchlebten regelmäßige Überfälle seitens der Streitkräfte des in ihrem Süden gelegenen Umayyaden-Kalifats, das beträchtlich mehr Soldaten aufstellen konnte als

Die muslimische Kavallerie verließ sich stärker als ihr christliches Gegenstück auf Tempo und Beweglichkeit und trug seltener als westliche Reiter eine Rüstung.

1072

10. Januar: Das muslimische Palermo fällt nach einer langen Blockade und einem Seesieg über eine tunesische Entsatzflotte an den Normannenherzog Robert Guiscard.

Großer Überfall auf Schottland. Wilhelm der Eroberer von England verwüstet die schottische Ostküste von Land und von See aus und zwingt Malcolm III. Canmore dazu, seine Oberherrschaft anzuerkennen.

1073–1074

Die Sachsen belagern die königliche Harzburg bei Goslar. Heinrich erklärt sich bereit, die Burg niederzureißen, doch Bauern aus dem Umland schleifen sie selbst.

1073–1075

Aufstand der Sachsen gegen den deutschen Kaiser Heinrich IV., hervorgerufen durch dessen aggressive Politik des Burgenbaus.

sämtliche christlichen spanischen Königreiche zusammen. Am Ende aber erwies sich das Kalifat als instabil und es löste sich infolge diverser innerer Spannungen im Jahr 1031 auf. Die muslimischen Nachfolgestaaten, die 'taifas', waren wesentlich kleiner, bekämpften sich gegenseitig und verfügten über weniger Sklavenkrieger, die den Kern der Umayyaden-Armee gebildet hatten. Etwa zur gleichen Zeit führten die christlichen Königreiche die schwere Kavallerie nach französischem Vorbild ein.

Das Ergebnis war der Beginn der sogenannten 'reconquista', der Wiedereroberung der Länder, die von Rechts wegen den Christen zustanden (obwohl sie in den vorangegangenen drei Jahrhunderten von Muslimen beherrscht worden waren). Die christlichen Könige begannen, nach Schwachpunkten der 'taifas' Ausschau zu halten, verlangten Tributzahlungen von ihnen und errichteten Außenposten.

Links: Papst Alexander II. (1061-1073), ein Reformpapst, der unter anderem Wilhelms des Eroberers Invasion von England segnete und Schritte hin zu einer Allianz mit den Normannen Süditaliens unternahm.

Rechts: Die Burg Loarre in der spanischen Provinz Huesca. Der Bau geht auf das späte 11. Jahrhundert zurück.

1074

Papst Gregor VII. zieht ohne Erfolg gegen den Normannen Robert Guiscard in Süditalien zu Felde.

1075

9. Juni: Schlacht an der Unstrut. Heinrichs IV. Armee schlägt die sächsischen Rebellen in die Flucht.

1076

14. Februar: Papst Gregor VII. exkommuniziert Kaiser Heinrich IV.

Rodrigo Díaz de Vivar, genannt El Cid (1040-1099). Zwar gilt El Cid als erster großer Held der spanischen Reconquista, er kämpfte aber häufig auf Seiten der Muslime gegen Christen.

1064 kam es zum ersten wichtigen Erfolg, als Barbastro von einem gemischten katalanisch-aragonesischen Heer eingenommen werden konnte. Die spanische Truppe wurde, was in die Zukunft wies, durch eine Streitmacht unter dem Herzog von Aquitanien aus Südfrankreich verstärkt, dem Papst Alexander II. den Sündenerlass in Aussicht gestellt hatte, wenn er an diesem gottgefälligen Unterfangen mitwirke. König Sancho I. Ramirez von Aragón wurde 1068 päpstlicher Vasall, offenbar in der Hoffnung, weitere militärische Unterstützung zu erlangen. Der nächste große Coup glückte aber Alfons VI. von Kastilien, der die islamische Großstadt Toledo 1085 eroberte.

Diese Erfolge der Christen zeitigten aber eine Reaktion. Die alarmierten Emire der taifas baten die starke, junge Dynastie der Almoraviden aus Nordafrika um Hilfe. Der Almoravidenherrscher Yussuf ibn Tashufin kam nach Spanien und fügte Alfons VI. am 23. Oktober 1086 bei Sagrajas eine entscheidende Niederlage zu. Die Kastilier versuchten, mit einer breiten Kavallerieattacke den Feind vor sich herzu-

1076-1088

Zweiter Sachsenaufstand. Anders als beim ersten Aufstand lehnen sich diesmal hauptsächlich weltliche und geistliche Adlige auf, ohne Rückhalt bei der Bevölkerung.

1077

26.-28. Januar: Heinrich IV. bittet den Papst in Canossa um Vergebung; die Exkommunikation gegen ihn wird schließlich aufgehoben.

März: Deutsche Rebellen, unterstützt von Papst Gregor VII., wählen Herzog Rudolf von Schwaben zum Gegenkönig.

Pisa bringt Korsika in seinen Besitz.

1077-1122

Investiturstreit. Ein wirrer, vernichtender Bürgerkrieg tobt in Deutschland und Italien zwischen den Anhängern Heinrichs IV. und Papst Gregors VII.

treiben. Das schlug fehl, weil die Speerkämpfer der muslimischen Infanterie diszipliniert genug waren, ihre Reihen fest geschlossen zu halten (wie die Engländer bei Hastings) und die Kastilier in der Unterzahl waren. Das Erscheinen der Almoraviden kehrte die Richtung, in die die Reconquista verlief, vorübergehend um, doch noch vor Ende des Jahrhunderts bewies Rodrigo Díaz von Valencia (in der Legende als „El Cid“ verklärt) in mehreren Schlachten, dass auch die neuen Invasoren nicht unbesiegbar waren.

Krieg im Mittelmeerraum

Ein weiteres Anzeichen dafür, dass die Zeiten sich wandelten, war das nun aggressive Vorgehen einiger italienischer Städte im Mittelmeerraum. Der Handel war jahrhundertelang eingeschränkt gewesen, weil die muslimischen Eroberungen die byzantinische Herrschaft über die wichtigsten Schifffahrtsrouten beendet hatten. Das Piratentum breitete sich aus und machte sich im 10.

Die Almoravidendynastie aus Nordafrika entwickelte sich in einem Umfeld, das von den zahlreichen Überbleibseln der römischen Vergangenheit geprägt war, hier etwa das Amphitheater im tunesischen El Jem.

1078

7. August: Schlacht von Mellrichstadt. Eine lange Schlacht zwischen Heinrich IV. und sächsischen Aufständischen; beide Seiten beanspruchen den Sieg für sich.

1080

27. Januar: Schlacht von Flarchheim, ein blutiges Gefecht zwischen Heinrich IV. und seinem Rivalen Rudolf von Schwaben ohne klaren Ausgang.

15. Oktober: Schlacht an der Weißen Elster (bei Hohenmölsen). Unentschiedene Schlacht zwischen Heinrich und seinem Rivalen Rudolf von Schwaben, der getötet wird.

1081

Schlacht von Durazzo (im heutigen Albanien). Die italienischen Normannen unter Robert Guiscard dringen auf byzantinisches Gebiet vor und werden von einer byzantinisch-venezianischen Flotte besiegt.

18. Oktober: Zweite Schlacht von Durazzo. Auf dem Festland besiegen die Normannen unter Robert Guiscard eine byzantinische Armee.

Jahrhundert durch häufige Überfälle auf die Küsten Italiens und Südfrankreichs, aber auch durch Kaperungen von Schiffen bemerkbar.

In der zweiten Hälfte des 11. Jahrhunderts sahen sich mehrere italienische Hafenstädte in der Lage, dagegen vorzugehen. Sie waren vom deutschen Kaiser praktisch unabhängig und reiche Kaufleute, die ihre Geschäfte ausweiten und beschützen wollten, beherrschten die jeweiligen Stadträte. 1087 unternahmen Pisa und Genua eine gemeinsame Expedition gegen das große Piratenzentrum Mahdia in Nordafrika. Sie nahmen die Stadt und plünderten sie, ein wichtiger Schritt für den Aufstieg der Italiener im westlichen Mittelmeerraum.

Die Türkengefahr

Im 9. und 10. Jahrhundert war es dem Byzantinischen Reich ausgezeichnet gelungen, die Ostflanke

Das Byzantinische Reich erlebte unter Kaiserin Zoe (1028-1050) und deren Ehemännern einen steilen Niedergang; ihr Mann Konstantin IX. Monomachos (links) war ein tüchtiger General, konnte aber gegen die politischen Ränke seiner Zeit wenig ausrichten. Er ist vor allem dafür bekannt, dass er das System, das jahrhundertelang die Mittel für die byzantinische Armee aufbrachte, untergrub.

1084

Schlacht von Korfu. Der Normanne Robert Guiscard überfällt das Byzantinische Reich mit einer großen Flotte und besiegt vor Korfu eine griechisch-venezianische Flotte.

Die Seldschuken erobern das byzantinische Antiochia.

Heinrich IV. brandschatzt Rom. Papst Gregor VII. flieht ins Exil zu den Normannen nach Süditalien.

Heinrich IV. wird vom Gegenpapst, den er installiert hat, in Rom zum Kaiser gekrönt.

1085

In einer Seeschlacht vor Syrakus schlägt Robert Guiscards Flotte eine große muslimische Armada.

6. Mai: Alfons VI. von Kastilien-León nimmt nach kurzer Belagerung das muslimische Zentrum Toledo ein.

Eine riesige Militärkoalition wird gegen Wilhelm den Eroberer von England geschmiedet; ihr gehören Dänemark, Flandern, Frankreich, Schottland, das Haus Anjou und Wilhelms Sohn Robert an. Die Invasion findet aber nicht statt, da Knut IV. von Dänemark ermordet wird.

Europas zu sichern. Kaiser Basileios II. konnte die Bulgaren niederschlagen, insbesondere dank seines großen Sieges bei Belashita am 29. Juli 1014, wo er fast die gesamte Armee des Zaren Samuel gefangennahm – und angeblich 15.000 Gegner blenden ließ, um weiteren Widerstand unmöglich zu machen. Nach Basileios` Tod im Jahr 1025 aber ging es mit dem byzantinischen Militärwesen rasch bergab, während sich Verwaltungsbeamte und Generäle um die Macht am Hofe stritten. Um 1040 jagte Kaiser Konstantin IX. Monomachos pausenlos Geldern hinterher. Er ging so weit, seine Truppen in Armenien im Jahr 1044 aufzulösen und sie Steuern zahlen statt den traditionellen Kriegsdienst leisten zu lassen; stattdessen beschäftigte er Söldner. Leider begann das Byzantinische Reich um eben diese Zeit, Überfälle durch die seldschukischen Türken hinnehmen zu müssen.

König Balduin I. von Jerusalem (1100-1118) in einer Schlacht gegen die Türken, nach einer Chronik aus dem 15. Jahrhundert.

1086

Der Moslemherrscher al-Mu`tamid von Sevilla bringt angesichts der christlichen Erfolge die Almoravidendynastie nach Spanien.

August: Schlacht von Pleichfeld. Sächsische Aufständische schlagen die Armee Kaiser Heinrichs IV.

23. Oktober: Schlacht von Sagrajas. Eine Almoravidenstreitmacht unter Yusuf ibn Tashfin schlägt die kastilische Armee unter König Alfons VI. entscheidend.

1087

9. September: Tod Wilhelms I. des Eroberers.

Eine pisanisch-genuesische Flotte nimmt Mahdia (im heutigen Tunesien), einen Hauptstützpunkt der Piraten ein, und verwüstet es; damit beginnt der Aufstieg der Europäer im westlichen Mittelmeerraum.

um 1090

Turniere kommen in Westeuropa erstmals auf.

Die Turkvölker hatten jahrhundertelang im islamischen Mittleren Osten gelebt, viele als Sklavenkrieger im Dienste des Kalifen. Die Türken kämpften nach Art der Steppenvölker, beritten, ohne Rüstung und nur mit leichtem Schild und Schwert. Überwiegend verließen sie sich auf ihre starken Kompositbogen. Unter der Seldschukendynastie führten die Türken zwischen 1048 und 1069 Überfälle gegen byzantinische Länder durch, nahmen 1055 Bagdad und errichteten über das Abbasiden-Kalifat ein „Protektorat.“

1071 stellten die Seldschuken, die von ihrem Sultan Alp

Links: Der byzantinische Kaiser Alexios Komnenos, nach einem Mosaik in der Hagia Sophia aus dem 12. Jh.

Rechts: Kaiser Romanos IV. Diogenes (1068-1071) und Kaiserin Eudokia.

1090-1097

Kaiser Heinrich IV. führt ohne Erfolg Feldzüge zur Unterdrückung der Unruhen in der Lombardei durch.

1091

29. April: Schlacht vom Levunion-Berg. Der byzantinische Kaiser Alexios I. Komnenos und seine kyptschakischen Verbündeten vernichten eine Petschenegenarmee und beenden die Petschenegengefahr für Byzanz.

Arslan zu einer starken Einheit verschmolzen worden waren, eine ernste Gefahr dar, und der byzantinische Kaiser Romanos IV. Diogenes ging gegen sie in einem großen Feldzug vor, mit dem er Armenien zurückerobern und seine Ostgrenze sichern wollte. Leider aber fehlte es seiner Armee an Moral und Ausbildung, und unter den Kommandeuren befanden sich Verräter. Diese Faktoren und die Schwierigkeit, mit den berittenen Seldschuken zu Rande zu kommen, führten bei Manzikert zu einer katastrophalen Niederlage. Der Kaiser selbst geriet in Gefangenschaft und obwohl er, dank der moderaten Forderungen Alp Arslans, schon bald wieder frei kam, wurde er nach seiner Rückkehr nach Konstantinopel ermordet.

Die Schlacht von Manzikert war gewiss eine schwere Schlappe, doch

Darstellung einer der Schlachten des Ersten Kreuzzuges von einem französischen Künstler des 15. Jahrhunderts.

1092–1105

Nach dem Tod Sultan Malik-shahs im Jahr 1092 kämpfen seine Söhne in einer langen Krise um den Thron.

1093

13. November: Erste Schlacht von Alnwick. König Malcolm III. von Schottland fällt in England ein, wird aber besiegt und getötet.

Kaiser Heinrichs IV. Sohn Konrad rebelliert und zieht Norditalien und das Papsttum auf seine Seite.

1094

Der Fatimidenkalif al-Mustansir stirbt nach beinahe 60-jähriger Herrschaft, was zu einer langen Nachfolgekrise führt.

ein Scharmützel allein konnte die seit Jahrhunderten bestehende byzantinische Militärinfrastruktur nicht zerstören. Unter Kaiser Alexios II. Comnenos (1081-1118) begann der Wiederaufstieg der Armee; er vernichtete 1091 die Petschenegen und machte sich daran, die an die Seldschuken verlorenen Gebiete in Kleinasien wiederzuerlangen.

Aufruf zum Kreuzzug

Zu dieser Zeit begann die militärische Agenda von Ost- und Westeuropa völlig überraschend gemeinsame Wege zu gehen, was sich letztlich für Byzanz als vernichtend erweisen sollte. Alexios mangelte es an Truppen; er schickte Gesandte zu Papst Urban II. und bat um Hilfe dabei, im Westen Söldner anzuheuern. Urban war durchaus daran interessiert, westliche Ritter in den Osten zu schicken, wenn auch aus gänzlich anders gearteten Gründen. Der Papst war über die zahlreichen Kriege in Europa besorgt und hatte den Gottesfrieden ausgerufen, um die Verwüstungen, die Europa überzogen, zu beenden. Urban, der Spross einer französischen Ritterfa-

Gottfried von Bouillon erstürmt am 15. Juli 1099 die Mauern Jerusalems; die Darstellung zeigt die Verteidiger als Wilde, nicht als die gut ausgerüsteten Soldaten, die sie waren.

Schlacht von Cuarte (Spanien). Rodrigo Díaz (El Cid) schlägt eine Almoravidenarmee in die Flucht.

Schlacht von Bairén. Rodrigo Díaz (El Cid) schlägt eine Almoravidenarmee schwer.

milie, sah die zerstörerischen Folgen, die sich einstellten, weil zahlreiche jüngere Söhne keinen Beruf als den Krieg und keinen Rückhalt in der Gesellschaft hatten. Vor allem aber war er ein Kind der westlichen Spiritualität des 11. Jahrhunderts und war vom irdischen Heim Jesu fasziniert, dem Heiligen Land – das die Christenheit nun zu Unrecht im Besitz der Muslime sah.

Daher erhielt Kaiser Alexios nicht, worum er gebeten hatte, als er Papst Urbans Hilfe eingefordert hatte. Stattdessen fand im November 1095 im französischen Clermont eine große Ratsversammlung statt, auf der Urban den später so genannten Ersten Kreuzzug ausrief. Das Ziel war nicht länger, gegen die Türken Krieg zu führen und das Byzantinische Reich zu retten, sondern gegen alle Muslime in den Krieg zu ziehen und Jerusalem für die Christenheit wiederzuerobern. Die Teilnehmer an diesem Krieg sollten keine Söldner sein, sondern eine große spirituelle Belohnung erhalten – die Vergebung all der Sünden, die sie bislang begangen hatten.

Die Ausrufung des Ersten Kreuzzuges entflammte

Herzog Robert von der Normandie im Ersten Kreuzzug. Er überließ sein Herzogtum seinem Bruder und erhielt es nach seiner Rückkehr aus dem Heiligen Land nicht zurück.

1094

El Cid nimmt Valencia ein.

die Phantasie der Westeuropäer, insbesondere der Franzosen. Wanderprediger verbreiteten die Kunde, und nicht weniger als fünf Armeen machten sich gen Osten auf. Man nimmt an, dass zwischen 30.000 und 70.000 Soldaten teilnahmen, dazu 30.000 Nichtkombattanten, eine logistische Herausforderung, die alles seit den Zeiten der Römer übertraf. Vielleicht neun Zehntel dieser Männer und Frauen starben oder kehrten nach Hause zurück, ehe sie ihr Ziel erreichten. Dennoch gelang es den ersten Kreuzfahrern, am 14. Juli 1099 Jerusalem zu nehmen und mehrere kleine europäische Kolonien am Ostufer des Mittelmeeres einzurichten. Der Kampf um diese kleinen Staaten im Angesicht der islamischen Versuche, die Gebiete zurückzuerobern, sollte jahrhundertelang die europäische Kriegsgeschichte bestimmen, als Kreuzzug auf Kreuzzug unternommen wurde, um das Heilige Land zu verteidigen oder wiederzuerobern.

Die Lehren aus dem Ersten Kreuzzug

Der Erste Kreuzzug fiel in die Jahre 1096 bis 1099 und kann als Spiegel dessen dienen, was die militärischen Fähigkeiten des ausgehenden 11. Jahrhunderts vermochten. Eine eingehendere Betrachtung zeigt, dass die Armeen des Ersten Kreuzzuges, wenn sie von Adligen klug geführt wurden, eine

Kreuzfahrer vor der Stadt Nikaea. Die Stadt ergab sich unter Bedingungen dem byzantinischen Kaiser Alexios.

1095

März: Konzil von Piacenza; Emissäre des byzantinischen Kaisers Alexios I. Komnenos bitten den Papst um Hilfe gegen die Türken.

27. November: Papst Urban II. ruft auf dem Konzil von Clermont den Ersten Kreuzzug aus.

1096–1099

Erster Kreuzzug.

1096

Deutsche Kreuzfahrer unter Graf Emicho von Leiningen attackieren jüdische Gemeinden im Rheinland und vernichten sie.

August: Graf Emicho von Leiningens Armee wird in Ungarn vernichtet.

August: Schlacht von Nicaea. Ein Seldschukenheer metzelt den „Armenkreuzzug“ unter Peter dem Einsiedler nieder.

21. Oktober: Schlacht von Civetot. Die Überlebenden des Armenkreuzzugs werden von der Seldschukenarmee in einen Hinterhalt gelockt und getötet.

1097–1102

Krieg zwischen Ungarn und Venedig. König Koloman von Ungarn gewinnt die Herrschaft über die dalmatische Küste.

1097

19. Juni: Nicaea (in Kleinasien) ergibt sich zu Bedingungen nach kurzer Belagerung dem Kreuzfahrerheer und einer byzantinischen Flotte.

1. Juli: Schlacht von Dorylaeum. Die Seldschuken unter Sultan Kilij Arslan versuchen, die Hauptarmee der Kreuzfahrer in einen Hinterhalt zu locken, doch diese erringt einen Sieg, der die Bedrohung durch die Seldschuken beendet.

Rodrigo Díaz (El Cid) erobert Almenara (Spanien).

1097–1098

Oktober 1097–3. Juni 1098: Belagerung von Antiochia. Nach einer langen, verlustreichen Belagerung dringt das Kreuzfahrerheer in die Stadt ein, nachdem ein Verräter ein Stadttor öffnet.

1098

28. Juni: Schlacht von Antiochia. Die Kreuzfahrer brechen aus Antiochia aus und schlagen Kerbogha, den Gouverneur von Mosul.

Rodrigo Díaz (El Cid) nimmt die unüberwindliche Festung von Murviedro (Sagunt) ein und bestätigt damit seinen Ruf, einer der besten Kommandeure seiner Zeit zu sein.

Diese Miniatur von Jean Fouquet (um 1450) zeigt Papst Urbans II. Aufruf zum Ersten Kreuzzug beim Konzil von Clermont, 1095.

erstaunlich gut ausgebildete und von innerem Zusammenhalt geprägte Streitmacht darstellten und erstaunlich fortschrittlich geführt und logistisch unterstützt waren.

Ohne die Neuerungen des 11. Jahrhunderts im Transportwesen hätte der Kreuzzug keinen Erfolg haben können. Manche Kreuzfahrer fuhren freilich ohne angemessene Vorbereitung los: Der sogenannte Armenkreuzzug plünderte sich seinen Weg durch Ungarn, und deutsche Kreuzfahrer unter Führung von Emicho von Leiningen stahlen Vorräte, während sie einen Großteil der jüdischen Bevölkerung des Rheinlandes umbrachten. Im Gegensatz dazu versorgten sich Adlige wie Herzog Gottfried von Lothringen, Herzog Robert von der Normandie oder der italienische Normannenprinz Bohemund von Tarent im Voraus mit Vorräten, richteten am Wegesrand Märkte ein und versahen sich klugerweise mit Geld und Gütern für eine Expedition, die, wie sie wussten, mehrere Jahre dauern würde. Es ist ein Tribut an ihr Organisationsgeschick, dass die Kreuzfahrer nicht vor der Belagerung Antiochias 1097/98 Hunger litten, als eine türkische Armee ihre Versorgungswege abschnitt.

Eine weitere wichtige Lehre war, dass die schwere Kavallerie der Europäer, wenn sie von Kapitänen geführt wurde, die die Männer kannten und denen sie vertrauten, auf außerordentlich brillante Weise mit unvorhergesehenen Situationen fertig wurde. Das deutlichste Beispiel hierfür ist die Schlacht von Dorylaeum am 1. Juli 1097, wo die Seldschuken den Kreuzfahrern einen Hinterhalt bereiteten. Diese reagierten darauf so rasch und effektiv, dass sie aus der drohenden Katastrophe einen überzeugenden Sieg machten; die westlichen Ritter und Fußsoldaten gingen unter schwerem feindlichem Beschuss koordiniert vor. Die Disziplin und die Fähigkeiten der westlichen Soldaten offenbarten sich erneut in der Schlacht von Antiochia am 28. Juni 1098, als sie, wenngleich hungernd und der Mehrzahl der Pferde verlustig gegangen, einen taktischen Sieg über das weit überlegene Heer des Kerboghah von Mossul errangen. Ein dritter großer Sieg gelang bei Askalon am 12. August 1099 und lehrte, dass es sich hier um eine ausgebildete, professionelle Armee handelte, nicht um eine Horde von Barbaren. Die Kreuzfahrer bewiesen auch, dass die Europäer in den vergangenen hundert Jahren viel in Sachen Befestigungen gelernt hatten – und wie man sie überwand. Beim Angriff zu Wasser auf Nicaea im Jahr 1097 benutzten sie diverse Belagerungsmaschinen, von denen einige aus byzantinischen Arsenalen stammten. Die Mauern Antiochias waren zu hoch, doch hielten die Kreuzzugführer über sieben Monate eine Blockade gegen die Stadt aufrecht. Und in Jerusalem können wir das gesamte Belagerungsarsenal der Europäer versammelt sehen, darunter Maschinen, die Steine und große Bolzen verschossen, Rammböcke und zwei gewaltige Belagerungstürme.

Die Zukunft des europäischen Kriegswesens

Ein letztes Element des Ersten Kreuzzuges deutet bereits auf die künftigen Merkmale des europäischen Kriegswesens der Folgezeit voraus: das Vorhandensein von Flotten. Die italienischen Küstenstädte, allen voran Pisa, Venedig und Genua, stellten in entscheidenden Phasen die Logistik, Vorboten weit größerer Seeunternehmungen der Zukunft. Und Seeleute aus Pisa und Venedig, auch das ein Verweis auf die Zukunft, stießen 1099 im Hafen von Rhodos, unterwegs zu den Kreuzfahrern, feindlich aufeinander. Der Krieg im östlichen Mittelmeerraum wurde nicht nur gegen Muslime geführt.

Eine Fatimidenarmee unter Wesir al-Afdal erobert Jerusalem von den Seldschuken.

Der Waliser Truffudd ap Cynan führt gemeinsam mit dem König von Man Flottenangriffe auf Anglesey und Gwynnedd durch und schlägt die Earls von Chester und Shrewsbury in einem Seegefecht vor Anglesey.

Magnus III. von Norwegen erobert die Orkneys, die Hebriden und die Insel Man.

1099–1102

Die Almoraviden erobern Valencia.

1099

Tod von Rodrigo Díaz (El Cid).

15. Juli: Jerusalem fällt an die Kreuzfahrer des Ersten Kreuzzuges; Massaker an der Bevölkerung.

12. August: Schlacht von Askalon. Die Kreuzfahrer überraschen eine große ägyptische Armee unter Wesir al-Afdal und schlagen sie in die Flucht.

Das zwölfte Jahrhundert: Burgen und Kreuzfahrer

Das zwölfte Jahrhundert erlebte die Ausbildung mehrerer neuer Tendenzen der europäischen Kriegsführung. Europa war mittlerweile stark befestigt. Adel und Herrscher bauten Burgen von zunehmender Komplexität; Städte wurden mit eindrucksvollen Mauern befestigt. Während manche meinen, die Stadtmauern seien eher Ausdruck des Bürgerstolzes gewesen als militärischer Notwendigkeit geschuldet, waren sie in vielen Fällen, gerade im zwölften Jahrhundert, tatsächlich für Verteidigungszwecke nötig.

Hauptsächlich aufgrund der besonderen Probleme des Belagerungskrieges wurde es im 12. Jahrhundert zunehmend üblich, ausgebildete Infanteristen zu mieten statt wehrpflichtige Männer einzuziehen, die häufig schlecht ausgerüstet und nur für beschränkte Zwecke tauglich waren. Diese Praxis setzte natürlich die Länder unter zusätzlichen Druck, die nicht darauf ausgerichtet waren, derartig hohe Kosten zu schultern. Zum Glück wurden Kriege innerhalb Europas nun immer seltener, da die Herrscher nicht mehr ihre jährlichen Feldzüge durchführten. Obwohl sich deshalb zuhause der Kriegerkaste immer weniger Gelegenheiten boten, blühte im 12. Jahrhundert das Kreuzzugswesen auf. Beinahe in jedem Jahr machten sich Kriegerkontingente auf ins Heilige Land; an den Grenzen Europas sprang die Idee des Kreuzzuges auch auf Nichtchristen über.

Links: Papst Alexander III. segnet den Dogen Sebastiano Ziani vor dessen Aufbruch mit der venezianischen Flotte.
Rechts: Die Stadtmauer von Avila in Spanien (1090) zählen zu den beeindruckendsten mittelalterlichen Mauern Europas, die heute noch stehen.

Die Ritter

Im 12. Jahrhundert lernten die Europäer den Umgang mit der schweren Kavallerie, recht eigentlich die Elitetruppe der späteren mittelalterlichen Armeen. Der Status der Ritter hob sich in den meisten Regionen, obschon es in Deutschland weiterhin sehr viele 'ministeriales', „dienende Ritter", und in Spanien sogar bäuerliche Ritter gab, die von ihren

Europäische Darstellung des türkischen Vordringens in Anatolien, einer der Faktoren, die zum Ersten Kreuzzug führten.

Herrn als Gefolgsleute ausgerüstet, aber weiterhin als Mitglieder der niederen Klassen angesehen wurden. In Frankreich hingegen war die Ritterwürde überwiegend erblich geworden, eine Praxis, die auch in England zunehmend üblich wurde. In ganz Europa können wir am Ende des 12. Jahrhunderts beobachten, dass die Ritter sich eine „adlige" Identität zusprechen, ob in den Ritterromanen der Literatur oder in den religiösen Zeremonien, in denen man zum Ritter „erhoben" wurde und die im Laufe des Jahrhunderts eingeführt wurden.

Die Eisenproduktion stieg im 12. Jahrhundert an, dank besserer Öfen und der Einführung von per Wasserkraft betriebenen Blasebälgen (Hammermühlen kamen dann im 13. Jahrhundert auf). Dadurch war es einem Ritter vom Finanziellen her eher möglich, sich mit möglichst guter Rüstung und möglichst hochwertigen Waffen auszustatten. Die Ritter trugen bereits ein Kettenhemd. Dazu kamen um 1150 Beinstücke ('chausses'), kurz darauf auch Fußstücke. Ab dem späten 12. Jahrhundert wurden die Ärmel des Kettenhemdes zuweilen verlängert und bildeten richtiggehend Handschuhe aus. Auch bessere Helme kamen

1100–1101

Der „Kreuzzug von 1101", angeführt von Herzog Welf IV. von Baiern, Graf Stephan von Blois, Herzog Wilhelm IX. von Aquitanien, Graf Wilhelm II. von Nevers und Graf Hugo von Vermandois.

1101

August: Schlacht von Merzifon. Daschminidische Türken vernichten in Kleinasien eine lombardische, deutsche und französische Kreuzfahrerarmee.

20. August: Schlacht von Herakleia (Kleinasien). Die Türken vernichten in einem Hinterhalt den Großteil einer Armee von bairischen und aquitanischen Kreuzfahrern.

26. August: Zweite Schlacht von Herakleia. Die Türken vernichten das Kreuzzugsheer von Wilhelm von Nevers.

6. September: Schlacht von Ramla. König Balduin I. von Jerusalem schlägt eine große Fatimidenarmee in einem Überraschungsangriff.

1102

17. Mai: Zweite Schlacht von Ramla. Eine Fatimidenarmee unter Saraf vernichtet ein gemischtes Heer aus Siedlern und Kreuzfahrern unter Führung von Balduin I. von Jerusalem. Balduin ist beinahe der einzige Überlebende.

Links: Der Deutschherrenritter ist in dieser Abbildung mit der typischen Rüstung des späten 12. Jahrhunderts ausgestattet, die Panzerschutz an Händen und Füßen umfasste.
Rechts: Handel und Handwerk in einer französischen Illustration aus dem 13. Jh.

auf; ab Mitte des Jahrhunderts sind Helme mit runder Spitze bekannt, bald auch solche mit zusätzlichem Gesichtsschutz. Im frühen 13. Jahrhundert entwickelte sich ein Helmtyp mit flacher Spitze, der das gesamte Gesicht des Ritters umgab. Gegen Ende des Jahrhunderts war es schwierig, einen Ritter zu töten.

Was man aber mit den Rittern auf dem Schlachtfeld anfangen sollte, das blieb ein Experimentierfeld. Unserer heutigen Vorstellung nach sind Ritter und Pferd eine Einheit, die Kommandeure des 12. Jahrhunderts sahen das freilich anders; sie ließen die Ritter häufig absteigen, um die Infanterielinien zu verstärken. Mit dieser Taktik ließen sich große Schlachten gewinnen, etwa diejenige zwischen Heinrich I. von England und seinem Bruder Robert, Herzog der Normandie, bei Tinchebrai im Jahr 1106 oder der englische Triumph über König David von Schottland 1138 in der sogenannten Standartenschlacht. Im Laufe des Jahrhunderts aber wurde der massierte Kavallerieangriff zur Norm.

1103

Der Norwegerkönig Magnus III. wird auf einem Feldzug in Irland getötet.

1105

20. April: Schlacht von Artah. Prinz Tankred von Antiochia schlägt Ridwan von Aleppo.

1105-1106

Kaiser Heinrichs IV. Sohn Heinrich lehnt sich auf und raubt seinem Vater die Macht.

1106

28. September: Schlacht von Tinchebrai. König Heinrich von England schlägt seinen Bruder, Herzog Robert von der Normandie, nimmt ihn gefangen und vereinigt England und die Normandie wieder.

Links: In der Standartenschlacht (1138) versammelte sich das englische Heer um einen 'carroccio', einen Wagen, der die an einem Schiffsmast befestigte Standarte trug, wie es auf dem Kontinent häufig, in England aber nicht üblich war.

Der Fluch der Söldner

Die Kommandeure reagierten auf die wachsende Gefahr, die von der Kavallerie ausging, mit besser ausgebildeter Infanterie, die Bogen oder Speere trug. Dies wiederum erklärt, warum man im 12. Jahrhundert zunehmend Söldner als Fußsoldaten einsetzte. Die Herrscher hatten das Recht, von ihren Adligen militärische Dienste zu verlangen; diese wiederum hatten das Recht, Dienste von den Rittern einzufordern, denen sie Land gegeben hatten. Häufig aber entsprachen diese Dienste nicht dem, was ein Kommandeur im Kampf auch benötigte. Ritter kamen mitsamt Pagen und Sergeanten, die weniger stark bewaffnet, aber üblicherweise beritten waren. Ausgebildete Bogenschützen, insbesondere solche, die als Team agieren konnten, waren nicht Teil der feudalen Aushebungen, gleichwohl benötigten sämtliche Heere des 12. Jahrhunderts Bogenschützen und speertragende Infanterie, die sich im Kampf mit den Rittern abstimmen mussten. Selbst wenn eine feudale Truppenaushebung stattfand, wurde deren Nutzen durch die zeitlichen Beschränkungen eingeschränkt, die sich zumeist auf 40 Tage im Jahr beliefen.

1107–1110

Deutsch-polnischer Krieg.

1108

Die deutsche Invasion Ungarns wird zurückgeschlagen.

König Sigurds von Norwegen Kreuzzugsflotte von 60 Schiffen schlägt eine Muslimflotte vor der portugiesischen Küste.

1109–1111

Bohemund von Antiochias „Kreuzzug“ gegen das Byzantinische Reich. Bohemund belagert die Stadt Durazzo, doch Kaiser Alexios Komnenos zerstört Bohemunds Flotte. Bohemund wird eingeschlossen und gezwungen, einem demütigenden Waffenstillstand zuzustimmen.

1109

Lateinische Eroberung von Tripolis.

14. August: Schlacht von Glogau (auf dem Hundsfeld). Eine polnische Armee unter Boleslav III. schlägt die deutsche Invasion Schlesiens zurück.

Schlacht von Naklo. Boleslav III. von Polen erobert Pommern zurück.

Links: Armbrüste wurden im 12. Jh. in Europa üblich.

Wahrscheinlich hatte es Söldner auf dem Schlachtfeld schon seit dem Beginn des Mittelalters gegeben, doch in der zweiten Hälfte des 12. Jahrhunderts verließen sich die Herrscher zum Großteil auf Söldnerkompanien. Die besten Fußsoldaten kamen aus den Städten, in Gestalt von ständischen Militärverbänden. Daher konzentrierten beispielsweise die englischen Könige ihre Rekrutierungen auf die Städte in Flandern.

Den Herrschern standen gewöhnlich bezahlte, aktiv verpflichtete Söldner zur Verfügung. Außerhalb der Saison oder wenn den Herrschern das Geld ausging (was häufig vorkam), stellten Söldner eine Gefahr dar. Die Arbeitgeber hatten oft Mühe, ihre unbotmäßigen Angestellten im Zaum zu halten und Söldnerkompanien durchzogen marodierend und gewalttätig die europäischen Lande. Es gab überraschende Initiativen dagegen, etwa das Privatheer, das der Abt von St. Martial in Limoges im Jahr 1177 aufstellte, um gegen die brabantischen Söldner vorzugehen, die die Region verwüsteten. In einer fünf Stunden langen Schlacht bei Malemort errang die Armee des Abtes einen bemerkenswerten Sieg; etwa 2000 Männer und Frauen sollen getötet worden sein, eine Zahl, die die Größenordnung des Problems beleuchtet. Das Dritte Lateranische Konzil exkommunizierte 1179 sowohl die Söldner als auch ihre Arbeitgeber – erfolglos. Söldner waren inzwischen für die Kriegsführung unerlässlich und was die Kirche davon hielt, war unerheblich.

Schlachten in einer Übergangszeit

Die Schlacht von Brémule zwischen Heinrich I. von England und Ludwig VI. von Frankreich im Jahr 1119 zeigt sehr gut die in dieser Übergangszeit angewendeten Taktiken. König Ludwig war in die Normandie eingedrungen, um den Anspruch von Wilhelm Clito auf das Herzogtum zu unterstützen, dem Sohn des besiegten und eingekerkerten Robert. Ludwig entschied sich für eine Kavallerieattacke auf Heinrichs Heer, doch die Ritter hatten offenbar die Technik des massierten Angriffs noch nicht gänzlich gemeistert. Der erste französische Angriff gegen die anglo-normannische Infanterie war kühn, aber von einem Mangel an Disziplin geprägt und wurde zurückgeschlagen. Ein zweiter Angriff durchbrach die vorderste Reihe der feindlichen Infanterie, wurde aber von der zweiten Reihe gestoppt, die durch vom Pferd gestiegene Ritter verstärkt wurde – besser aus-

Die Schlacht von Brémule (1119) war eine der zahlreichen Konfrontationen zwischen England und Frankreich des 12. Jahrhunderts.

1110

Eine norwegische Kreuzzugsflotte unter dem Kommando von König Sigurd erobert für das Königreich Jerusalem die Stadt Sidon.

Die Kreuzfahrer erobern Beirut.

1111

26. Oktober: Schlacht von Sepúlveda. König Alfonso „der Streitbare“ von Aragón bezwingt die Verbündeten seiner verschmähten Gattin Urraca und nimmt ihr kastilisches Erbe für sich selbst in Anspruch.

1111–1112

König Balduin von Jerusalem belagert Tyros, muss aber mangels einer Flotte die Belagerung aufgeben.

1113–1115

Kreuzzug auf die Balearen. Eine pisanisch-französisch-katalanische Flotte erobert die Balearischen Inseln mit Hilfe von katalanischen und südfranzösischen Kreuzfahrern von dem muslimischen Herrscher.

Manche Städte waren im 12. Jh. so stark befestigt, dass den Angreifern nichts anderes übrigblieb, als vor den Mauern darauf zu warten, dass der Hunger sein Werk tat.

gebildete Kämpfer mit wesentlich stärkerer Rüstung als der normale Infanterist. Heinrich nutzte dann die Unordnung in den französischen Reihen und ließ seine Kavallerie eine Attacke reiten, die die französischen Linien durchbrach und sogar König Ludwigs Standarte eroberte.

Es kam natürlich sehr auf die verwendete Taktik an, doch wie der Fall Brémule zeigt, war die Fähigkeit eines Kommandeurs, seine gefügigen Männer geschickt einzusetzen der wichtigste Faktor in einer Ära ohne deutliche Überlegenheit eines bestimmten taktischen Ansatzes gegenüber einem anderen. Geländekenntnisse waren wichtig; 1128 etwa besiegte Wilhelm Clito den Grafen Dietrich vom Elsass in der Schlacht bei Thielt, indem er seine Reserven hinter einem Hügel versteckte. Manchmal entschied auch das reine Glück über Sieg oder Niederlage. Prinz Roger von Antiochia zum Beispiel war ein kluger und geschickter Kommandeur, wurde aber mit dem Großteil seiner Armee 1119 auf dem „Blutfeld“ getötet, weil der Wind den Christen den Sand ins Gesicht blies. Auch mit Hilfe von oben musste gerechnet werden; 1097 schrieben die ersten Kreuzfahrer ihren Sieg bei Antiochia der Heiligen Lanze zu, die sie entdeckt hatten, oder auch dem persönlichen Eingreifen des Hl. Georg oder eines anderen Kriegerheiligen.

Die beiden Schlüsselelemente für eine erfolgreiche Kavallerieattacke waren die Fähigkeit, die Männer als Gruppe agieren zu lehren und die Entwicklung einer schwereren Lanze, die horizontal unter dem Arm des Ritters ruhte und auf dem Hals des Pferdes aufsaß, um ihre Stabilität zu erhöhen. Diese Lanze bestand aus Hartholz, war etwa 4 Meter lang und ihre blattförmige Metallspitze besaß einen Sporn, der verhinderte, dass sie zu tief eindrang. Da die Kavallerieangriffe an Bedeutung zunahmen, wurde es üblich, auch die Pferde mit einer Rüstung zu versehen, zumindest in Form einer Stoff- oder Lederdecke (die ‘caprison’ oder ‘bard’ genannt wurde). Schließlich war und blieb das Pferd das teuerste Stück der Ritterausrüstung.

1115–1116

Die nordafrikanischen Almoraviden erobern die Balearen zurück.

1115

Februar: Schlacht von Welfesholz. Lothar von Supplinburg, Herzog von Sachsen, schlägt Kaiser Heinrich V.

24. Juli: Tod der Gräfin Mathilde von Tuszien. Mathildes Tod hinterlässt die sogenannte „Mathildische Erbschaft“ als neuen Zankapfel zwischen Kaiser und Papst.

1116

Herbst: Schlacht von Philomelion. Der byzantinische Kaiser Alexios Komnenos besiegt die Seldschuken und erobert die anatolische Küste zurück.

1118

November: Schlacht von Alençon (Frankreich). Graf Fulk IV. von Anjou schlägt eine anglonormannische Armee unter König Heinrich I. in die Flucht.

Links: Dieses Bild zeigt die hohen, guten Halt bietenden Sättel, die im 12. Jh. aufkamen.

Rechts: Im 12. Jh. breitete sich die Sitte aus, auch die Pferde zu schützen.

Die sonstige Effektivität des Ritters hing in hohem Maße von Ausbildung und Übung ab. Pferde besitzen einen stark ausgeprägten Herdentrieb, was den massierten Angriff erleichtern konnte, der es aber andererseits schwierig machte, sie beim Rückzug unter Kontrolle zu halten. Die Sporen des Ritters waren nicht nur Symbole; sie waren unabdingbar für die Lenkung der Pferde, zumal in der Schlacht fast ausschließlich Hengste eingesetzt wurden. Die Ausbildung einer Rittergruppe und ihrer Pferde, wo sie lernten, im engen Verbund vorzugehen, begann offenbar mit kleinen Gruppen von 10 bis 12 Mann. Man übte auf Turnieren.

Turniere und Krieg

Ordentliche Kavallerieangriffe verlangten, um wirksam zu sein, nach häufiger Übung. In ganz Europa organisierten die Herren Wettbewerbe, die Turniere, bei denen Ritterteams im simulierten Kampf gegeneinander antraten. Diese Wettbewerbe wurden zum zentralen Element der Ritterkultur. Im frühen 12. Jahrhundert war es für Adlige von Bedeutung bereits Usus, ihre eigenen Turniere abzuhalten und an den Turnieren anderer teilzunehmen. Graf Karl der Gute von Flandern etwa († 1127) besuchte Turniere in ganz Frankreich und der Normandie gemeinsam mit seiner gut 200 Mann starken Entourage – ein Hinweis auf die Größe dieser Veranstal-

1119

28. Juni: Schlacht auf dem Blutfeld. Ein Heer unter Führung von Atabeg Ilghazi von Aleppo schlägt und tötet Prinz Roger von Antiochia mitsamt dem größten Teil seiner Armee.

14. August: König Balduin II. von Jerusalem marschiert mit 700 Rittern und mehreren tausend Infanteristen zur Rettung von Antiochia und schlägt die Armee des Ilghazi von Aleppo bei Hab, südwestlich von Aleppo.

20. August: Schlacht von Brémule. Heinrich I. von England schlägt Ludwig VI. von Frankreich und stoppt damit die französische Invasion der Normandie.

um 1120

Gründung des Ordens der Armen Ritterschaft Christi vom salomonischen Tempel (Tempelritter) durch Hugo von Payens.

Der Berber Muhammad ibn Tumart begründet in Nordafrika die Almohadendynastie.

1120–1121

Der byzantinische Kaiser Johannes II. Komnenos erobert den größten Teil Anatoliens von den Seldschuken zurück.

Links: Karl der Gute, Graf von Flandern (um 1084-1127) wurde ermordet, als er versuchte, einer einflussreichen Ministerialenfamilie die Rechte zu beschneiden.

tungen. Die Heraldik, Banner, Surcots und Schilde mit Familienemblemen gehen wohl auf die Turniere des frühen 12. Jahrhunderts zurück, denn bei ihnen kam es auch darauf an, seinen Namen bekannt zu machen. Zwar kämpfte man nicht auf Leben und Tod, doch blieben diese Pseudo-Kämpfe sehr gefährlich, selbst für die, die mit den besten Rüstungen antraten. 1186 zum Beispiel wurde Gottfried, der Sohn Heinrichs II. von England, bei einem Turnier zu Tode getrampelt.

Große Turniermeister errangen Ruhm und auch sehr konkrete Belohnungen. Der größte Champion des 12. Jahrhunderts, William Marshal aus England (1144-1219) soll bei Turnieren 500 Ritter besiegt haben (oft gemeinsam mit einem anderen Ritter). Diese zahlreichen Siege brachten ihm nicht nur Geld ein, William nutzte seinen Ruhm auch, um eine Ehrenstellung im Dienste Heinrichs II. zu erlangen und erhielt später auch die größtmögliche Belohnung: die Ehe mit einer Erbin und damit den Titel Earl von Pembroke.

Wie so viele Aspekte des mittelalterlichen Kriegswesens erfuhren aber auch die Turniere heftige Kritik durch den Klerus, der diese spielerischen Kämpfe immer wieder als selbstmörderisch und gewalttätig verurteilte. Karl von Flandern musste seine Liebe zu den Turnieren mit schwerer Buße aufwiegen. Der Hl.

1121

7. Mai: Die Armee Herzog Lothars von Sachsen stürmt die kaiserliche Stadt Münster und brennt die Kathedrale und den Großteil der Stadt nieder.

1122-1128

Unentschieden endender Seekrieg zwischen Venedig und dem Byzantinischen Reich.

1122

Der byzantinische Kaiser Johannes III. Komnenos vernichtet die Petschenegen in der Schlacht von Beroia (im heutigen Bulgarien).

1123

Mai: Eine venezianische Kreuzzugsflotte von etwa 40 Schiffen unter dem Kommando des Dogen Domenico Michiel zerstört die (ägyptische) Fatimidenflotte vor dem Hafen von Askalon vollständig.

Bernhard von Clairvaux verkündete einfach, dass jeder, der bei einem Turnier getötet wurde, direkt zur Hölle fahre. Und das Erste Lateranische Konzil von 1139 verweigerte den dieserart Getöteten das christliche Begräbnis. Andere Konzile verboten Turniere in den Jahren 1148, 1157, 1179, 1215 und 1245 – offensichtlich vergebens. Turniere waren für die Herren nützlich und für die Ritter ein Spaß und gewinnbringend; diese hatten immer weniger Gelegenheit, ihr Können unter Beweis zu stellen, zumindest in den europäischen Kernländern.

Dank unserer heutigen Durchnummerierung der Kreuzzüge neigen wir dazu, sie als in sich abgeschlossene Kriege zu betrachten; der Erste Kreuzzug habe von 1096 bis 1099, der Zweite von 1147 bis 1149 gedauert usw. In Wahrheit aber

waren die Kreuzzüge ins Heilige Land ein fortlaufender Prozess, den man sich besser als fluktuierende Linie mit einzelnen Höhepunkten vorstellt, wenn ein Herrscher oder Magnat gen Osten ging, um gegen die Muslime zu kämpfen, während die Kreuzfahrer (und die westlichen Siedler im Königreich Jerusalem) beinahe jedes Jahr militärische Operationen durchführten.

Der „Kreuzzug von 1101“ war eine mindestens ebenso große Expedition wie der Erste Kreuzzug, denn jeder, der ein Kreuzzugsgelübde abgelegt und gebrochen hatte, wurde nun gezwungen, das 1099 gewonnene Jerusalem zu verstärken. Das Unternehmen war ein solcher Fehlschlag, dass nur wenige Chronisten im Westen davon berichteten. Es ist aber nützlich, die Ereignisse des Jahres 1101 zu bedenken, damit

Links: Grabbildnis von William Marshal (um 1146-1219), Temple Church, London.

Rechts: Der hl. Bernhard von Clairvaux (1090-1153), der charismatische Zisterzienserabt, der die Tempelritter bekannt machte und den Zweiten Kreuzzug predigte.

1124

16. Februar-7. Juli: Zweite Kreuzfahrerbelagerung von Tyros durch die Armee des Königreiches Jerusalem und eine venezianische Flotte. Tyros ergibt sich.

März: Schlacht von Bourgthéroulde. Die Armee Heinrichs I. von England schlägt normannische Rebellen, die Wilhelm Clito, Sohn von Herzog Robert von der Normandie, unterstützen.

1125-1135

Bürgerkrieg um den deutschen Thron zwischen dem Welfen Friedrich von Schwaben und dem Ghibellinen Lothar II.

1125

Alfons I. von Aragón greift Granada an.

1127

2. März: Ermordung von Graf Karl dem Guten von Flandern durch in seinem Dienst stehende Ministerialen. Bürgerkrieg um die Herrschaft in Flandern.

1128

21. Juni: Schlacht von Thielt. Wilhelm Clitos Armee besiegt das Heer des Grafen Dietrich von Elsass, seinem Rivalen um die Grafschaft Flandern.

1130–1208

Norwegischer Bürgerkrieg um den Thron.

1130–1135

Krieg der Byzantiner gegen die Danischmenden.

man sich auf die angebliche militärische Überlegenheit des Westens nicht zuviel einbildet. In Wahrheit hatten die Kreuzfahrer des Ersten Kreuzzuges hauptsächlich deshalb einen leichten Sieg errungen, weil ihre Gegner untereinander zerstritten waren. Als die zweite Kreuzfahrerwelle im Osten ankam, stieß sie auf sehr viel organisierteren Widerstand.

Die seldschukischen Türken bedienten sich der Taktik der verbrannten Erde. Unstimmigkeiten zwischen den Führern des Kreuzzugs und taktische Fehler vervollständigten die Tragödie, und in mehreren Schlachten wurde fast das gesamte Kreuzfahrerheer vernichtet. Die schwere Kavallerie des Westens erwies sich unter schlechter Führung als nutzlos.

Diejenigen, die sich in dem kleinen christlichen Königreich niedergelassen hatten, waren aber imstande, ihre Materialüberlegenheit in begrenztem Umfang zu ihrem Vorteil zu nutzen, wenn die Umstände günstig waren. König Balduin I. von Jerusalem errang am 6. September 1101 bei Ramla einen eindrucksvollen Sieg über die ägyptische Armee. Obwohl seine Streitmacht wesentlich kleiner war als die der fatimidischen Ägypter (und wohl aus lediglich 260 Rittern und 900 Fußsoldaten bestand), setzte er sie klug ein und führte im Morgengrauen einen Überraschungsangriff auf das Lager der Fatimiden durch. Die unerfahrene Fatimiden-Armee löste sich bei der Flucht auf und erlitt unter den 21.000 Infanteristen, die sie umfasst haben soll, schwere Verluste; sie konnte den christlichen Rittern nicht entfliehen. Die Ausrüstung der Muslime war leichter, selbst die Reiter trugen üblicherweise nur eine leichte Rüstung und ritten auf kleineren Pferden. Der Sieg nutzte den Christen aber nur wenig. Im folgenden Jahr erlitt König Balduin eine herbe Niederlage, wiederum bei Ramla. Eine große Fatimiden-Streitmacht überraschte ihn, der sich mit etwa 500 Kavalleristen auf Erkundung befand. Balduin versuchte, die Muslime anzugreifen; nur er selbst und einige wenige Ritter überlebten. Balduin entfloh, kam aber 10 Tage später zurück, begleitet von einer Kreuzfahrereinheit, und bei dieser zweiten Begegnung schlug er die Fatimiden.

Links: Krönung von Graf Balduin von Flandern und Hainaut zum ersten Kaiser des Lateinischen Reiches von Konstantinopel im Jahr 1204.

Die Erringung des Lateinischen Königreiches

König Balduins Erlebnisse bei Ramla im Jahr 1102 sind für die Kreuzzüge des 12. Jahrhunderts typisch. Die Könige und Fürsten des Königreichs Jerusalem verstanden sich häufig gut auf vernünftige militärische Ziele und wie man den Muslimtruppen im Kampf zu begegnen hatte. Für große Expeditionen hätte es ihnen aber an Männern gefehlt, wenn sie nicht mit dem ständigen Strom an Verstärkungen aus dem Westen hätten rechnen können: Männer, die darauf brannten, ihre Tapferkeit zu beweisen, gegen die Feinde Gottes zu kämpfen und sich Reichtum zu erwerben. Die Könige waren imstande, kleinere Kreuzfahrerheere zu kontrollieren, doch die Kreuzfahrer, die mit der militärischen Lage nicht vertraut waren, konnten die Lage im Heiligen Land durchaus auch zum Schlechteren statt zum Besseren wenden. So geschah es beim überaus schlecht geführten Kreuzzug, den König Ludwig VII. von Frankreich und Kaiser Konrad III. organisierten, zumeist als Zweiter Kreuzzug bekannt, der in einem vergeblichen und strategisch unsinnigen Angriff auf Damaskus seinen Höhepunkt fand.

Siedler und Kreuzfahrer arbeiteten zusammen und es gelang ihnen im 12. Jahrhundert, einige westeuropäische Kolonien im Heiligen Land zu errichten. Die Könige von Jerusalem und ihre Verbündeten übernahmen nach und nach die muslimischen Küstenstädte. Immer wieder wehrten sie Angriffe der muslimischen Nachbarn ab. Sie versuchten sogar,

1130

Roger II. vereinigt das normannische Unteritalien und das normannische Sizilien zu einem einzigen Königtum mit straffer Zentralregierung.

1132

24. Juli: Schlacht von Nocera. Apulische Rebellen schlagen König Roger II. von Sizilien.

1134

4. Juni: Schlacht von Fotevik. König Niels von Dänemark besiegt seinen Rivalen Erik und gewinnt die Herrschaft über Dänemark.

17. Juli: Schlacht von Fraga. Alfons I. von Aragón rückt in das Ebrotal vor, wird aber bei Fraga von einem großen Almoravidenheer geschlagen.

1135

Der Orden vom Spital des Heiligen Johannes zu Jerusalem (Hospitaliter) wird militarisiert.

Papst Innozenz II. bietet jedem, der gegen König Roger II. von Sizilien kämpft, den Sündenerlass.

König Rogers II. von Sizilien Flotte greift die Insel Djerba, ein großes Piratennest, an und nimmt sie ein.

Aufbruch König Ludwigs VII. von Frankreich zum Zweiten Kreuzzug (1148), nach einer Chronik des 15. Jahrhunderts.

ihren Besitz bis nach Ägypten hinein auszudehnen, etwa mit dem gescheiterten Angriff auf Damiette im Jahr 1169, den das Heer des Lateinischen Königreiches und die byzantinischen Verbündeten gemeinsam unternahmen. Wie häufig lag das Scheitern in erster Linie in der schlechten Zusammenarbeit begründet. In den zahlreichen Kriegen gegen die sie umgebenden Muslimstaaten passten sich die westlichen Siedler den Gegebenheiten an, wenn es militärisch sinnvoll war. Zum Beispiel bedienten sich die Könige von Jerusalem im 12. Jahrhundert zunehmend der leichten Kavallerie ('turcopoles'), verzichteten aber dennoch nicht auf ihre Ritter. Die Muslime ihrerseits führten in Ergänzung ihrer leichten auch eine schwere Kavallerie ein. Die Europäer übernahmen sogar die palästinensische Sitte, mit Brieftauben zu operieren. Ansonsten trug das Militärwesen im Heiligen Land aber typisch europäische Züge: Es wurden zahlreiche Burgen zur Sicherung des Landes errichtet und man gründete militärische Orden.

Die kämpfenden Mönche

Das Lateinische Königreich von Jerusalem hatte ein Personalproblem, nicht so sehr bei den Versuchen, sein Gebiet auszuweiten als vielmehr dabei, das Errungene jahrein, jahraus gegen feindliche Nachbarn zu halten. Obwohl die eroberten Gebiete als Ritterlehen ausgegeben wurden, waren die dieserart vorhandenen Reserven für die Bedürfnisse der Siedler nicht groß genug, während die Kreuzfahrer normalerweise nach einem kurzen Feldzug wieder heimfuhren. Die Antwort auf dieses Problem waren die militärischen Orden, deren Mitglieder nach Mönchsart ein Gelübde ablegten, aber, anders als jene, auch Waffen trugen. Dieses neue Phänomen nahm nach dem Ersten Kreuzzug seinen Anfang, als eine Gruppe von Rittern gelobte, im Heiligen Land zu bleiben und die Straßen zu den abseits gelegenen Pilgerstätten zu bewachen. Um 1120 erwuchs aus dieser Gruppe der Templerorden. Die Templer sollten aber nur das erste Beispiel einer ungeheuer popu-

1136

Schlacht von Crug Mawr. Walisische Rebellen ringen unter Owain Grynedd ein anglo-normannisches Heer nieder.

1136–1153

Englischer Bürgerkrieg zwischen den rivalisierenden Thronanwärtern Stephan von Blois und der Königinwitwe Mathilde (Tochter König Heinrichs II.).

1137

Kaiser Lothar III. führt auf Aufforderung des Papstes einen Feldzug gegen König Roger II. von Sizilien.

30. Oktober: Schlacht von Rignano. Herzog Ranulf von Apulien schlägt Roger II. im Kampf um die Herrschaft über Apulien.

1137–1138

Der byzantinische Kaiser Johannes III. Komnenos greift das Kreuzfahrerfürstentum Antiochien an.

Ein Holzschnitt, der zeigt, wie die Armee des Zweiten Kreuzzugs die Überreste des Armenkreuzzugs findet, der 1096 bei Civetot sein Ende fand.

lären Bewegung sein, die sich über ganz Europa und den Nahen Osten ausbreitete.

Den Templern folgten bald die Hospitaliter, einige Orden in Spanien und mehrere im Baltikum nach, die schließlich im Deutschherrenorden aufgingen. Sie alle brachten eine Lösung für zwei große militärische Probleme des 12. und 13. Jahrhunderts: Wie konnte man ein professionelles ständiges Heer aufstellen und wie es finanzieren? Wichtig war hier die starke religiöse Motivation hinter diesen Organisationen. Die Militärorden waren zwar ein Tummelplatz für die jüngeren Söhne der Adligen und die Ritterkaste, sie waren eben aber auch eine religiöse Lebensform mit strengen Gebetsvorschriften und einer durch bisweilen drakonische Bestrafungen sanktionierten Moral. Es herrschte eine strenge Militärdisziplin, auf Flucht vor dem Feind, das Senken oder Fallenlassen einer Standarte oder auf das Voranpreschen bei einem Kavallerieangriff standen strenge Strafen. Durch Dienst im Orden konnte man das Seelenheil erlangen, ohne zugleich auf Ehre und Prestige des Ritterstandes verzichten zu müssen. Die Organisation der Orden orientierte sich an den Klöstern, und die einzelnen Mitglieder gelobten ihrem Anführer bedingungslose Treue– was sich auf dem Schlachtfeld auszahlte. Und diejenigen Europäer, die den Orden selbst nicht beitreten konnten, hatten wenigstens Gelegenheit, sich durch die Unterstützung dieser heiligmäßigen Sache verdient zu machen. Alle Orden verfügten bald über eine komplexe Infrastruktur und Privilegien, die sie von glaubenstreuen Christen erhielten und nutzten, um Geld und Vorräte zu den Kämpfern des Ordens an den äußeren Rändern der Christenheit zu bringen.

Im 12. Jahrhundert unterstützten die Könige die Orden sowohl im Heiligen Land als auch auf der iberischen Halbinsel. Die Kämpfer des Ordens – Infanteristen ebenso wie leicht bewaffnete Ser-

1138

22. August: Standartenschlacht (Schlacht von Northallerton). Eine von Erzbischof Thurstan von York aufgestellte nordenglische Armee schlägt eine von König David I. geführte schottische Invasionsarmee.

1139

25. Juli: Schlacht von Ourique. Ein christliches portugiesisches Heer besiegt eine wesentlich größere Almoraviden-Streitmacht.

Der portugiesische Prinz Alfons Heinrich erklärt sich als Alfons I. zum König von Portugal.

Das Zweite Lateranische Konzil verbannt Turniere und den Einsatz von Armbrüsten gegen Christen.

geanten und Ritter – konnten viel länger im Feld bleiben als vor Ort ausgehobene Kräfte und waren viel besser ausgebildet. Sie konnten sich auch mit den örtlichen Gegebenheiten wesentlich gründlicher vertraut machen als die nur kurz im Lande verweilenden Kreuzfahrer. Zum Beispiel machten sich die Orden im Heiligen Land dadurch viele Feinde, dass sie sich weigerten, den Kreuzfahrern bei der Eroberung von Gebieten zu helfen, die sich nicht würden halten lassen. Doch die Orden selbst erhielten Grenzländer von den Monarchen und verteidigten sie mit riesigen Burgen, die sich kein Herrscher der Zeit hätte leisten können. Um nur ein Beispiel zu nennen: Die Hospitaliter-Festung Krak des Chevaliers in Südsyrien war ein massives Bollwerk an der Flanke des Königreichs Jerusalem, das man heute, dank einer von Franzosen in den 1930er-Jahren durchgeführten Restaurierung, wieder fast in der alten Pracht betrachten kann. Die Festung maß 140 x 210 Meter, liegt auf einer leicht zu verteidigenden Bergkuppe und besaß eine zweifache Verteidigungsanlage. Wenn nötig konnte die Festung über 2000 Soldaten aufnehmen. Krak überstand Angriffe in den

Ein Malteserritter. Die Hospitaliter überlebten das Mittelalter, verlegten ihre Zentrale nach Rhodos, dann nach Malta und kämpften im Mittelmeerraum auch gegen die Türken.

Links: Versammlung des Generalkapitels der Tempelritter unter Großmeister Robert de Craon (1147).

Rechts: Die Deutschherrenritter, der letzte der großen Militärorden, verlegten ihre Tätigkeit nach und nach vom Heiligen Land in das Baltikum.

um 1140

König Alfons I. von Portugal und etwa 70 Kreuzfahrerschiffe belagern erfolglos Lissabon.

1141

3. Februar: Schlacht von Lincoln. Ein Heer der Mathildiner unter Robert von Gloucester entsetzt Lincoln Castle, das von König Stephan belagert wird; in der Schlacht wird Stehpans Heer geschlagen und der König in gefangengenommen.

14. September: Schlacht von Winchester. Königin Mathildes Heer belagert Wolvesey Castle und wird von König Stephans Armee eingeschlossen und geschlagen. Mathildes Halbbruder Robert von Gloucester gerät in Gefangenschaft und später gegen König Stephan ausgetauscht.

21. Dezember: Burg Weinsberg, von Welfenrebellen gehalten, ergibt sich nach langer Belagerung Kaiser Konrad III.

Der Krak des Chevaliers in Syrien wurde von den Hospitalitern errichtet. Die Anlage wurde zwischen 1150 und 1250 mehrfach erweitert und konnte bis zu 2000 Mann aufnehmen.

Jahren 1125, 1163, 1167, 1188, 1207, 1208, 1229, 1252, 1267 sowie 1270 und fiel erst 1271 nach einer fast vollständigen Evakuierung. Das Lateinische Königreich hätte ohne diese Festungen und ohne die Orden, die sie bemannten, sich nicht so lange halten können. 1187 hatten die Templer und die Hospitaliter etwa 600 Ritter im Osten im aktiven Dienst, etwa die Hälfte sämtlicher Ritter, die dem König von Jerusalem zur Verfügung standen, daneben eine große Zahl leichter bewaffneter Sergeanten und Fußsoldaten.

Erringung der Seeherrschaft

Die Rolle der Orden bei der Eroberung und Verteidigung von Gebieten in Palästina, auf der iberischen Halbinsel und im Baltikum ist bekannt; die Rolle der Seestreitkräfte bei der europäischen Expansion hingegen wird häufig übersehen. Dennoch ist das zwölfte das erste große Jahrhundert der mittelalterlichen Flotten, sowohl der italienischen wie der im Norden. Nach den bescheidenen Anfän-

1142

1. Juli: Schlacht von Wilton. Robert von Gloucester belagert König Stephan in Wilton. Stephans Armee wird bei einem Ausbruchsversuch geschlagen, der König entkommt.

September bis Dezember: König Stephan belagert Mathilde in Oxford, nimmt die Stadt ein und blockiert die Burg. Mathilde flieht, wonach sich die Garnison ergibt.

1142–1143

Der byzantinische Kaiser Johannes III. Komnenos greift das Kreuzfahrerfürstentum Antiochien an.

1144

Die byzantinische Armee von Kaiser Manuel Komnenos schlägt Prinz Raimund von Antiochien.

28. November-24. Dezember: Imad ad-Din Zengi von Mosul belagert und erobert Edessa, das erste Kreuzfahrer-Fürstentum, das vom Islam zurückerobert wird.

1145–1150

Der Almohade Abd al-Mumin ibn Ali erobert und vereint die muslimischen Kleinstaaten Spaniens.

Sigurd I. Magnusson von Norwegen (1103-1130) war der erste skandinavische König, der sich an einem Kreuzzug beteiligte. Später geriet er aus dem seelischen Gleichgewicht; der Legende nach wagte es nur ein Kind, ihn für sein Missverhalten zu tadeln.

gen im Ersten Kreuzzug wurden insbesondere die Flotten der italienischen Städte zu einem wichtigen Element des Krieges im Mittelmeerraum. Bereits 1107 besiegte Sigurd von Norwegen, der Kreuzfahrerkönig, muslimische Flotten vor Portugal und Palästina und half König Balduin I. bei der Einnahme der Hafenstadt Sidon im Jahr 1110. Eine Kreuzzugsflotte von 116 Schiffen aus England, Norwegen, den Niederlanden und dem Rheinland stieß bei der Eroberung Lissabons 1147 zu König Alfons I. von Portugal. Die Aktionen im Mittelmeer beherrschten freilich die Flotten der italienischen Städte, vor allem von Genua, Pisa und Venedig. Diese Flotten umfassten sowohl Handelsschiffe als auch Rudergaleeren. Bemannt waren sie mit freien Bürgern dieser großteils unabhängigen Städte, deren Regierungen ihnen im Regelfall dafür wichtige Handelsprivilegien einräumten. Das dynamische Wechselspiel zwischen den italienischen Flotten und Städten ließ eine neue Art aggressiven, unternehmerischen Krieges entstehen, die sich im 12. Jahrhundert vor allem an der Kreuzfahrerbewegung erkennen lässt. Ab 1100 transportierten diese Flotten die Mehrzahl der Kreuzfahrer gen Osten.

Die Pisaner und Genuesen waren bereits im späten 10. Jahrhundert mit Aktivitäten ihrer Flotten

König Alfons I. Henriques von Portugal (1139-1185) wurde nach seinem Sieg über die Muslime bei Ourique (1139) der erste König von Portugal.

hervorgetreten. In gewissem Umfang nahmen sie auch weiterhin an gemeinsamen Expeditionen mit anderen Flotten teil, etwa 1113 bis 1115, als eine gemischte Flotte aus Pisa, Frankreich und Katalonien die Kreuzfahrer bei der Einnahme der Balearen unterstützte. Im weiteren Verlauf des Jahrhunderts

1145

Dezember: Papst Eugen III. ruft den Zweiten Kreuzzug aus.

1145–1149

Zweiter Kreuzzug.

1146–1152

Siziliennormannische Feldzüge in Nordafrika, Einnahme von Tripolis, Mahdia und Malta.

1147–1149

Kreuzzug gegen die Wenden.

aber wurde es die Regel, dass immer nur eine Stadt den Kreuzfahrern half und dafür Zugeständnisse erhielt. Bestes Beispiel dieses Phänomens ist der venezianische Kreuzzug von 1123/24. Die Stadt stellte für dieses Unternehmen etwa 40 Schiffe, die vom Dogen Domenico Michiel befehligt wurden. Die Flotte umfasste vier große Handelsschiffe, aber auch Galeeren, von denen manche mit Katapulten ausgerüstet waren. Die Anwesenheit von Handelsschiffen verwirrte den Kommandeur der Fatimidenflotte, der im Mai 1123 den sicheren Hafen von Askalon verließ, um anzugreifen. Die Venezianer schlugen die ägyptische Flotte, segelten dann die palästinensische Küste entlang und kaperten dabei muslimische Handelsschiffe. Der venezianische Kreuzzug gipfelte vom 16. Februar bis 7. Juli 1124 in der Belagerung von Tyros, einem praktisch unzugänglichen Inselhafen, der mit dem Festland nur über einen schmalen Weg verbunden war. Die Venezianer blockierten die Stadt von der Meerseite aus, während der König von Jerusalem von Land her angriff. Als Tyros schließlich

Die venezianische Flotte besiegt diejenige von Kaiser Friedrich Barbarossa. Gemälde aus dem Jahr 1407, Teil eines Zyklus, der Papst Alexander III. feierte.

1147

26. Juni: Der Wendenprinz Niklot beginnt einen Präventivkrieg gegen Lübeck, wo sich die Truppen auf den Wendenkreuzzug vorbereiten. Bei dem Angriff werden Schiffe zerstört und 300 Mann getötet.

In Nordafrika wird die Almoravidendynastie von dem Almohadenführer Abd al-Mumin ibn Ali vertrieben.

König Roger II. von Sizilien führt einen großen Angriff gegen Griechenland, brandschatzt Theben, Korinth und Athen und erobert die Insel Korfu.

28. Juni-24. Oktober: Eine nordeuropäische Kreuzfahrerflotte von 116 Schiffen hilft Alfons I. von Portugal bei der Eroberung Lissabons von muslimischer Herrschaft. Erster eindeutiger Beleg für den Einsatz eines Trebuchets (Blide) in Westeuropa.

17. Oktober: Die von Muslimen gehaltene Stadt Almería wird von einer überwiegend genuesischen Kreuzfahrerflotte und einem Heer unter Alfons VII. von León-Kastilien erobert.

25. Oktober: Zweite Schlacht von Dorylaeum. Ein großes Türkenheer schlägt aus dem Hinterhalt deutsche Kreuzfahrer in die Flucht.

1148

Das Konzil von Reims verbannt Turniere.

Januar: Schlacht von Kadmos. Französische Kreuzfahrer werden in Kleinasien von einer türkischen Armee besiegt.

Eine byzantinisch-venezianische Flotte besiegt die Flotte König Rogers II. von Sizilien.

Schlacht von Adalia. Die französische Kreuzzugsinfanterie wird in Kleinasien in einen Hinterhalt gelockt und fast völlig aufgerieben. König Ludwig VII. und seine Kavallerie begeben sich zur See in das Königreich Jerusalem.

24.-28. Juli: Belagerung von Damaskus. Eine Kreuzzugsarmee unter Ludwig VII. von Frankreich und Konrad III. versucht, Damaskus zu belagern, muss sich aber bald zurückziehen.

Dezember: Fall von Tortosa. Die Stadt wird von Ramon Berenguer IV. von Barcelona und einem deutschen Kreuzfahrerheer genommen.

Einnahme von Tyros durch die Venezianer im Jahr 1124 auf einem der vielen venezianischen Gemälde der Renaissance, die die mittelalterliche Größe der Stadt zeigen.

fiel, erhielten die Venezianer umfassende Handelskonzessionen.

Als eine genuesische Flotte König Alfons VII. von Kastilien und León 1147 bei der Einnahme von Almería half, erhielt Genua zum Dank in ähnlicher Weise Handelsprivilegien.

Die Könige von Sizilien machten sich ebenfalls ihre Seestreitkräfte in ihrem ewigen Streben nach Land und Ruhm zunutze. Obwohl Angriffe gegen Griechenland angesichts der militärischen und Seemacht des Byzantinischen Reiches scheiterten, waren die Angriffe von König Roger II. von Sizilien auf Nordafrika von großem Erfolg. 1135 nahm er Djerba ein und eroberte in der Folge Gebiete entlang der afrikanischen Küste.

Fehlschlag zur See

Insgesamt konnten die muslimischen Herrscher gegen die westlichen Angriffe zur See nur wenig ausrichten. Das sollte man eher fehlendem Willen zuschreiben als darin ein Anzeichen dafür zu sehen, dass die europäischen Schiffe besser gewesen wären als die der islamischen Welt. Zwar hatten die Europäer ihre Schiffe durch die Übernahme arabischer Tagelagen und Segeltechniken verbessert und im späten 12. Jahrhundert das einfache Steuerruder mit dem Achterstevenruder ersetzt (eine Innovation, die vom Norden kommend im Mittelmeerraum Einzug hielt). Es ist aber unwahrscheinlich, dass die europäischen Schiffe insgesamt eine technologische Überlegenheit genossen. Insbesondere die italienischen Flotten wiesen aber eine hohe Moral auf, fochten zum Vorteil ihrer Städte und wurden häufig von den hohen Beamten der jeweiligen Stadt befehligt. Im Gegensatz dazu gab es kaum einen muslimischen Herrscher, der im 12. Jahrhundert in eine Flotte investiert hätte. Es gibt Überlegungen derart, dass die Muslime seinerzeit das Meer fürchteten, ihm aus dem Weg gingen und sich einfach nicht auf Seegefechte einlassen wollten. Gewiss unternahm zwischen 1100 und 1160 kein Muslimführer einen konzertierten Angriff auf die christlichen Hafenstädte im Heiligen Land, wodurch die Kreuzfahrer ungehinderten Zutritt hatten. Nachdem Askalon 1153 an König Balduin III. gefallen war, besaß die Fatimidenflotte an der gesamten Küste keinen Hafen mehr, was einen Seeangriff der Muslime noch unwahrscheinlicher werden ließ. Sultan Saladin versuchte

1149

28. Juni: Schlacht von Inab. Ein antiochenisches Heer unter Prinz Raimund will Nur adDins Belagerung von Inab aufheben, wird aber vernichtend geschlagen. Prinz Raimund kommt ums Leben.

Byzanz erobert Korfu von den Normannen zurück.

um 1150

Erste bekannte Kogge, ein Rundschiff mit besseren Eigenschaften.

Einführung von Kettenbeinschützern (engl. „leggings").

um 1150–1300

Deutscher *„Drang nach Osten"* – Expansion und Ansiedlungen in den slawischen Ländern Osteuropas.

1151

Erster bekannter Einsatz von Griechischem Feuer in Westeuropa (durch Graf Gottfried V. von Anjou bei der Belagerung von Montreuil-Bellay).

Eroberung der süditalienischen Stadt Ancona durch die Byzantiner.

nach 1170, die Flotte der Fatimiden wieder aufzubauen, was sich aber nicht auszahlen sollte, da die untrainierten und unwillig zu Werke gehenden Ruderer schlecht kämpften. Mittlerweile hatten die christlichen Mittelmeerflotten Mittel und Wege gefunden, ihre Ruderer vor den Pfeilen und Geschossen zu schützen, die in der ersten Phase von Seeschlachten zum Einsatz kamen. Und gegen Ende des Jahrhunderts hatten die Christen gelernt, Belagerungstürme und Leitern an Bord zu verstauen und waren damit in der Lage, auch gegen stark befestigte Mauern Angriffe zu führen.

Die europäischen Grenzen

Die europäischen Kernländer – die metallreichen Regionen, die imstande waren, ihre schwere Kavallerie und ihre Truppen mit Mengen von Metall zu wappnen und bewaffnen, von denen die Länder an der Peripherie nur träumen konnten – neigten im 12. Jahrhundert zur Expansion. Polen, Böhmen, Ungarn und Skandinavien übernahmen zumindest teilweise die Kampftechniken Westeuropas und stellten schwere Kavallerie auf, die Seite an Seite mit den leichter bewaffneten Truppen kämpfte. Herrscher, die sich dies leisten konnten, hielten mit der militärischen Entwicklung Schritt, sowohl um andere

Links: Christus krönt König Roger II. von Sizilien (1130), nach einem Mosaik in Palermo.

Unten: Sultan Saladin (1174-1193) eroberte den Großteil des Lateinischen Königreiches Jerusalem und hielt dem Dritten Kreuzzug stand.

1151-1153

Krieg der Byzantiner gegen Ungarn.

1153

König Balduin von Jerusalem erobert Askalon.

November: Vertrag von Winchester. Ende des englischen Bürgerkrieges, Mathildes Sohn Heinrich wird Erbe von König Stephan.

1154

Erster Feldzug Kaiser Friedrichs I. (Barbarossa) gegen Norditalien, um die Lombarden zur Anerkennung des Kaisers als Oberherrn zu zwingen.

Heinrich II. wird König von England. Beginn eines Feldzuges zu dem Zweck, die Zahl der Burgen der Barone zu vermindern und die der königlichen zu erhöhen.

1155-1168

Krieg zwischen Byzanz und Ungarn.

Rechts: König Wilhelm der Löwe gerät in der Schlacht von Alnwick (1174) in Gefangenschaft, einem konfusen Aufeinandertreffen, bei dem beide Seiten durch dichten Nebel behindert wurden.

Unten: König David I. von Schottland (1124-1153) versuchte in den Wirren des englischen Bürgerkrieges Northumbria zu erobern.

MALCOL
salute
quan
pro
Sz p
uenera
locus il
sita est sup ripam fluminis TVEDE. in loco qui di
pali subiectione libam ee concessit. Ita scilicet ut a
& oleum. & ordinationem ipsi abbatis & monach
tate dni mei regis W. patris mei comitis henric
elemosinam confirmo. Videlicet uillam de kelch
dam terram quam GEROLDVS dedit iuxta diuis
in sollennitatibz. uel in aliis diebz seruitium di a
mora transiendo recto tramite illam moram usq
anno. & unam toftam iuxta ecclesiam sci Jacobi. &
ascelinus archidiaconus eas meli & liberi habuit.
mam partem piscature. Et in sprostona unam c
uille. & terram ecclie ptinentem. Et iuxta presterbri
de terra ecclie sci LAVRENTII de BEREWIC. Et uillam

1155

Papst Hadrian IV. verbündet sich mit dem byzantinischen Kaiser Manuel I. Komnenos gegen König Wilhelm I. „den Bösen" von Sizilien.

Schlacht von Apulien. Die byzantinische Flotte schlägt Wilhelm I. von Sizilien.

1155-1157

Gescheiterte byzantinische Invasion Süditaliens, um die Region den Normannen zu entreißen.

1156

Schlacht von Brindisi. Die Normannen unter Wilhelm I. von Sizilien schlagen die byzantinischen Eindringlinge deutlich und vertreiben sie aus Italien.

Monarchen daran zu hindern, sie zu überrennen, als auch, weil sie so gegenüber ihren eigenen Untertanen im Vorteil blieben. Man kann diese Wandlung besonders gut an Skandinavien verfolgen; der dänische Thronprätendent Erik etwa schlug König Niels von Dänemark 1134 bei Fotevik vernichtend. Mit nur etwa 60 ausgezeichnet eingesetzten Rittern zerschmetterte Erik eine große, traditionell ausgehobene Infanterieeinheit und gewann sich damit die Krone. In Skandinavien gab es im 12. Jahrhundert zudem beträchtliche Fortschritte im Festungsbau. Die Lage dort war insgesamt vergleichbar mit den Zuständen in Schottland, dessen Könige im 12. Jahrhundert normannische Siedler anlockten, wo es aber bislang keine schweren Kavallerieverbände wie in England, Frankreich oder Deutschland gegeben hatte. Die Schotten fielen häufig in Nordengland ein, plünderten und machten Sklaven, konnten sich aber nicht zur offenen Schlacht stellen. Bei der Standartenschlacht (auch Schlacht bei Northallerton genannt) im Jahr 1138 hatte Erzbischof Thurstan von York eine Nordarmee aufgestellt, um gegen König David I. von Schottland anzutreten, der mit einer sehr viel größeren Armee eingefallen war. König David hatte einen guten Schlachtplan, seine Männer aber nicht sehr gut unter Kontrolle. Er gab nach, als seine „Galwegians" (Schotten aus der Gegend südlich des Forth) das Recht einforderten, den ersten Angriff auf die Engländer zu führen, die Verteidigungslinien auf einem Abhang bezogen, Bogenschützen gemeinsam mit abgesessenen Rittern aufgestellt hatten und die Kavallerie in Reserve hielten. Die disziplinlosen und schlechtbewaffneten Galwegians griffen zu Fuß an, wurden von Pfeilen übersät („wie die Stachelschweine", heißt es in einem zeitgenössischen Bericht) und in völliger Unordnung in die Flucht geschlagen. Im einzigen offenen Kampf von Bedeutung, der sich im 12. Jahrhundert zwischen Schotten und Engländern zutrug, nämlich bei Alnwick am 13. Juli 1174, nutzte ein Heer aus Yorkshire den dichten Nebel, um die Schotten unter ihrem König Wilhelm dem Löwen zu überraschen, vernichtend zu schlagen und den König gefangenzunehmen.

Die Christen, die in Spanien darum kämpften, ihre Länder zu vergrößern, standen vor ganz anderen Problemen, da die nordafrikanische Almoravidendynastie ihnen an Bewaffnung und Fähigkeiten gleich-

Ein Becher aus der Almohadenzeit. Die Almohadendynastie aus Nordafrika (1130-1269) gelangte im 12. Jh. im muslimischen Spanien an die Macht.

1157

23. Oktober: Waldemar I. schlägt und tötet seinen Rivalen Swein III. und wird König von Dänemark.

Kreuzzug gegen Finnland unter Führung König Eriks III. Eriksson von Schweden.

21. August: Schlacht von Muradel. Alfons VII. von Kastilien-León greift das muslimische Spanien an, wird aber von einer Almohadenarmee geschlagen und getötet.

1158

6. August-7. September: Mailand ergibt sich nach kurzer Belagerung Kaiser Friedrich I. Barbarossa.

1158-1166: Herzog Heinrich der Löwe von Sachsen zieht gegen die slawischen Wenden und Abodriten zu Felde.

1158-1164: Heinrich II. von England erobert Wales.

1159

Erste Erwähnung einer Söldnerarmee in Italien (aufgestellt von Papst Alexander III. im Kampf gegen Kaiser Friedrich I. Barbarossa).

1159-1160

7. Juli 1159-27. Januar 1160: Crema ergibt sich nach langer Belagerung Kaiser Friedrich I. Barbarossa. Die Stadt wird gebrandschatzt und zerstört.

König Heinrich II. von England (1154-1189) befriedete England nach dem Bürgerkrieg zwischen Stefan und Mathilde; seine Herrschaft endete aber ebenfalls im Bürgerkrieg.

kam. Dennoch erzielten die Könige von Aragón, Kastilien und Portugal im 12. Jahrhundert beträchtliche Gewinne, zum Gutteil aufgrund der regelmäßig eintreffenden Kreuzfahrerkontingente, denen man dieselben spirituellen Vergünstigungen in Aussicht stellte wie ihren Kollegen, die (mit wesentlich geringeren Verlusten) um Jerusalem kämpften. 1139 hatten die Christen bereits einen Sieg über die Almoraviden bei Ourique in Portugal errungen, was darauf hinwies, dass die militärische Potenz der Almoraviden im Sinken begriffen war. Alfons I. von Portugal belagerte daraufhin zweimal Lissabon (mithilfe großer Kreuzfahrerflotten) und nahm die Stadt 1147 ein.

1147 tauchte aber ein neuer Widersacher auf der iberischen Halbinsel auf: die Almohaden, eine neue Militärdynastie aus Nordafrika. Diese nahmen umgehend Sevilla ein und stoppten den christlichen Vormarsch rasch. Die Lage wurde durch die Rivalitäten zwischen den Christenkönigen des Nordens verkompliziert. 1195 gingen León und Navarra so weit, sich mit den Almohaden gegen Kastilien zu verbünden, trotz heftiger Proteste und Drohungen seitens des Papstes, insbesondere nachdem der Almohadenkalif Al-Nasir am 17. Juli 1195 Alfons VIII. von Kastilien bei Alarcos schwer aufs Haupt schlug.

Kernländer und unbewaffnete Wilde

Nur in zwei Regionen, den slawischen Ländern im Osten und den keltischen Randländern (Irland und Wales), erwies sich die technologische Überlegenheit der Kernländer als ausschlaggebend. Direkt zeigte sich das im Fall Irland. Im frühen 12. Jahrhundert hatten die wichtigeren irischen Könige in geringem Umfang Kavallerie zur Verfügung, in aller Regel aber ohne die schweren Rüstungen, wie sie die Ritter der Kernländer besaßen. Auch die Infanterie war zwar für Kämpfe gegen andere irische Königreiche ausreichend, konnte aber gegen die französischen oder englischen Ritter nichts ausrichten. Zu viele waren 'kerns', Krieger der niedrigen Klassen ohne Rüstung, die nur mit Schwert und Wurfspieß kämpften.

Die Iren bekamen 1169 die aktuellen militärischen Entwicklungen schmerzlich zu spüren, als König Dermot McMurrough von Leinster den anglonormannischen Earl Richard de Clare (Spitzname „Strongbow“) für den Kampf gegen den rivalisierenden König von Ossory anheuerte. Die einheimischen irischen Streitkräfte waren außerstande, mit den

1160

Gründung der Hanse, einer Handelsallianz nordeuropäischer Städte.

9. August: Schlacht von Carcano (Italien). Friedrich I. Barbarossa will die Mailändische Belagerung von Carcano aufheben, seine Armee wird aber vertrieben.

1162

1. März: Mailand ergibt sich nach neunmonatiger Belagerung Friedrich I. Barbarossa. Die Bevölkerung wird auf umliegende Orte verteilt, die Stadt systematisch zerstört.

1163

Herzog Heinrich der Löwe von Sachsen nimmt Werle ein, ein Zentrum der Wenden.

1164

Gründung des Militärordens von Calatrava in Spanien.

Schlacht von Demmin (Verchen). Herzog Heinrich der Löwe von Sachsen schlägt die Abodriten.

anglonormannischen Rittern und Bogenschützen fertig zu werden, und Strongbow schlug mehrfach zahlenmäßig überlegene Heere, etwa im Jahr 1170, als 10 Ritter und 70 Bogenschützen genügten, um 3000 Mann aus Waterford zu schlagen. Bald beanspruchte Strongbow das Königtum Leinster für sich. Sein Herr, Heinrich II. von England, war vor der wachsenden Macht seines Vasallen auf der Hut – und darauf erpicht, die Kirche von Irland zu reformieren, um den Papst zu besänftigen, der noch immer über den Mord an Thomas Becket erzürnt war. Heinrich fiel daher 1171 mit einer Streitmacht von etwa 4000 Mann, darunter 500 Rittern, in Irland ein. Die Iren übten keinerlei militärischen Widerstand und Könige wie Adlige aus dem größten Teil der Insel schworen Heinrich die Treue – der Beginn der bis heute andauernden militärischen Präsenz der Engländer in Irland. Die Engländer, die in Irland Lehen erhielten, nahmen bald den Bau von Burgen in Angriff, um das Land halten zu können, etwa das eindrucksvolle Trim Castle, dessen Bergfried auf etwa 1173 datiert.

Auch die Waliser konnten im 12. Jahrhundert in offener Feldschlacht mit den Engländern nicht mit-

König Ludwig VII. empfängt 1147 in St.-Denis vor seinem Aufbruch zum Zweiten Kreuzzug die Oriflamme.

Einrichtung der Markgrafenschaft und des Bistums Schwerin auf abodritischem Gebiet.

Heftige Aufstände der Waliser gegen die englische Herrschaft.

1165

Englischer Feldzug gegen Wales, angeführt von König Heinrich II. Der Feldzug scheitert am schlechten Wetter.

Gegenpapst Paschalis III. spricht Karl den Großen heilig, um damit die Unterstützung für Kaiser Friedrich I. Barbarossa zu erhöhen.

1166

Große Assise des Ritterdienstes in England auf Anordnung König Heinrichs II.

1167

19. März: König Amalrich von Jerusalem verbündet sich mit Wesir Shawar von Ägypten und fällt in Ägypten ein, wird aber von Shirkuh, dem Feldherrn Nur al-Dins bei al-Babein, 320 Kilometer südlich von Kairo, geschlagen. Amalrich muss sich zurückziehen.

Juni/Juli: Kaiser Friedrich I. Barbarossa zieht gegen Rom. Er nimmt die Leostadt und St. Peter ein und installiert dort seinen Gegenpapst. Am folgenden Tag bricht eine Seuche aus (wohl die Malaria), die Friedrichs Armee dahinrafft.

1. Dezember: Bildung der Lombardischen Liga gegen Friedrich I. Barbarossa.

halten, wiesen aber den Herrschaftsanspruch des englischen Königs über sie zurück. Im Jahr 1164 kam es zu einem großen Aufstand in Wales, der im Jahr darauf mit einer massiven Strafexpedition beantwortet wurde, an der Soldaten aus dem gesamten Reich Heinrichs II. von Anjou teilnahmen. Die Waliser überlebten nur dank der Regenstürme, die der Expedition Einhalt geboten und Heinrichs Armee davon abhielten, die Waliser zur offenen Schlacht zu zwingen.

An den östlichen Grenzen Europas hatten die slawischen Böhmen und Polen im 10. Jahrhundert Staaten ausgebildet, doch blieb eine große Zahl an Slawenstämmen zurück, die sich bisweilen zu losen Bünden zusammenschlossen. Otto I. von Deutschland hatte etliche dieser Stämme Mitte des 10. Jahrhunderts unterworfen, sie hatten aber nach der großen Slawenrevolte des Jahres 982 wieder ihre politische Freiheit erhalten. Im 12. Jahrhundert aber gingen die Deutschen wieder in die Offensive und eroberten und kolonisierten von 1125 bis 1346 zwei Fünftel des heutigen deutschen Gebietes.

Die „Krönung“ von Herzog Heinrich dem Löwen und Prinzessin Mathilde von England, nach dem Evangeliar Heinrichs des Löwen (1188).

1168

Dänische Truppen unter König Waldemar I. greifen vom Meer aus an und nehmen Arkona auf Rügen, die Hochburg der Wenden.

Waldemar I. versucht eine Invasion Norwegens, scheitert aber, weil die Verteidiger eine wichtige Meerenge blockieren.

Schlacht von Semlin (Zeumun). Der byzantinische Kaiser Manuel I. Komnenos schlägt die Ungarn und besetzt Dalmatien.

König Stefans Frau erfleht dessen Freilassung von seiner Rivalin um den englischen Thron, Königin Mathilde.

Ein Kreuzzug gegen die Wenden, der 1107/08 ausgerufen wurde, war erfolglos geblieben, was auch für den sogenannten „Wendenkreuzzug" der Jahre 1147 bis 1149 galt. In beiden Fällen sahen sich die Kreuzfahrer aus den Kernländern bei aller technologischen Überlegenheit außerstande, den Gegner in der offenen Schlacht zu stellen. Die Slawen führten Präventivangriffe aus, Prinz Niklot etwa noch vor Beginn des Kreuzzuges gegen Lübeck, und verließen sich auf Hinterhalte und Guerillataktiken. Die westeuropäischen Armeen, die sich auf ihre schwere Kavallerie und die Bereitschaft des Feindes stützten, sich zum Kampf zu stellen, waren unter diesen Umständen nicht sonderlich effektiv. Herzog Heinrich, der Löwe von Sachsen, war mit seiner Reihe von Feldzügen gegen die Wenden und Abodriten in den Jahren 1158 bis 1166 erfolgreicher. Er passte seine Taktik derjenigen des Feindes an und führte einen Krieg der Hinterhalte und der Überraschungsangriffe. Die Festungen der Abodriten, zum Beispiel Werle, hielten den westlichen Belagerungsmaschinen nicht Stand. Als er dann die Abodriten bei Demmin im Jahr 1164 zur Schlacht zwang, konnte er sie mühelos besiegen.

1169

Saladin wird Wesir von Ägypten.

Armeen des byzantinischen Reiches und des Königreichs Jerusalem belagern Damaskus, scheitern aber aufgrund schlechter Abstimmung.

Schlacht vom Gowran-Pass (Irland). König Diarmuid McMurrough von Leinster und sein normannischer Verbündeter Richard „Strongbow" von Pembroke schlagen das größere Heer König MacGillipatrics von Ossory.

1170–1171

Earl Richard „Strongbow" von Pembroke erobert Leinster (Irland).

1171

September: Schlacht von Castleknock (Irland). Strongbow schlägt die Armee von Hochkönig Rory O'Connor in die Flucht.

König Heinrich II. von England fällt mit etwa 4000 Mann in Irland ein und erfährt von den irischen Königen Huldigungen.

Die Venezianer erobern Chios und Ragusa von den Byzantinern.

1172

Der Ayyubidensultan Saladin beginnt ein Schiffsbauprogramm für den Kampf gegen das Königreich Jerusalem.

Auch die Dänen mischten mit: König Waldemar I. eroberte 1168 Rügen und Erzbischof Absolon zerstörte 1184 die Flotte der Pommern. Zum Ende des Jahrhunderts blickten Deutsche wie Dänen, die darauf erpicht waren, ihre Handelsnetze auszudehnen und neue Gebiete zu erwerben, auf die baltischen Territorien jenseits der Slawen.

Der erste englische Bürgerkrieg

Obwohl sich die Mehrzahl der Kriege von den europäischen Kernländern an die Peripherie verlagert hatte, herrschte auch im 12. Jahrhundert in Europa keineswegs der reine Friede. In England gab es im Laufe des Jahrhunderts zwei große Aufstände, einen Bürgerkrieg zwischen den Anhängern von Stephan und von Mathilde um den englischen Thron (1138-1153) und einen Aufstand gegen Heinrich II. (1173/74). Der Stephan-/Mathilde-Krieg, der ausbrach, nachdem Heinrichs I. Tochter und sein Neffe gleichermaßen den englischen Thron beanspruchten, beleuchtet besonders gut die militärische Lage in Europa in der ersten Hälfte des 12. Jahrhunderts.

König Stefan von England (1135-1154), dessen Herrschaft von dem Bürgerkrieg gegen seine Cousine Mathilde um den englischen Thron überschattet war.

1066 war es Wilhelm dem Eroberer möglich gewesen, England durch eine einzige Entscheidungsschlacht in seine Gewalt zu bringen. Diese Möglichkeit stand Mathilde nicht mehr offen, als ihr Halbbruder Robert von Gloucester für sie im Jahr 1138 zu den Waffen griff. Das Problem waren die Hunderte von Burgen, die über die englische Landschaft verteilt waren. Manche waren nur Erdwälle mit Holzpalisaden, aber selbst eine solche Anlage konnte eine angreifende Armee fatal aufhalten. Viele andere Burgen bestanden aus soliden Steinen und konnten von einer Garnison wochen- oder gar monatelang verteidigt werden. Die Burgen waren errichtet worden, um Feinde an der Besetzung des Landes zu hindern, und immer wieder bewiesen sie, wie gut sie dafür geeignet waren.

Oft heißt es, dass offene Schlachten im 12. und 13. Jahrhundert immer seltener vorkamen, weil die Kommandeure nicht alles in einer einzigen Schlacht aufs Spiel setzen wollten. Historiker haben Schlachten als beinahe zufällig dargestellt; sie hätten sich normalerweise ergeben, wenn sich eine Streitmacht zum Entsatz einer belagerten Festung genähert habe. Schlachten waren aber in Wirklichkeit alles andere als zufällig, und sie waren sehr häufig. Eine Entsatztruppe wusste, dass es zum Kampf kommen würde,

1173-1174

Großer Aufstand gegen König Heinrich II von England. Ludwig VII. von Frankreich, Willhelm der Löwe von Schottland, die Grafen von Flandern, Boulogne und Blois, vier englische Earls und Heinrichs Söhne beteiligen sich daran.

1173

Schlacht von Fornham. Eine loyal zu Heinrich II. stehende Truppe schlägt den aufständischen Earl Robert von Leicester bei Bury St Edmund.

3.-28. Juli: Heinrich II. nimmt nach kurzer Belagerung die von Rebellen gehaltene Stadt Leicester. Die Burg leistet bis 22. September Widerstand.

9. August: Schlacht von Verneuil. Ludwig VII. von Frankreich belagert Verneuil in der Normandie, doch Heinrich II. von England kommt an dem Tag zum Entsatz, für den die Verteidiger versprochen hatten, sich zu ergeben, sofern kein Entsatz komme. Ludwigs Armee flieht in Unordnung und verliert ihre Nachhut.

1174

Saladin wird Herrscher von Damaskus.

13. Juli: Zweite Schlacht von Alnwick. König Wilhelm der Löwe von Schottland fällt in England ein. Bei der Belagerung von Alnwick in Yorkshire wird seine Streitmacht im dichten Nebel von Unterstützern Heinrichs II. überrascht. In der konfusen Schlacht wird König Wilhelm gefangengesetzt.

und das belagernde Heer war üblicherweise ebenfalls auf den Kampf vorbereitet. So war es gewiss im Krieg zwischen Stephan und Mathilde.

Beispielsweise belagerte König Stephan zur Weihnachtszeit des Jahres 1140 Lincoln. Die Bürger ließen ihn in die Stadt, doch die Burg in der Stadt hielt stand. Als Robert von Gloucester im Februar 1141 mit einem großen Heer erschien, um die Burg zu entsetzen, musste er mit einer Entscheidungsschlacht rechnen. Stephan konnte sich in der Tat kaum in das winterliche Umland zurückziehen, während Roberts Armee in der Nähe stand. Daher beschloss der König zu bleiben und zu kämpfen und stellte sich dem Feind, anstatt Robert zu zwingen, ihn seinerseits zu belagern. Stephan wurde besiegt und geriet in Gefangenschaft. Der Bürgerkrieg wäre nun vorbei gewesen, wenn nicht Mathilde die Bewohner Londons gegen sich aufgebracht hätte, die ihre Krönung zur Königin verhinderten. Mathilde war gezwungen, Stephan einige Monate später freizulassen, nachdem es ihr selbst ähnlich wie Stephan in Lincoln ergangen war. Im September 1141 belagerte Mathildes Armee

Friedrich I. Barbarossa in Aachen, wo er am 4. März 1152 zum deutschen König gekrönt wurde; nach einem Gemälde des 19. Jahrhunderts von Albert Bauer.

1174–1176

Kaiser Friedrichs I. Barbarossa Feldzüge gegen die Lombardische Liga in Oberitalien.

um 1175

Niort, Frankreich. Erster bekannter Maschikuli – eine vorragende Steingalerie an einer Festungsmauer mit Öffnungen, durch die Geschosse oder Flüssigkeiten gegen Angreifer abgeschossen bzw. hinausgeschüttet werden.

1175–1176

Der Papst genehmigt den Orden von Santiago und die Organisation, die bald Orden von Alcántara genannt wird.

Wolvesey Castle bei Winchester, doch ein loyal zu Stephan stehendes Entsatzheer besiegte die Mathildiner. Ihre Truppen wurden nun ihrerseits belagert und besiegt, als sie einen Ausbruch versuchten. Mathildes Kommandeur Robert von Gloucester wurde gefangengenommen. Ohne seine Führung war Mathildes Sache aussichtslos, daher stimmte sie zu, Stephan gegen Robert auszutauschen.

Eine Reihe englischer Bürgerkriegsschlachten wurde auf ähnliche Weise im Schatten von Stadt- oder Burgmauern oder gar in den Städten selbst geschlagen. Das ist kaum überraschend, denn Belagerungen waren langwierig und mühsam, die belagernde Armee war an einen Ort gebunden, litt oft an Nachschubproblemen oder Krankheit (insbesondere an der Ruhr) und war feindlichen Angriffen ausgesetzt. Die Engländer unternahmen Versuche, Belagerungsmaschinen zu verwenden; Stephan zum Beispiel baute bei der zweiten Belagerung Lincolns im Jahr 1144 einen Belagerungsturm, hob die Belagerung aber auf, als der Turm einstürzte und 80 Männer tötete. Auf dem Kontinent scheint Mathildes Ehemann, Graf Gottfried von Anjou, innovativer gewesen zu sein; von ihm haben wir Kunde, dass er als Erster im Westen Griechisches Feuer verwendet haben soll.

Der Bürgerkrieg endete schließlich 1153 mit einem Kompromiss: Stephan versprach, Mathildes Sohn Heinrich (den künftigen Heinrich II.) als Erben zu akzeptieren; Henry erbte den Thron tatsächlich im Jahr 1154. Den Großteil seiner Energie verwandte er darauf, die Burgen der Barone zahlenmäßig zu reduzieren und seine eigene Kontrolle über diese wichtigen und problematischen Anlagen auszuweiten.

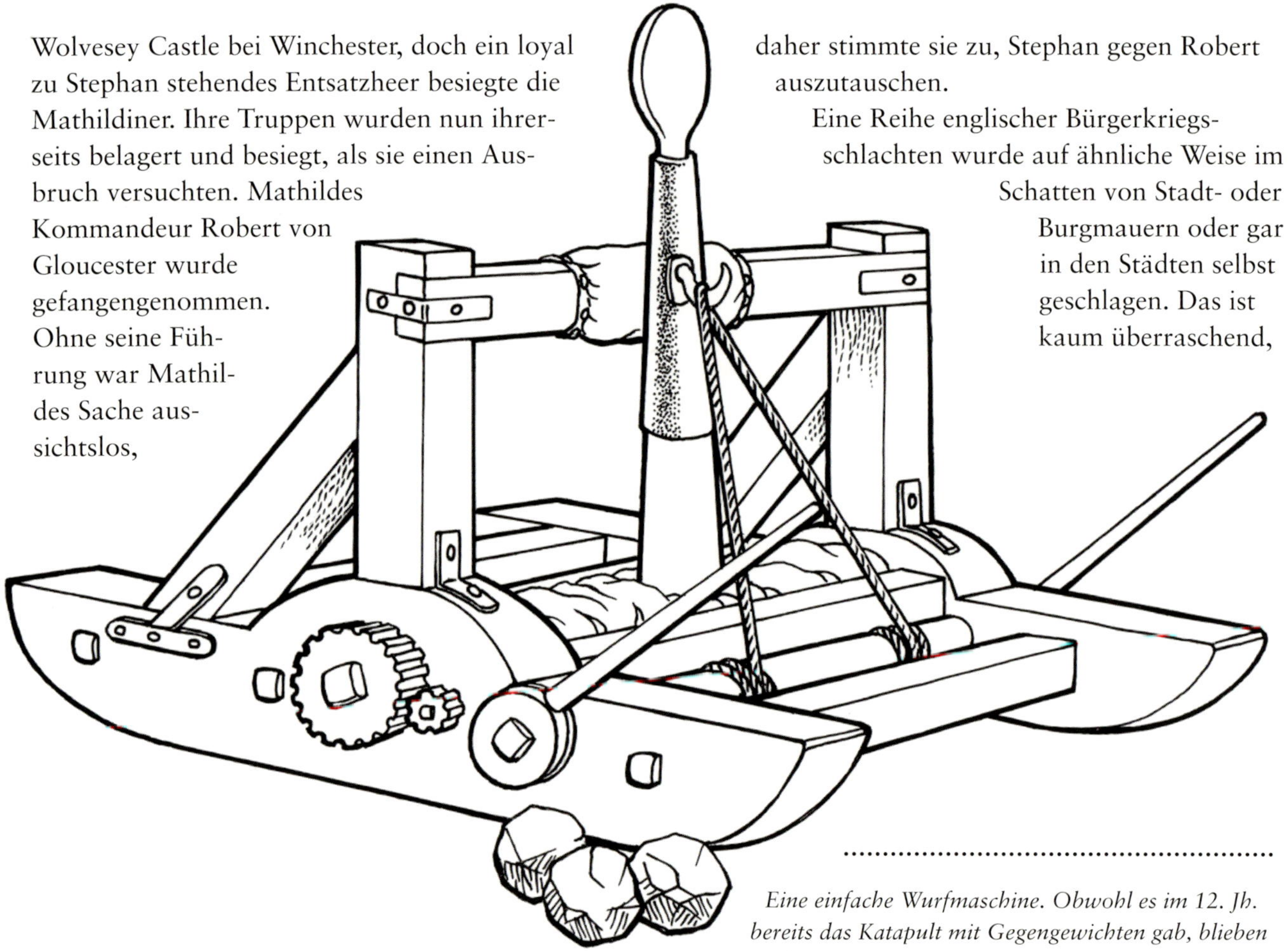

Eine einfache Wurfmaschine. Obwohl es im 12. Jh. bereits das Katapult mit Gegengewichten gab, blieben auch kleinere Maschinen in Gebrauch.

Rechts: Kaiser Friedrich Barbarossas Niederlage bei Legnano (1176), nach einem Gemälde von Massimo Taparelli d'Azeglio (1798-1866).

1176

29. Mai: Schlacht von Legnano. Die verbündeten Armeen der Lombardischen Liga, Venedigs und des Papstes schlagen Kaiser Friedrich I. Barbarossa.

Erste Erwähnung des portugiesischen Ordens von Évora.

17. September: Schlacht von Myriokephalon (nahe des modernen Denizli in der Türkei). Der byzantinische Kaiser Manuel I. Komnenos dringt mit einem großen Heer in seldschukisches Gebiet vor, wird aber von Sultan Kilij Arlsan II. vernichtend geschlagen, was das Byzantinische Reich fatal schwächt.

1177

17. April (Palmsonntag): Schlacht von Malemort (Frankreich). Der Abt von St. Martial in Limoges führt regionale Truppen zu einem großen Sieg über brabantische Söldner, die die Gegend plündern.

25. November: Schlacht von Montgisard. König Balduin IV. von Jerusalem schlägt den angreifenden Sultan Saladin heftig; ihm hilft dabei, dass der Hl. Georg dem christlichen Heer erscheint.

1179

Das Dritte Lateranische Konzil verbannt Turniere und verdammt Söldner.

Herzog Heinrich der Löwe von Sachsen wird in Bann genommen, weil er sich weigert, Friedrich I. Barbarossa Militärdienst zu leisten. Heinrich will Widerstand leisten, doch fällt seine Hochburg Lübeck im August 1181, wonach sich Heinrich ergibt und ins Exil geht.

10. Juni: Saladin schlägt die Armee des Königreichs Jerusalem, kann aber seinen Sieg nicht ausnutzen, da neue Kreuzfahrer unter Graf Heinrich von Champagne eintreffen.

1180–1190

Dover Castle wird für 7000 Pfund gebaut.

1180–1196

Unter Stephan Nemanja lehnen sich die Serben erfolgreich gegen die byzantinische Herrschaft auf.

1181

„Assize of Arms", England. König Heinrich II. befiehlt, dass alle freien Männer Englands auf Verlangen für den König Waffen tragen müssen. Das Edikt legt Waffen und Rüstung für jeden Rang fest.

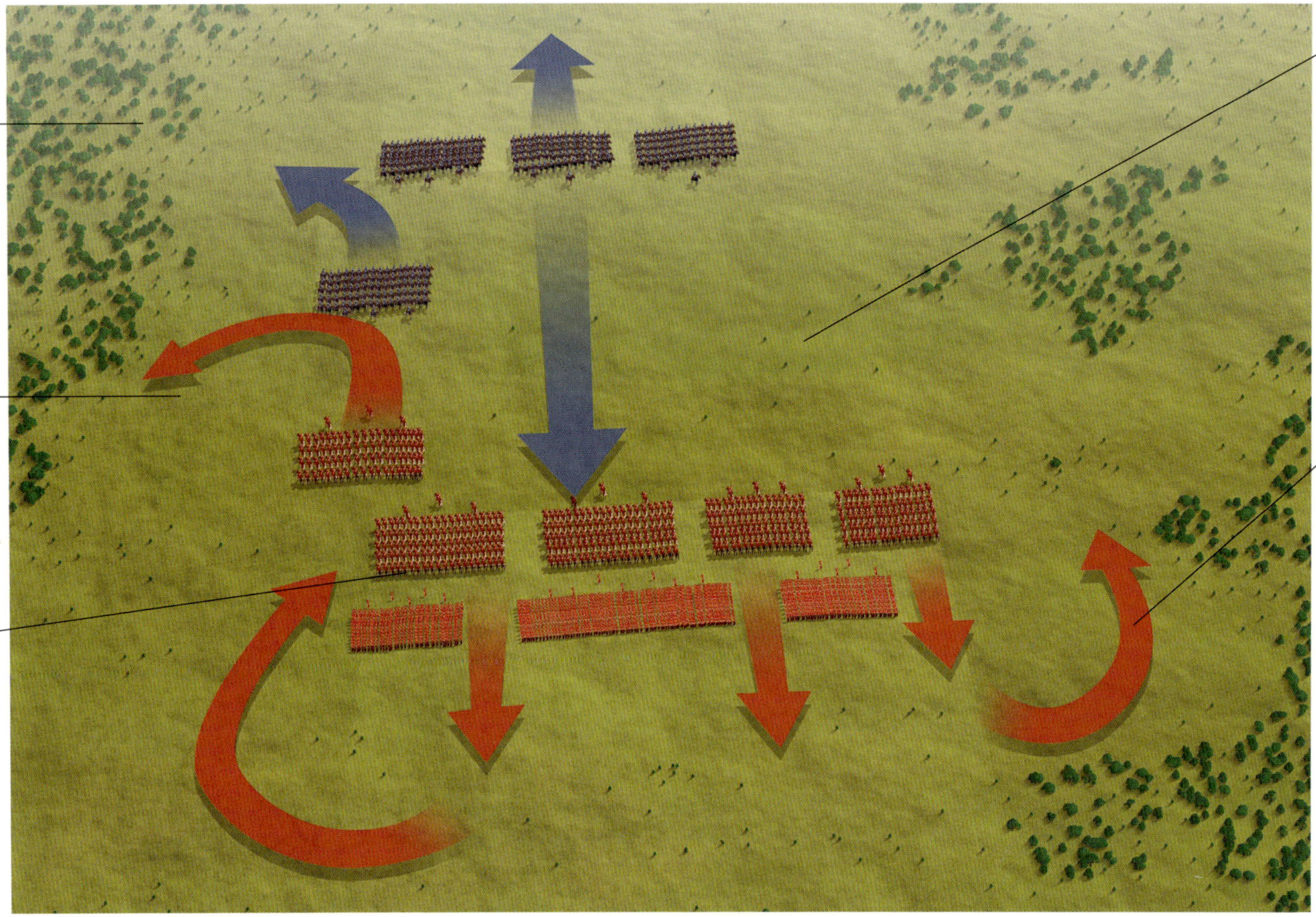

2. Die deutsche Vorhut zieht sich vor der Mailänder Kavallerie zurück.

3. Friedrich Barbarossa lenkt einen Kavallerieangriff, der tief in die Mailänder Linien vordringt.

1. Die Mailänder Kavallerie überrascht in der ersten Phase der Schlacht die deutsche Vorhut.

5. Die Mailänder Kavallerie hat sich hinter den gegnerischen Linien neu formiert und greift die deutschen an der linken Flanke an; die kaiserlichen Truppen werden in die Flucht geschlagen.

4. Die Mailänder Kavallerie flieht und überlässt es der Infanterie, der Wucht des deutschen Angriffes standzuhalten.

Die Schlacht von Legnano, 1176.

1182

Friede von Konstanz. Die Lombardische Liga erkennt Kaiser Friedrichs I. Barbarossa Oberherrschaft über Norditalien prinzipiell an. Im Gegenzug gibt Friedrich seinen Anspruch auf Reichsländereien dort auf und billigt wie weitere Existenz der Lombardischen Liga.

Saladin fällt in Galiläa ein, wird aber bei der Burg Saffuriyah aufgehalten.

1183

Saladin fällt in Galiläa ein, wird aber bei der Burg Saffuriyah aufgehalten.

1184

Massaker an Westeuropäern, überwiegend Kaufleuten, in Konstantinopel.

Pfingstschlacht von Stralsund. Der dänische Erzbischof Absalon vernichtet eine Pommernflotte, die Rügen angreift.

1185

Schlacht von Beroe. Die Bulgaren schlagen in Thrakien eine byzantinische Armee.

König Wilhelm II. von Sizilien erstürmt Thessaloniki in Griechenland.

7. November: Schlacht von Strymon (Struma) in Thessalien. König Wilhelms II. von Sizilien Armee wird in die Flucht geschlagen und die Thessalier beschädigen große Teile der sizilianischen Invasionsflotte.

Friedrich Barbarossa in Italien

Den englischen Bürgerkrieg überstieg an Wildheit und Dauer noch Kaiser Friedrichs I. von Deutschland langdauernder Versuch, die italienischen Länder zurückzuerlangen, die in den langen Kriegen des Investiturstreites dem Einfluss des Reiches entglitten waren. Friedrich, aufgrund seines roten Bartes mit dem Beinamen Barbarossa ausgestattet, scheint ein Hitzkopf und zugleich sehr eigensinnig gewesen zu sein. Er wollte die italienischen Länder unbedingt in Besitz nehmen und hoffte, dadurch die deutsche Monarchie wieder zu ihrer alten Machtfülle führen zu können. So kam es zu seinen italienischen Kriegszügen, dem zentralen europäischen Krieg von 1154 bis zum verdrossen geschlossenen Frieden von Konstanz des Jahres 1182. Die norditalienischen Stadtstaaten hatten ein halbes Jahrhundert lang die Unabhängigkeit vom Kaiser genossen, als Friedrich seinen Versuch begann, sie wieder in seine Hand zu bekommen. In den Städten hatten sich starke Oligarchien herausgebildet; unter den Einwohnern herrschte ein starker Bürgersinn und man war nicht bereit, sich ohne weiteres wieder dem Kaiser zu unterstellen.

Das galt ganz besonders für Mailand, die größte Stadt Norditaliens, an der Straße von Deutschland nach Italien hinein gelegen. In den Jahren 1156 bis 1158 errichteten die Mailänder Bürger aus Sorge um Friedrichs Absichten einen 5 km langen Erdwall, den 'terraggio', um die altrömischen Mauern der Stadt zu verstärken, und umgaben die Mauer mit einem Graben. Mitte des 12. Jahrhunderts beschränkte sich die Belagerungstechnik aber nicht mehr nur darauf, vor den Mauern zu sitzen und darauf zu warten, dass die Bewohner verhungerten. Als Barbarossa die Stadt belagerte, unterminierte er schwache Abschnitte der Mauer und bombardierte sie mit Maschinen, zu denen vielleicht auch frühe Katapulte mit Gegengewichten gehörten, die einen schweren Stein mit genügend Wucht schleudern konnten, um eine Mauer zu beschädigen. Die Stadt ergab sich bald, offenbar, weil sie nicht hinreichend auf eine Belagerung vorbereitet war.

Friedrichs Krieg ging nur langsam voran, in einer Reihe von mühseligen

Gustav Dorés bewegender Holzschnitt zeigt die Toten des Königreichs Jerusalem nach der Schlacht von Hattin im Jahr 1187.

1186

August: Gottfried von der Bretagne, Sohn Heinrichs II. und der Eleonore von Aquitanien, kommt bei einem Turnier ums Leben.

1186–1187

Die Bulgaren lehnen sich gegen Byzanz auf und gründen unter Iwan Asen I. ein unabhängiges Reich.

1187

Saladin fällt in Galiläa ein, wird aber erneut bei der Burg Saffuriyah aufgehalten.

4. Juli: Schlacht von Hattin. Eine 30.000 Mann große Muslimenarmee unter Saladin schlägt die Armee des Königreichs Jerusalem vernichtend, die von König Guy von Lusignan befehligt wird (etwa 20.000 Mann).

2. Oktober: Jerusalem ergibt sich nach zwölftägiger Belagerung Saladin.

1187–1189

Alle kleineren Festungen des Königreichs Jerusalem, mit Ausnahme von Tyros, fallen an Saladin.

Belagerungen, bei denen jede damals bekannte Methode angewandt wurde, um in eine befestigte Stadt einzudringen. Friedrichs Belagerungsingenieure entwickelten immer raffiniertere Maschinen, während die Lombarden immer raffinierte Verteidigungsmethoden an den Tag legten, etwa im Fall der wichtigen Burg Alessandria, die Friedrich zu keiner Zeit einnehmen konnte. Während der Belagerung von Crema, einer durch zwei Mauerringe mit dazwischenliegendem Graben geschützten Stadt, im Jahr 1159 gab sich der Kaiser nicht damit zufrieden, dazusitzen und auf die Kapitulation zu warten. Für seinen ersten Angriff bauten seine Männer einen befestigten Weg und rollten einen Belagerungsturm an die Mauer, den sie dadurch vor Beschuss durch die Einwohner schützten, dass sie gefangene Bürger an den Turm ketteten. Dieser Angriff schlug fehl, und als es Friedrich gelang, eine Bresche in die Mauer zu schlagen, zogen die Stadtbewohner dahinter rasch eine neue Mauer hoch. Die kaiserliche Armee hatte erst Erfolg, als Friedrichs wichtigster Belagerungsingenieur einen gepanzerten Belagerungsturm baute, der 45 Meter hoch war und eine große Brücke aufwies, über die die Angreifer in die Stadt eindringen konnten. Als dieser Turm in Position stand, ergaben sich die Städter, doch Friedrichs wütende Truppen plünderten und brandschatzten die Stadt dennoch. Als Mailand sich 1162 nach neunmonatiger Belagerung dem Kaiser ein zweites Mal ergab, wurden die Bürger aus der Stadt vertrieben, die im Anschluss vollständig, inklusive Kirchen, zerstört wurde.

Die Zerstörung Mailands hatte einen der zugrunde liegenden Absicht entgegengesetzten Effekt: 16 lombardische Städte schlossen ein Bündnis gegen Barbarossa und konnten gemeinsam 20.000 Mann aufstellen. Der Krieg nahm eine neue Größenordnung an. Es kam immer wieder zu Kämpfen, obwohl es Friedrich immer schwerer fiel, die deutschen Adligen und Ritter dazu zu bewegen, für ihn die Alpen zu überqueren, da die Männer durch feindliche Attacken und an Krankheiten wie die Fliegen starben. Am 29. Mai 1176 schließlich besiegte die Lombardische

König Philipp II. Augustus von Frankreich (1180-1223) entriss König Johann von England die Normandie und besiegte Kaiser Otto IV. in der Schlacht bei Bouvines (1214).

1188

Einhebung des „Saladinzehnten" in England und Frankreich für die Rückeroberung Jerusalems.

1189-1192

Dritter Kreuzzug.

1189-1191

August 1189-12. Juli 1191: Belagerung Akkons durch König Guy von Jerusalem; sein Heer wird um Kreuzfahrer ergänzt, die im Osten ankommen. Akkon ergibt sich schließlich, wonach die meisten französischen Kreuzfahrer unter Philipp II. Augustus heimkehren.

Liga den Kaiser – der deutsche Kavallerieangriff bei Legnano konnte die dichten Infanterielinien der Liga nicht durchdringen. Friedrich schob seine Niederlage auf die Weigerung Herzog Heinrichs, des Löwen von Sachsen, ihn bei seinen Feldzügen zu unterstützen. Barbarossa kehrte hocherzürnt nach Deutschland zurück und klagte Herzog Heinrich an, in seinen feudalen Pflichten versagt zu haben. Gegen den Herzog wurde 1179 die Acht ausgesprochen, nachdem ein überwiegend aus Söldnern bestehendes Heer beinahe zwei Jahre benötigt hatte, Sachsen zu verwüsten und Heinrich ins Exil zu treiben.

Richard Löwenherz und ein Land im Krieg

Der einzige christliche Kommandeur des 12. Jahrhunderts, der sich mit Friedrich Barbarossa darin messen konnte, in welch hohem Umfang er sein ganzes Land militärischen Zielen unterstellte, war Richard I. von England (1189-1199), genannt Löwenherz. Richards Herrschaft war so sehr auf den Krieg ausgerichtet, sowohl den in Frankreich wie auf den Kreuzzug, dass er kaum 10 Monate seiner Regierungszeit in England verbrachte – und dann auch nur, um Geld für weitere Feldzüge aufzutreiben. Richard hatte gute Gründe dafür, in den Kampf zu ziehen. Ehe er auf den Thron gelangte, nahm er an einem großen Aufstand gegen seinen Vater Heinrich II. teil, der seinen heranwachsenden Söhnen jegliche wichtige Rolle zu spielen verweigerte. Seine erste große Aufgabe war aber der Dritte Kreuzzug, zu dem aufgerufen wurde, nachdem Sultan Saladin in der Schlacht von Hattin die Armee des Königreiches Jerusalem vernichtet und 1187 den Großteil des Königreiches, darunter die Heilige Stadt Jerusalem, eingenommen hatte. Drei Herrscher – Richard, Philipp II. Augustus von Frankreich und der alte Kaiser Friedrich Barbarossa – nahmen an diesem Kreuzzug teil. Doch Friedrich ertrank in einem türkischen Fluss, ehe er Palästina erreichte, und Philipp fehlten die Mittel und der Wille, das Heilige Land zurückzugewinnen. Damit lag die Initiative in den Händen Richards und seiner erstaunlich gut ausgerüsteten und teuren Armee, die vielleicht bis zu 17.000 Mann groß war, Truppen und Seeleute, für das 12. Jahrhundert eine riesige Streitmacht. Dass Richard Saladin zum Patt zwang, zeigt auf außerordentliche Weise, was eine westeuropäische Armee zu leisten

Der Legende nach wurde im Ersten Kreuzzug Gottfried von Bouillons Gefährte Gerard von Avesnes von den Muslimen gefangen und auf der Stadtmauer von Asur gekreuzigt, eine von vielen Untaten, zu der sich beide Seiten hinreißen ließen.

1190

18. Mai: Schlacht von Ikonium (Kleinasien). Das deutsche Kontingent des Dritten Kreuzzuges unter Kaiser Friedrich I. Barbarossa erringen einen großen Sieg über die Seldschuken.

10. Juni: Friedrich I. Barbarossa ertrinkt bei der Überquerung des kleinen Flusses Salef in Kleinasien. Die deutsche Kreuzfahrerarmee löst sich auf, die meisten Kreuzfahrer kehren nach Hause zurück.

1191

6. Mai: Schlacht von Kolossi (Zypern). König Richards I. von England Kreuzfahrerstreitmacht besiegt Isaak Komnenos, den byzantinischen Gouverneur von Zypern, nachdem dieser englische Kreuzfahrer aufgehalten hatte. Richard nimmt Zypern in Besitz.

August: Schlacht von Jaffa. Eine kleine Schlacht, in der ein Kreuzfahrerheer unter Richard I. einen Angriff von Saladins leichter Kavallerie zurückschlägt.

7. September: Schlacht von Arsuf (Königreich Jerusalem). Die Kreuzfahrerarmee besiegt Saladins größeres Heer knapp.

1192-1194

Richard I. Löwenherz gerät auf der Rückkehr vom Kreuzzug nach einem Schiffbruch in Gefangenschaft und wird in Deutschland gefangengehalten.

1193

Papst Coelestin III. heißt die spanischen Könige, den Krieg gegeneinander zu beenden und die Waffenstillstände mit den Muslimen zu beenden.

1193

4. März: Tod des Ayyubidensultans Saladin.

1193-1196

Frühjahr 1193-1196: Philipp II. Augustus von Frankreich versucht, die Normandie an sich zu bringen und nutzt Richards I. Gefangenschaft in Deutschland.

1194

Schlacht von Fréteval. Philipp II. von Frankreich versucht, der offenen Schlacht gegen Richard I. aus dem Weg zu gehen, doch Philipps Nachhut wird angegriffen, sein Tross erobert.

Richard I. lässt das erste königliche Dock Englands in Portsmouth bauen.

Kaiser Heinrich VI. bringt im Namen seiner Frau Konstanze das Königreich Sizilien an sich.

1195

18. Juli: Schlacht von Alarcos. Eine große Almohadenarmee unter Kalif al-Mansur schlägt die Armee König Alfons VIII. von Kastilien vernichtend.

Die Ruinen des Château Gaillard, Richard Löwenherz' „fetter Burg", die die Normandie vor den Franzosen schützen sollte.

imstande war, wenn sie gut befehligt wurde. Alle Vorteile lagen auf Seiten der Muslime, die jederzeit Nachschub zur Verfügung hatten und deren Moral nach einer Reihe von Siegen hoch war, außerdem einen charismatischen Führer besaßen, der große Begeisterung für den Heiligen Krieg gegen die Christen entfacht hatte. Richard beendete die Eroberung Akkons, das über zwei Jahre lang belagert worden war, und bediente sich dabei der jüngsten Techniken, vielleicht, um es Friedrichs Unternehmungen in Italien gleichzutun.

Richards Sieg über Saladin

Die militärischen Möglichkeiten des späten 12. Jahrhunderts zeigen sich vorzüglich an Richards Sieg über Saladin bei Arsuf am 7. September 1191. Sein Heer bestand zum Großteil aus seinen eigenen Untertanen, die Kreuzfahrerarmee umfasste aber auch Mitglieder der Orden und Kreuzritter aus verschiedenen anderen Ländern. Nach der Einnahme Akkons marschierte das Heer in Richtung Jaffa; schon während des Marsches entlang der Küste kam es fortgesetzt zu Kämpfen. Anders als die Männer Ludwigs VII., die unter ähnlichen Umständen im Zweiten Kreuzzug marschiert waren, hielten Richards Männer aber die Marschformation bei. Der König platzierte seine Infanterie und die Bogenschützen zur Linken, wo sie die berittenen türkischen Bogenschützen auf Distanz hielten und den Tross bewachten.

Am 7. September erreichten Saladins Angriffe ihren Höhepunkt, doch die englischen Bogenschützen widerstanden dem Feind, bis sie völlig erschöpft waren; in diesem Moment führte Richard eine massierte Kavallerieattacke durch. Er hielt seine Truppen gar für so diszipliniert, dass die Ritter erst mit dem sechsten Trompetenstoß angreifen würden, doch zwei Ritter preschten vor dem Signal voran, der Rest folgte. Die verfrühte, aber ordentlich durchgeführte Attacke überraschte die Muslime, wenngleich Richard nicht den entscheidenden Sieg davontrug, den er sich wohl erhofft hatte. Schließlich musste Richard das Heilige Land verlassen, ohne Jerusalem eingenommen zu haben, doch hinterließ er ein Lateinisches Königreich, das sich nun wesentlich besser verteidigen konnte. Auf dem Heimweg erlitt Richard Schiffbruch und wurde gegen ein enormes Lösegeld später wieder freigelassen. Philipp Augustus von Frankreich nutzte die lange Abwesenheit seines Widersachers, um mehrere Besitzungen Richards auf dem Kontinent zu besetzen. Nach seiner Rückkehr verbrachte Richard den Rest seiner Regierungszeit mit einem langen Krieg gegen Frankreich, ein Krieg, der mehr Mittel als jemals zuvor verschlang. Um nur das berühmteste Beispiel anzuführen: Richard verwendete mehr als das gesamte jährliche Steueraufkommen der Normandie darauf, die große Festung Château Gaillard, die „fette Burg", zu errichten, um mit ihr eine Hauptstraße in die Normandie zu schützen.

Kavallerieangriffe und Burgen

Als Richard schmählich am Wundbrand starb, nachdem er bei der Belagerung einer kleinen Burg durch einen Pfeil verwundet worden war, hatte er mehrere wichtige militärische Lektionen des 12. Jahrhunderts gelernt. Der Kavallerieangriff und die Burg hatten eine glänzende Zukunft vor sich; dass selbst Richards militärisches Genie aber nicht ausgereicht hatte, um Jerusalem wiederzuerlangen, dämpfte die Begeisterung für künftige Kreuzzüge.

1196

Papst Coelestin III. exkommuniziert Alfons IX. von León und wiegelt dessen Untertanen zum Aufstand auf, nachdem Alfons sich mit den muslimischen Almohaden gegen Kastilien verbündet hat.

1196–1198

Richard I. baut in der Normandie Château Gaillard, etwa 32 km Seine-aufwärts von Rouen; die Kosten betragen 11.500 Pfund.

1198

Der Orden der Brüder vom Deutschen Haus St. Mariens in Jerusalem wird zum Militärorden (Deutschherrenorden).

Erster Kreuzzug gegen die Livländer.

Schlacht von Gisor. Richard I. von England schlägt eine französische Armee.

Die Deutschen gründen Riga.

1199

Kreuzzug gegen Markwart von Anweiler in der Romagna und die Mark Ancona, der erste Kreuzzug gegen einen christlichen Herrscher.

6. April: Tod Richards I. Löwenherz während der Belagerung von Châlus in Aquitanien.

Das dreizehnte Jahrhundert: Ein Zeitalter der Kriege

Das dreizehnte Jahrhundert zeichnet sich durch den vergrößerten Umfang der einzelnen Kriege aus. Die Größe der Armeen war das zwölfte Jahrhundert hindurch beständig angestiegen, zugleich war es zu mehreren langwährenden Kriegen gekommen, vor allem zu mehreren großen Kreuzzügen. Im dreizehnten Jahrhundert wurden Kriege, die sich über etliche Jahre erstreckte, immer zahlreicher.

Zuvor wären derartige Kriege schlichtweg außerhalb der finanziellen und militärischen Möglichkeiten der europäischen Staaten gelegen. Nun aber blühte Europas Wirtschaft auf und dank der sich entwickelnden Verwaltungsapparate waren die Könige zunehmend imstande, Mittel für ihre eigenen Projekte abzuzweigen – und ganz oben auf der Liste stand zumeist ein Krieg. Zu Beginn des Jahrhunderts sehen wir bereits Protest gegen die teuren Kriegsspiele der Könige sich erheben, und zwar im politisch prekärsten Land Europas, in England. Am Ende des Jahrhunderts breiteten sich Aufstände gegen die königliche Geldeintreiberei aus, da die Kriege nun weit teurer gerieten als es sich die Könige leisten konnten. Einzelne konnten noch immer ihr Glück auf dem Schlachtfeld machen, die hohen Kosten für einen Krieg führten aber dazu, dass die Staaten aus ihm so gut wie nie finanziellen Nutzen ziehen konnten.

Links: Harlech Castle in Wales wurde 1283 bis 1290 für König Edward I. von England errichtet.
Rechts: Ein Gold-Hyperperon von Kaiser Manuel I. Komnenos, genannt „der Große“ (1143-1180).

Abstieg von Byzanz

Zu den wenigen Regionen, wo ein kühner Regent noch immer hoffen konnte, sich Reichtum und Ruhm zu erwerben, zählte das Byzantinische Reich, mit dessen Regierung und militärischen Fähigkeiten es im 12. Jahrhundert deutlich bergab gegangen war. Die Byzantiner waren stark in das Jahrhundert hineingegangen; Kaiser Johannes III.

König Wilhelm II. von Sizilien (1166-1189) wird von Christus gekrönt; Mosaik aus der Kathedrale, die Wilhelm in Monreale bei Palermo bauen ließ.

Komnenos (1118-1143) hatte die Bemühungen seines Vaters, das byzantinische Heerwesen wieder stark zu machen, fortgesetzt. Er führte erfolgreiche Kriege gegen die Venezianer, die Türken und das Lateinische Fürstentum Antiochien und vernichtete die Petschenegen-Gefahr an seinen Grenzen. Sein Nachfolger Manuel I. Komnenos (1143-1180) war indessen zu ehrgeizig. Er zog 1155 bis 1157 mit einer großen Expedition gegen das normannische Unteritalien und Sizilien zu Felde, wurde aber unter schweren Verlusten von dort vertrieben. Diese Niederlage verblasst aber gegen die Katastrophe, die das byzantinische Heer am 17. September 1176 bei Myriokephalon ereilte. Kaiser Manuel fiel mit einer großen Armee und Belagerungsgerät bei den Seldschuken ein, in der klaren Absicht, verlorene Länder wiederzuerobern. Beim Marsch nahe dem Tzibritze-Pass aber begann Sultan Killij Arslan II. einen Überraschungsangriff. Die Byzantiner wussten nicht, wie ihnen geschah und wurden vollständig vernichtet, was das Reich stark schwächte.

um 1200

Ungarn nimmt mit päpstlicher Unterstützung Bosnien ein – in dem Land gibt es Ketzer. Ungarn versucht ebenfalls, das orthodoxe Serbien zu erobern.

1201

Die Almohaden erobern die Balearen.

1201-1204

Vierter Kreuzzug, der aber auf Konstantinopel umgelenkt wird.

1202

Der Militärorden der Schwertbrüder wird in Riga gegründet.

1. August: Schlacht von Mirebeau. Arthur von der Bretagne, ein Anwärter auf die Krone Englands, belagert seine Großmutter Eleonore von Aquitanien in Mirebeau; König Johann von England hebt die Belagerung auf und fügt Arthur und seinen Verbündeten eine herbe Niederlage zu.

November: Eroberung von Zara (Dalmatien). Die Armee des Vierten Kreuzzuges nimmt das christliche Zara nach kurzer Belagerung ein.

Nach dem Verlust der großen Armee benötigten die Byzantiner nun große Mengen Geldes und nahmen zunehmend Anstoß an den Handelskonzessionen, die man den italienischen Städten eingeräumt hatte, wodurch die Städte des Reiches verarmten und Mittel verloren gingen, die ansonsten an den Kaiser geflossen wären. Ein Massaker an Westeuropäern im Jahr 1183 in Konstantinopel steigerte den Hass der Europäer und ihr Misstrauen gegenüber den Byzantinern, eine Lage, die durch das religiöse Schisma weiter verschärft wurde. König Wilhelm II. von Sizilien griff das Reich 1185 von Italien wie von Antiochien aus an, eine der vielen normannischen Attacken des Jahrhunderts. Er wurde bei Strymon am 7. November 1185 geschlagen, doch das Misstrauen zwischen Ost und West erreichte einen neuen Höhepunkt. Als Friedrich I. Barbarossa beschloss, 1189 auf dem Landweg zum Dritten Kreuzzug aufzubrechen, war der Kaiser von Byzanz seinen Absichten gegenüber so misstrauisch, dass er sein Bündnis mit Saladin, dem Erzfeind der Kreuzfahrer, erneuerte.

Die Eroberung Konstantinopels im Jahr 1204, von Domenico Tintoretto (1560-1635), eine historisch ungenaue, aber bewegende Darstellung der Konfusion beim Angriff und des Stolzes der Venezianer auf diese Leistung.

1203-1204

August 1203-6. März 1204: Belagerung von Château Gaillard in der Normandie. König Philipp II. Augustus von Frenkreich nimmt die vermeintlich unbesiegbare Festung nach langer Belagerung ein.

1203

17. Juli: Angriff auf Konstantinopel durch französische Kreuzfahrer und eine venezianische Flotte. Die Kreuzfahrer nehmen einen Teil der Stadtmauer ein, woraufhin die Stadt den von den Kreuzfahrern unterstützten Alexios IV. als Kaiser annehmen.

1204

12. April: Eroberung Konstantinopels durch französische Kreuzfahrer und eine venezianische Flotte unter dem Kommando des Dogen Enrico Dandolo.

Installation des Grafen Balduin von Flandern als erster lateinischer Kaiser von Konstantinopel.

1204-1261

Lateinisches Reich von Konstantinopel.

Der Vierte Kreuzzug

Der Dritte Kreuzzug war darin gescheitert, Jerusalem zurückzuerobern, daher war ein weiterer Kreuzzug unvermeidlich. Einige wichtige französische Adlige nahmen das Kreuz. Sie trafen den Transport betreffend Absprachen mit der Seestadt Venedig, woraufhin die Venezianer ihre sämtlichen Ressourcen ein Jahr lang darauf verwandten, wie geplant 33.500 Männer und 4500 Pferde zu transportieren sowie 50 Kriegsgaleeren zu bemannen. Am Treffpunkt erschienen im Sommer 1202 dann aber lediglich 12.000 Kreuzfahrer.

Die Venezianer machten sich daran, aus dem Kreuzzug Profit zu schlagen, um ihre eigenen hohen Aufwendungen aus dem Unternehmen wieder herauszuholen. Zunächst überredeten sie die Kreuzfahrer, an der Wiedereinnahme der Stadt Zara an der Ostküste der Adria teilzunehmen, die Venedig einige Jahre zuvor verloren hatte. Dann schien sich eine einmalige Gelegenheit zu bieten: Der Sohn eines abgesetzten byzantinischen Herrschers bat die Kreuzfahrer um Hilfe dabei, den Thron zu erlangen. Als Gegenleistung versprach er, ihre Schulden bei den Venezianern zu begleichen und sich am Feldzug zur Befreiung Jerusalems zu beteiligen. In Unkenntnis der politischen Lage in Byzanz und in dem Glauben, ihr bloßes Erscheinen reiche aus, stimmten die Kreuzfahrer zu.

Dieser Holzschnitt Konstantinopels aus der Chronik von Nürnberg von Hartmann Schedel (1493) zeigt, wie mächtig die Mauern der Stadt waren.

Konstantinopel öffnete seine Tore den Kreuzrittern aber nicht und die französisch-venezianische Streitmacht nahm die Stadt in der Folge nicht einmal, sondern gleich zweimal ein, 1203 und erneut 1204. Konstantinopel lag sehr verteidigungsgünstig und war zu drei Seiten vom Meer umgeben; an vielen Stellen erhoben sich die Stadtmauern direkt aus dem Wasser. An der Landseite stand eine 4,60 Meter hohe Mauer mit sehr dicker Basis und hochragenden Türmen alle 55 Meter. Davor befanden sich eine zweite, zwei

1205

5. April: Schlacht von Adrianopel. Die Bulgaren unter Zar Kalojan vernichten ein lateinisches Heer und nehmen König Balduin von Konstantinopel gefangen. Ein Entsatzheer, das vom Dogen Enrico Dandolo von Venedig geführt wird, rettet den noch vorhandenen Rest der Armee.

1206

Vereinigung der Mongolen unter Führung von Dschingis Khan (um 1162-1227).

1207

Papst Innozenz III. stellt England unter das Interdikt, um König Johann zu zwingen, seinen Kandidaten Stephen Lengton als Erzbischof von Canterbury zu akzeptieren.

1208

Heinrich I. von Konstantinopel besiegt die Bulgaren unter Zar Boril in der Schlacht von Plovdiv (Philippopolis).

Meter dicke Mauer, ebenfalls mit Wachtürmen gespickt, und ein tiefer Graben. Die französischen Kreuzritter griffen die Mauern vom Land her an, die Venezianer, die in das Goldene Horn (den großen Hafen der Stadt) eingedrungen waren, vom Meer her; sie brachten Männer mit Leitern an Land, wo kleine Landvorsprünge dies erlaubten, und ließen von den Masten ihrer Schiffe Enterbrücken herab. Als sie bereits einen Teil der Mauer genommen hatten, floh der Kaiser und die Bürger öffneten die Tore, um ihren abgesetzten Herrscher willkommen zu heißen. Doch der wiedereingesetzte Kaiser war nicht imstande, seine Versprechen gegenüber den Kreuzfahrern zu halten. 1204 nahmen diese die Stadt daher erneut ein, plünderten sie und installierten einen Christen aus dem Westen als Herrscher.

Das Lateinisch-Byzantinische Reich hielt sich bis 1261, es bekämpfte die Bulgaren und die Byzantiner, die die griechische Herrschaft wiederherstellen wollten und kam schließlich zu seinem Ende, als eine byzantinische Streitmacht durch ein unbewachtes Stadttor eindrang. Das wiederhergestellte Byzantinische Reich erholte sich aber niemals wieder. Es war kaum mehr imstande, die europäische Ostflanke gegen die neue Türkengefahr zu sichern, die sich bald erhob.

Weitere Kreuzzüge

Trotz des Scheiterns des Dritten und der seltsamen Umleitung des Vierten Kreuzzuges war die Kreuzzugsbewegung für die Religion und das Militärwesen des Mittelalters schlichtweg zu wichtig, um einfach zu verebben. Die große Begeisterung, die die Idee beim Volk auslöste, zeigte sich im „Kinderkreuzzug" des Jahres 1212, einem Massenexodus der Jungen und der Armen, die hofften, dass ihre Gebete Jerusalem befreien würden. Dieser Versuch schlug fehl, als das Mittelmeer sich weigerte, sich zu teilen, damit die Kreuzfahrer es überqueren konnten, bald aber wurde ein neuerlicher Kreuzzug gepredigt. Dieser wurde exakt geplant und der Papst trieb Gelder für die Ausgaben der reichlich 10.000 Teilnehmer auf (darunter etwa 1200 Ritter). Diese Kreuzfahrer wandten sich gegen Ägypten, da sie meinten, die einzige Möglichkeit, Jerusalem zu erobern, bestehe darin, das Herzstück der muslimischen Macht anzugreifen. 1219 eroberten sie schließlich die Hafenstadt Damiette, verloren sie aber schon bald

Doge Enrico Dandolo wirbt für den Vierten Kreuzzug Truppen an, von Jean Leclerc (1621). Gottfried Villehardouins zeitgenössischer Bericht verdeutlicht, dass dies ein gefühlsgeladenes Ereignis war.

1209–1229

Albigenserkreuzzüge gegen die ketzerischen Katharer in Südfrankreich.

1209

22. Juli: Fall von Béziers; die Kreuzfahrer massakrieren die Bewohner.

August: Fall von Carcassonne an die Kreuzfahrer unter dem päpstlichen Legaten Arnold Aimery und Simon de Montfort.

Papst Innozenz III. exkommuniziert König Johann von England.

1210

3. Juni–22. Juli: Belagerung von Minerve im Rahmen des Albigenserkreuzzugs. Die Burg ergibt sich, als der Wasservorrat zur Neige geht. Den Verteidigern wird Schonung ihres Lebens versprochen, doch 140 Katharer werden verbrannt.

1211

Schlacht von Castelnaudary. Albigenserkreuzzügler unter Simon de Montfort schlagen eine Allianz südfranzösischer Adliger.

wieder, als die vorrückende Armee eingekesselt wurde und sich bei Al-Mansurah am Nil dem Feind ergeben musste. 1229 gewann Kaiser Friedrich II. Jerusalem durch einen Friedensvertrag; vorausgegangen war ein bizarrer Kreuzzug fast ohne Truppen, angeführt von einem Herrscher, der zuvor eben deshalb exkommuniziert worden war, weil er seinen Kreuzzugspflichten nicht nachgekommen war. Von 1229 bis 1243 wurde das Königreich Jerusalem dann aber von Aufständen gegen Friedrichs Herrschaft erschüttert. Der innere Kampf endete erst mit der wüsten Eroberung der Stadt durch die Muslime am 11. Juli 1244. Die muslimischen Choresmier, Verbündete des Ayyubidenherrschers von Syrien, vernichteten die Armee des Lateinischen Königreiches bei La Forbie.

Der Strom an Kreuzfahrern, die weiterhin zum Kampf in den Osten fuhren, verzögerte aber das Ende des Lateinischen Königreiches. Ludwig IX. führte 1248 bis 1254 einen Kreuzzug an, der sich am Ende, wie schon der Vierte Kreuzzug, gegen Ägypten richtete. Ludwigs Kreuzzug ist eher aufgrund der erheblichen Ressourcen, die er dafür bereitstellen konnte, bemerkenswert als durch seine bescheidenen Erfolge. Er führte eine Armee von mindestens 15.000 Mann an und stellte gut die Hälfte der

Die Armee König Ludwigs IX. von Frankreich nimmt am 6. Juni 1249 Damiette ein. Die Stadt leistete kaum Widerstand; Ludwigs Sohn verlor sie wieder, nachdem er mitsamt seinem Heer in Gefangenschaft geriet.

1212

Kinderkreuzzug. Tausende von Jugendlichen und Armen machen sich auf den Weg, Jerusalem zu befreien. Viele machen noch in Frankreich und Deutschland Halt; andere erreichen Italien, kehren aber um, als das Mittelmeer sich nicht teilt, um ihnen den Weg ins Heilige Land zu eröffnen. Einer Legende zufolge wurde manchen die Verbringung ins Heilige Land von Kaufleuten versprochen, die sie stattdessen in die Sklaverei verkauft haben sollen.

16. Juli: Schlacht von Las Navas de Tolosa. Pedro II. von Aragón führt eine spanische Allianz zum Sieg über den Almohadenkalifen al-Nasir.

1213

Papst Innozenz III. droht König Johann von England mit der Absetzung und fordert Philipp II. von Frankreich auf, gegen jenen einen Kreuzzug zu führen.

Mai: Johann von England gibt dem Papst gegenüber nach.

31. Mai: Eine englische Flotte von 500 Schiffen überrascht bei Damme (dem Hafen von Brügge) eine französische Armee, die die Invasion Englands vorbereitet, und zerstört sie.

12. September: Schlacht von Muret. Pedro II. von Aragón führt eine Armee nach Toulouse, um seinem Verbündeten, dem Grafen Raimund, gegen die Albigenserkreuzfahrer zu helfen, sie wird aber von Simon de Montfort geschlagen. Pedro kommt ums Leben.

1214

27. Juli: Schlacht von Bouvines (Frankreich). In der heftig umkämpften Schlacht gelingt es König Philipp II. Augustus von Frankreich, das anrückende Heer von Kaiser Otto IV. entscheidend zu schlagen.

Links: Der ungewöhnlichste Kreuzzug war derjenige von Kaiser Friedrich II., der damals exkommuniziert war; Schlachten wurden nicht geschlagen.

Rechts: Angreifer, die an einer Bresche kämpften, mussten mit hohen Verlusten rechnen, was die Massaker nach erfolgreicher Einnahme erklären mag.

Truppen selbst. Er und seine Armee mussten sich am Ende dem Feind ergeben und Ludwig musste ein hohes Lösegeld bezahlen, um wieder freizukommen. Selbst danach blieb er über ein Jahr lang in Palästina, um Befestigungen wiederzuerrichten. Eine gewaltige Summe Geldes wurde für dieses Unternehmen aufgebracht und ausgegeben, was eindrucksvoll illustriert, dass man hohe Summen in einen Krieg investieren konnte, der selbst bei gutem Erfolg keinen greifbaren Gewinn gebracht hätte, obwohl er den Teilnehmern vielleicht spirituelle Belohnungen und Ehre bescherte. Ludwigs zweiter Kreuzzug im Jahr 1270 wurde von seinem ehrgeizigen Bruder, dem

1215–1217

Krieg der Barone in England, ein großer Aufstand gegen König Johann.

1215

15. Juni: König Johann von England wird die Magna Charta übergeben.

30 November: Das von Aufständischen gehaltene Rochester ergibt sich einem Belagerungsheer unter König Johann, als die Lebensmittelvorräte aufgezehrt sind.

Das Vierte Lateranische Konzil verbannt Turniere.

1216

15. Januar: König Johann von England nimmt die Stadt Berwick im Sturm und dringt weiter in Schottland ein, um König Alexander II. für seine Unterstützung der aufständischen Barone zu bestrafen.

Mai: Auf Aufforderung der rebellischen Barone fällt Prinz Ludwig von Frankreich in England ein. Die englische Flotte wird von einem Sturm behindert und kann die Invasionsflotte nicht abfangen.

Schottische Invasion Englands unter König Alexander II., der sich mit englischen Aufständischen verbündet.

Phantasievolle Darstellung des Dschingis Khan von dem französischen Maler Pierre Duflos (1780). In Wahrheit war der Mongolenfürst stolz darauf, in Kleidung und Lebensweise seinen Kriegern zu gleichen.

König von Sizilien, nach Nordafrika umgelenkt und blieb erfolglos; der König verstarb an der Ruhr.

Mongolisches Zwischenspiel

Der westliche Brückenkopf im östlichen Mittelmeerraum konnte sich nur dank der Vereinigung der Mongolen unter Dschingis Khan (um 1162-1227) und deren Einfällen in die islamische Welt überhaupt so lange halten. Lediglich die europäischen Randgebiete waren direkt von den Mongolen betroffen. Dabei konnte das westliche Militär in keinem einzelnen Fall der mongolischen Kampfweise widerstehen – eine reine Kavalleriestreitmacht, überwiegend Bogenschützen, die sich auf Hinterhalte, vorgetäuschte Fluchtmanöver und Angriffe aus der Entfernung spezialisiert hatte.

Die Mongolen griffen 1223 erstmals Russland an und errangen am Fluss Kalka einen grandiosen Sieg, zogen sich dann aber zurück. 1237 bis 1240 tauchten sie erneut auf, schlugen die Armee mehrerer russischer Prinzen und nahmen einige russische Städte, vor allem Kiew, im Sturm. Am 9. April 1241 besiegten sie ein etwa 20.000 Mann starkes deutsch-polnisches Heer unter Herzog Heinrich II. von Schlesien bei Liegnitz und vernichteten nur zwei Tage später

Mongolen 1241 vor den Toren von Liegnitz, nachdem sie die Armee Herzog Heinrichs II. von Schlesien besiegt hatten. Sie tragen Heinrichs Kopf auf einer Lanze aufgespießt mit sich.

1217

König Alexanders II. zweite Invasion Englands zur Unterstützung der Barone, die sich gegen König Johann auflehnen.

Zweite Belagerung und Schlacht von Lincoln. Der Regent William Marshal kommt den Royalisten zu Hilfe. Die Rebellen verweigern die Schlacht und suchen in der Stadt Zuflucht, während sie die Belagerung der Burg fortsetzen. William Marsal dringt völlig überraschend in die Stadt und nimmt im Straßenkampf zahlreiche gegnerische Adlige gefangen.

24. August: Schlacht von Sandwich (Dover). Eine französische Flotte mit Verstärkungen für Prinz Ludwig wird von einer englischen Flotte unter Hubert de Burgh abgefangen und geschlagen.

Schlacht von Alcácer de Sol. Ein Heer aus Portugiesen und Kreuzfahrern unter Führung von Alfons II. von Portugal besiegt die Almohaden.

1217–1221

Fünfter Kreuzzug (Kreuzzug von Damiette).

1218–1215

November: Belagerung und Eroberung von Damiette (Ägypten) durch Truppen des Fünften Kreuzzuges unter Herzog Leopold von Österreich.

bei Mohi die ungarische Armee von Béla IV. Dann zogen sich die Steppenkrieger wiederum zurück und herrschten in Teilen Russlands mehrere Jahrhunderte lang, ließen Europa ansonsten aber in Frieden.

Der Fall des Königreiches Jerusalem

Die größte Bedeutung der Mongolen für die europäische Geschichte liegt vielleicht darin, dass eine neue Militärelite, die Mameluckеn, nach ihrem Sieg gegen die Mongolen (1260 bei Ain Jalut) in Ägypten an Bedeutung gewann. Der Mameluckensultan Baibars fasste einen langwierigen und sorgsamen Plan, um Palästina ein für allemal von den Kreuzfahrern zu befreien. Er eroberte nach und nach die Burgen des Königreiches Jerusalem durch Belagerung, Angriff oder Verrat. Er verwendete schweres Belagerungsgerät, darunter auch Katapulte mit Gegengewichten, die Breschen in Mauern schlagen konnten. Bei der Belagerung Beauforts im Jahr 1268 konnte er 26 solche Katapulte einsetzen.

Es brachen noch mehrere weitere Kreuzzüge ins Heilige Land auf, was den westlichen Außenposten eine Atempause verschaffte, die Gefahr freilich nicht

Links: Die Ruinen einer Kreuzfahrerburg; viele von ihnen wurden von dem ägyptischen Sultan Baibars (1260-1277) genommen.

1265 eroberte der Mameluckensultan Baibars die von den Kreuzfahrern gehaltenen Städte Haifa, Arsuf und Caesarea. Seine Massaker an Zivilisten riefen 1267 einen weiteren Kreuzzug hervor.

beseitigte. 1291 schließlich zog der Mameluckensultan Al-Asraf Halil gegen Akkon, den letzten großen Stützpunkt der Kreuzritter. Er nahm die Stadt am 18. Mai 1291 nach kurzer Belagerung ein, tötete alle männlichen Verteidiger, die nicht per Schiff entfliehen konnten, und versklavte die Frauen und Kinder. Zwar wurden das gesamte weitere Mittelalter hindurch Pläne geschmiedet, Jerusalem wiederzuerobern, doch

1219

14. Mai: Tod William Marshals, Earl von Pembroke und Regent von England.

15. Juni: Schlacht von Reval (Tallin). Ein großer dänischer Sieg über die heidnischen Esten, befördert durch eine Wunder-Standarte, die vom Himmel fällt – den Danebrog (weißes Kreuz auf rotem Grund).

1221

29. August: Die Armee des Fünften Kreuzzuges marschiert durch Ägypten, wird bei Al-Mansura am Weißen Nil eingeschlossen und ergibt sich dem Ayyubidensultan Al-Kamil. Für ihre Freilassung wird im Austausch Damiette wieder aufgegeben.

1222

In Preußen wird der Militärorden der Ritter von Dobrin gegründet.

Boleslaw V. von Polen und sein Nachfolger Leszek der Schwarze. Boleslaw, bekannt als „der Keusche“, war der wichtigste Prinz des zerschlagenen polnischen Staates. Er baute Krakau wieder auf, das 1241 von den Mongolen zerstört worden war, musste aber 1259 einen neuerlichen, vernichtenden Überfall hinnehmen.

das Zeitalter der Kreuzzüge ins Heilige Land war vorüber.

Die Eroberung Preußens

Im 13. Jahrhundert kam es auch zu einem großen Kreuzzug im Baltikum. Deutsche Kaufleute hatten im späten 12. Jahrhundert Riga gegründet und auf die Initiative eines deutschen Bischofs hin entstand um 1202 ein Militärorden, die Schwertbrüder, der Siedler und Missionare beschützte. Ein weiterer kleiner Orden, die Ritter von Dobrin, wurde etwa 20 Jahre später an der preußischen Grenze gegründet. Die Dänen konnten einige Erfolge über die heidnischen Esten feiern, etwa in der Schlacht von Reval im Jahr 1219, ein Sieg, den ein heiliges Banner, das vom Himmel gefallen sein soll, segnete (der ‘Danebrog’, noch heute auf der dänischen Flagge zu sehen). Die Grenze aber erwies sich als äußerst instabil. Livländer, Esten, (Alt-) Preußen und andere Baltenvölker wandten sich naturgemäß gegen die Siedler, die ihr Land stahlen und versuchten, ihnen eine fremde Religion aufzuzwingen. Bei einem Aufstand in Estland kamen Hunderte von Deutschen um, darunter fast die Hälfte der Schwertbrüder. Die Verteidigung der Grenze, ganz zu schweigen von Gebietseroberungen, verlangte nach organisierten Streitkräften, die Schlachten gewinnen konnten, aber auch Gebiete zu halten imstande waren.

1230 lud Herzog Konrad von Masowien, der unter Einfällen der Preußen litt, einen der Orden aus dem Heiligen Land, die Deutschherren, nach Preußen ein. Wie die Templer und die Hospitaliter besaßen die Deutschherren eine starke Infrastruktur aus Gütern (vor allem in Deutschland), aus denen sie ihre militärischen Abenteuer finanzierten, und waren zahlenmäßig stärker, als ihre Aufgaben im Heiligen Land eigentlich verlangten. Der Ordensmeister Hermann von Salza verschaffte dem Orden daher eine zweite Front in Preußen. Kaiser Friedrich II. versprach, dass der Orden alles preußische Land, das er eroberte, in Besitz nehmen könne, und eine Reihe von Päpsten gestand Europäern, die den Deutschherren bei ihrem

1223

Mai: Schlacht am Kalka-Fluss. Einfallende mongolische Truppen unter Subutai schlagen eine Armee der russischen Prinzen in die Flucht.

Aufstand der Esten gegen die christliche Herrschaft.

1224

Zwangsrekrutierung der Ritter in England. Ein Edikt befiehlt, dass alle Engländer mit den nötigen Finanzen Ritter werden müssen.

Johann von Nicaea besiegt die Armee des Lateinischen Reiches von Konstantinopel in der Schlacht von Poimaneon.

Schlacht von Serres. Theodor von Epirus schlägt eine Armee des Lateinischen Reiches von Konstantinopel.

1225

Die Deutschherren werden von König Andreas aus Ungarn vertrieben.

1226

Goldene Bulle von Rimini. Der deutsche Kaiser Friedrich II. gewährt den Deutschherren den Distrikt Kulm und alle Länder in Preußen, die sie erobern.

Oben: *Deutschritter in dem klassischen russischen Film 'Alexander Newski' aus dem Jahr 1938; der Film feiert den Sieg des Prinzen von Nowgorod über den Deutschen Orden in der Schlacht am Peipussee.*

Krieg gegen die heidnischen baltischen Völker halfen, Vergünstigungen wie bei einem Kreuzzug zu.

Von 1230 bis 1285 eroberte der Orden in regelmäßigen Kreuzzugs-Expeditionen Preußen und errichtete dort einen unabhängigen Kirchenstaat. Anfangs schien die Aufgabe einfach. Der altpreußische Adel

Unten: Ottokar I., der erste König von Böhmen (1198-1230), ein Titel, der ihm von Friedrich II. für seine militärische Hilfe verliehen wurde.

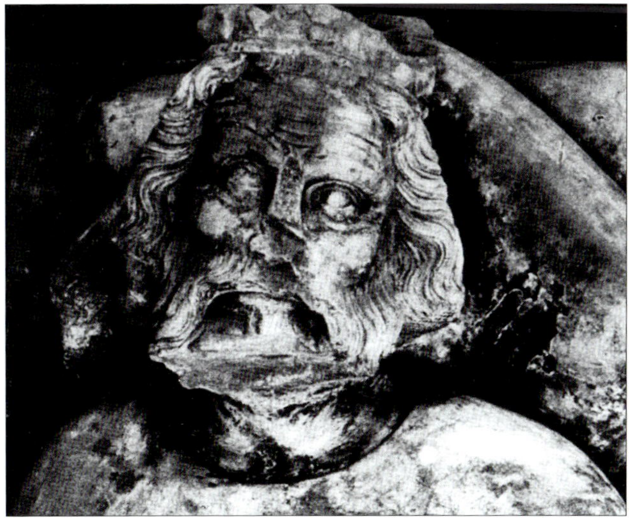

1227

Schlacht von Bornhöved. König Waldemar II. von Dänemark wird besiegt und aus Estland vertrieben.

Papst Gregor IX. exkommuniziert Kaiser Friedrich II., weil dieser aufgrund schwerer Krankheit seinem Kreuzzugsgelübde nicht nachkommt.

1227-1229

Herzog Jaroslaw von Nowgorod reißt Ostfinnland an sich.

Kreuzzug Kaiser Friedrichs II. (der zu der Zeit exkommuniziert ist).

1228-1230

Eroberung von Mallorca durch König Jaime I. von Aragón-Katalonien.

stellte eine leichte Kavallerie, die Armen kämpften zu Fuß, häufig nur mit Steinen und Stöcken bewaffnet. Die Heldentat des Einzelnen zählte bei ihnen, nicht Teamwork. Dennoch waren die westlichen Ritter und ihre weit besser ausgerüstete und ausgebildete Infanterie dieser Aufgabe nur mit Mühe gewachsen. Die Preußen führten einen Guerillakrieg und verweigerten den offenen Kampf, den sie mit einiger Sicherheit verloren hätten. Die Deutschherren und ihre Verbündeten waren gezwungen, das Land Kilometer um Kilometer zu erobern und jeden Landstrich mit Burgen zu „befrieden", die das ganze Jahr über bemannt sein mussten.

Minerve im Languedoc war eine wichtige Hochburg der Katharer. Die Stadt ergab sich nach einer Belagerung 1210 den Kreuzfahrern; 150 bis 180 Katharer wurden bei lebendigem Leibe verbrannt.

Böhmen und Skandinavier beteiligten sich ebenfalls mit erheblichem Aufwand an dem Landraub im

1229–1239

Aragon erobert die Balearen.

1229

18. Februar: Vertrag von Jaffa. Friedrich II. und der Ayyubidensultan Al-Kamil kommen überein, den Christen Jerusalem 10 Jahre lang zu überlassen.

12. April: Der Vertrag von Meaux-Paris beendet die Albigenserkreuzzüge und bringt dem König von Frankreich die Herrschaft über die Osthälfte des Languedoc.

1229–1243

Aufstand gegen die Stauferherrschaft im Königreich Jerusalem.

1230

Herzog Konrad von Masowien lädt die Deutschherren nach Preußen ein, um sein Gebiet gegen heidnische Plünderungen zu beschützen.

9. März: Bulgarenzar Iwan Asen II. schlägt Theodor von Epirus in der Schlacht von Klokotnitsa und nimmt ihn gefangen.

Baltikum und hatten dabei nicht weniger Mühe. Der König von Böhmen zum Beispiel griff 1256 mit einem großen Heer Samland an. 1257 baten die Samländer um einen zweijährigen Waffenstillstand, um ihre Möglichkeiten zu überdenken, und beschlossen am Ende, für ihre Religion und ihre Kultur zu kämpfen. Sie schlugen mehrere gegen sie aufgestellte Heere und zettelten eine Reihe von gegen die Christen gewandten Aufständen in Regionen an, die eigentlich bereits für unterworfen galten. Und die Westeuropäer kamen gegen die Hinterhalte und Überfälle schwerlich an. 1260 stellten die Samländer einer starken Deutschherren-Streitmacht erfolgreich einen Hinterhalt bei Durben; damit begann ein 30 Jahre währender Krieg just in dem Moment, als der Orden glaubte, die Eroberung der Region sei abgeschlossen. Die Jatwinger, das letzte Baltenvolk auf preußischem Gebiet, ergaben sich 1283 – im selben Jahr begann der Deutschherrenorden einen großen Krieg gegen Litauen, der über zweihundert Jahre dauern sollte.

Kreuzzüge gegen Christen

Technisch gesehen ist ein Kreuzzug ein Krieg, zu dem der Papst aufruft, der den Teilnehmern zugleich die Vergebung ihrer Sünden in Aussicht stellt. Die ersten Kreuzzüge richteten sich gegen Muslime, doch im frühen 12. Jahrhundert umfasste der Begriff bereits allgemein Kriege gegen Heiden an den europäischen Grenzen. Am Ende des Jahrhunderts, genau im Jahr 1199, erweiterte sich der Begriff erneut und beinhaltete nun auch Kriege gegen Christen, die sich in irgendeiner Form als Feinde des Glaubens erwiesen hatten.

Die Albigenserkreuzzüge, gegen die südfranzösische Ketzergruppe der Katharer von 1209 bis 1229 geführt, waren ein Vernichtungsfeldzug, der religiöse Ziele mit der Lust der Ritter am Landraub verband. Die meisten Edelleute der Provence, die angegriffen wurden, waren gar keine Ketzer, sondern hatten die Katharer äußerstenfalls gelegentlich in Schutz genommen. In der Frühphase des Krieges fanden einige erfolgreiche Belagerungen statt, im Sommer 1209 etwa von Béziers und Carcassonne. In beiden Fällen ermordeten die Kreuzfahrer nach der Einnahme unterschiedslos

Diese Darstellung von Simon de Montfort dem Älteren (1160-1218) aus dem 18. Jh. weist ihn als charismatischen Anführer aus. (Die Rüstung ist ein unseliger Anachronismus aus dem 15. Jh.)

1230–1283

Eroberung Preußens durch die Deutschherren und Kreuzfahrer.

1234

27. Mai: Schlacht von Altenesch. Die Bauern von Stedingen (nordwestlich von Bremen) weigern sich, Steuern und Abgaben an den Erzbischof von Hamburg-Bremen zu entrichten. Ein 1233 gegen sie einberufener Kreuzzug scheitert, doch eine große Kreuzzugsarmee vernichtet die Bauern nun bei Altenesch.

Die Flotte der Hansestadt Lübeck schlägt eine dänische Flotille.

1234–1235

Prinz Heinrich von Deutschland lehnt sich gegen seinen Vater, Kaiser Friedrich II., gemeinsam mit Mailand und anderen lombardischen Städten auf. Die Rebellion bricht zusammen, als Friedrich gegen Deutschland marschiert und Heinrich gefangennimmt. Einige Jahre später begeht er im Gefängnis Selbstmord.

sämtliche Bewohner – wie man es üblicherweise nur gegen heidnische Feinde tat – und brachten zahllose gefangene Katharer auf den Scheiterhaufen. Wie es für das Europa des 13. Jahrhunderts typisch war, ging der Krieg aufgrund der großen Zahl an Burgen nur langsam voran, die einzeln belagert werden mussten (obschon die Kreuzfahrer zumindest keine anrückenden Entsatzheere fürchten mussten). Zu den bemerkenswertesten Belagerungen zählte diejenige von Minerve im Jahr 1210, einer auf einer unzugänglichen Bergspitze gelegenen Festung. Einzige Schwäche der Burg war die Wasserversorgung, und die Kreuzfahrer bombardierten die Verteidiger, die den Brunnen zu erreichen suchten, mit starken und treffsicheren Katapulten. Die Verteidiger ergaben sich schließlich unter der Bedingung, dass ihr Leben geschont bleibe – was die Kreuzfahrer aber nicht daran hinderte, 140 Katharer zu verbrennen.

Im Albigenserkreuzzug kam es zu mehreren offenen Schlachten, die unter Führung des Edelmannes Simon de Montfort gewonnen wurden, der den Oberbefehl über die Kreuzfahrer übernommen hatte und für sich selbst die Grafschaft Toulouse zu gewinnen beabsichtigte. Sein bemerkenswertester Sieg trug sich am 13. September 1213 bei Muret zu. Graf Raymond von Toulouse und sein Verbündeter Pedro II. von Aragón belagerten die von den Kreuzfahrern gehaltene Stadt Muret und Simon de Montfort kam herbei, um die Belagerung aufzuheben. Seine kleine Streitmacht umfasste etwa 800 Ritter, 1400 bis 1500 Mann sonstige Kavallerie und eine Infanterie, die offenbar an der Schlacht nicht teilnahm. Simon erfocht einen taktischen Sieg über die überheblichen Spanier. Er schickte zwei Schwadronen direkt auf König Pedros Truppen los, während er selbst eine dritte anführte, die listig einen Sumpf durchquerte und den Feind an der linken Flanke angriff. Diese Attacke verursachte eine Panik, die noch weiter um sich griff, als Pedro (der als gewöhnlicher Ritter geharnischt in die Schlacht gegangen war) getötet wurde.

Die Auslöschung der Staufer

Die Päpste riefen nun auch immer öfter zu Kreuzzügen gegen ihre politischen Widersacher auf,

Der Staufer Friedrich II. († 1250) wurde von den Päpsten, die sich ihm widersetzten, als „Antichrist" gebrandmarkt. Er war ihnen suspekt, weil er in seinem Königreich Sizilien und im Heiligen Land gute Beziehungen mit den Muslimen unterhielt.

1236

22. September: Schlacht von Schaulen (Livland). Ein livländisches Heer und dessen Verbündete vernichten den Schwertbrüderorden und töten hunderte von Kreuzfahrern.

Fall des von den Almohaden gehaltenen Córdoba an Ferdinand III. von Kastilien-León.

Eroberung Valencias durch König Jaime I. von Aragón-Katalonien.

1237

Eröffnung des St. Gotthard-Passes über die Alpen.

27. November: Schlacht von Cortenuova. Kaiser Friedrich II. schlägt die Lombardische Liga entscheidend.

Fall von Rjasan (Russland) an die Mongolen nach fünf Tagen Belagerung.

Dezember: Schlacht von Kolomna. Die Mongolen vernichten eine Streitmacht unter Großprinz Jurij II. von Wladimir, der zum Entsatz der Stadt Rjasan gekommen war.

1237–1239

Mongoleninvasion Russlands.

in dem Glauben, dass ein Feind der Kirche zweifellos auch ein Ketzer sein müsse. Am berüchtigtsten waren die wiederholt vom Papst ausgerufenen Kreuzzüge gegen den Stauferkaiser Friedrich II. († 1250) und dessen Erben. Die Staufer herrschten dank einer dynastischen Allianz sowohl über Deutschland als auch über das Königreich Sizilien (d.h. Unteritalien und Sizilien). Kurz, sie umkreisten den Kirchenstaat und ein Freidenker und unabhängiger Herrscher wie Friedrich II. löste am Hof des Papstes panische Furcht aus. Friedrich II. wurde vom Papst 1227 exkommuniziert, als er mit dem Aufbruch zum versprochenen Kreuzzug zu lange zögerte, und die päpstlichen Versuche, in seiner Abwesenheit seine süditalienischen Ländereien an sich zu reißen bringen zum Ausdruck, wie sehr der Papst ihn fürchtete, aber auch, wie weit er zu gehen bereit war, um die Staufergefahr zu beseitigen. Es überrascht nicht, dass Friedrich II. in die Fußstapfen seines Großvaters Barbarossa trat und versuchte, die Lombardei wieder dem Reich anzugliedern; Papst Gregor IX. empfand dies als große Gefahr für das Papsttum.

Der Kaiser zog mit einer etwa 20.000 Mann starken Armee nach Norditalien und sah sich mit einer erneuerten Lombardischen Liga konfrontiert, die gegen ihn zu Felde rückte. Er gewann eine große Schlacht bei Cortenuova im November 1237, ein Sieg, den der klassizistische Kaiser mit einem Triumph nach altrömischer Art feierte. Zwar zerbrach nach Cortenuova die Lombardische Liga und viele Städte ergaben sich Friedrich, doch schmiedete der Papst eine neue gegen den Kaiser gerichtete Allianz, exkommunizierte Friedrich 1239 erneut und stachelte seine Vasallen zum Aufstand gegen ihn auf. Nach Jahren wirrer Kämpfe ging das Papsttum sogar noch weiter und ließ den Stauferherrscher auf dem Konzil von Lyon 1245 exkommunizieren, für abgesetzt erklären und als Antichrist brandmarken.

Friedrichs Herrschaft endete traurig; er wurde während der Belagerung von Parma schwer geschlagen und musste die Eroberung der kaiserlichen Insignien und seines Schatzes hinnehmen. Er starb, wahrscheinlich an der Ruhr, im Dezember 1250. Die päpstliche Vendetta gegen die Staufer richtete sich auch gegen Friedrichs Sohn. Botschafter des Papstes boten die Krone Siziliens (die mittlerweile

Papst Gregor IX. (1227-1241), dessen hartnäckiger Kampf gegen Friedrich II. sowohl das Reich als auch das Papsttum schwächte.

1238

7. Februar: Fall von Wladimir (Russland) an die Mongolen.

Jaime I. von Aragón erobert Valencia.

1239

Eine lübecksche Seestreitmacht besiegt eine dänische Flotte.

18. Oktober: Die Mongolen erobern Tscherigow (Russland) nach kurzer Belagerung.

6. Dezember: Die Mongolen stürmen und zerstören Kiew.

Papst Gregor IX. exkommuniziert Kaiser Friedrich II. zum zweiten Mal und entbindet die italienischen Vasallen des Kaisers von ihrem Eid.

1239-1241

Kreuzzüge des Thibault von Champagne und des Richard von Cornwall.

Friedrichs Sohn Manfred trug) etlichen europäischen Herrschern an, unter der Voraussetzung, dass sie dem Papst eine hohe Geldsumme zahlten und militärisch gegen die Staufer und deren Verbündete vorgingen.

1254 nahm Heinrich III. von England im Namen seines jüngeren Sohnes Edmund das Angebot an, konnte aber das nötige Geld und die erforderlichen Truppen nicht aufbringen, weil seine Barone Widerstand leisteten. Nachdem Manfred Ende 1254 einen wichtigen Sieg gegen die päpstlichen Truppen bei Foggia errungen hatte, proklamierte der Papst einmal mehr einen Kreuzzug und ließ die Kreuzfahrer 1264/65 statt der Mamelucken in Palästina die Staufer in Süditalien bekämpfen.

Das Papsttum verkaufte Sizilien schließlich an Karl von Anjou, den jüngeren Bruder Ludwigs IX. von Frankreich. Karl fiel mit einem großen Heer in Italien ein, schlug Manfred und tötete ihn bei der Schlacht von Benevent am 26. Februar 1266. Diese Begegnung zeigt, wie komplex Schlachten in der zweiten Hälfte des 13. Jahrhunderts geschlagen wurden. Karl hatte eine Position hinter dem Hochwasser führenden Fluss Calore eingenommen. Manfred überschritt den Fluss und platzierte seine muslimischen Bogenschützen (Sizilien besaß einen hohen muslimischen Bevölkerungsanteil) in der ersten Reihe, gefolgt von der deutschen Kavallerie und der italienischen Kavallerie. Beim Vorrücken wurden die Gruppen aber auseinandergezogen. Manfreds Bogenschützen gerieten durch einen Angriff von Karls Kavallerie durcheinander – marschierende Infanteristen waren ein leichtes Ziel für eine massierte Kavallerieattacke. Manfreds deutsche Ritter gingen zum Gegenangriff über, wurden aber von der feindlichen Kavallerie eingekesselt.

Links: Karl von Anjou entriss den Staufern den Thron von Sizilien, sah sich aber im Krieg der Sizilianischen Vesper mit Aragón konfrontiert.

Unten: Manfreds Tod in der Schlacht von Benevent, 1266.

1240

15. Juli: Schlacht an der Newa. Prinz Alexander von Nowgorod schlägt eine schwedische Invasionsarmee; dieser große Sieg bringt ihm den Beinamen „Newski" ein.

Hakon IV. von Norwegen unterdrückt eine von Jarl Skuli angeführte Rebellion.

1241

9. April: Schlacht von Liegnitz. Ein mongolisches Heer schlägt eine deutsch-polnische Streitmacht unter Führung Herzog Heinrichs II. von Schlesien.

11. April: Schlacht von Mohi. Die Mongolen vernichten die Armee König Bélas IV. von Ungarn. Vielleicht haben die Mongolen in der Schlacht rudimentäre Feuerwaffen benutzt.

Zwangsvergabe des Rittertitels in England. König Heinrich III. befiehlt, dass alle Gentlemen mit Land, das über 20 Pfund pro Jahr einbringt, zum Ritter gemacht werden.

Eine venezianische Flotte besiegt im Marmarameer eine größere byzantinische Flotte.

Schlacht von Montecristo. Die pisanischen Verbündeten Kaiser Friedrichs II. schlagen eine genuesische Flotte, die Bischöfe zu einem Konzil nach Rom bringt, auf dem der Kaiser verdammt werden soll. Über 100 Konzilteilnehmer werden gefangengenommen und ins Gefängnis geworfen.

1242

21. oder 22. Juli: Ludwig VIII. von Frankreich schlägt Heinrich III. und dessen Verbündete, die Grafen von La Marche und Toulouse, in der Schlacht von Taillebourg.

5. April: Schlacht am Peipussee. Die Armee von Nowgorod unter Prinz Alexander Newski schlägt eine deutsch-dänische Invasionsarmee unter der Führung von Bischof Hermann von Dorpat.

Manfreds Reserve befand sich zu weit weg, um eingreifen zu können.

Nach der Schlacht von Benevent wurden Manfreds Kinder eingekerkert, doch sah sich Karl noch immer außerstande, seine Eroberungen zu genießen, da Friedrichs II. Enkel Konradin das Königreich Sizilien für sich beanspruchte. Konradin, der damals erst 16 Jahre alt war, wurde aber 1268 bei Tagliacozzo geschlagen; die Schlacht war für ihn verloren, als sich seine Truppen vorzeitig auflösten, um Karl von Anjous Lager zu plündern und dabei von einem Angriff der Franzosen überrascht wurden, die sich wieder gesammelt hatten. Konradin wurde gefangengenommen und kurz danach hingerichtet.

Die Sizilianische Vesper

Nach Tagliacozzo konnte Karl von Anjou das Königreich Sizilien für sich beanspruchen, seine Herrschaft war aber überaus verhasst und eine große Rebellion erhob sich im Jahr 1282 gegen ihn. Daraus entwickelte sich ein Krieg um Sizilien zwischen Karl (und seinen Erben) und Aragón, nämlich der Krieg der Sizilianischen Vesper, so genannt, weil die Aufständischen am Ostermontag 1282 eine Abendglocke als Signal zum Angriff auf ihre französischen Herrn läuteten. Der Krieg fand überwiegend zur See statt und zeigt, was die europäischen Mächte militärisch erreichen konnten, indem sie eine Reihe teurer Flotten von unerhörter Größe ausrüsteten.

Der große Aufstand gegen die Herrschaft der Anjou in Sizilien, bekannt unter der Bezeichnung Sizilianische Vesper, brach aus, als ein Anjou-Soldat eine Frau beleidigte.

König Pedro III. von Aragón beanspruchte Sizilien, da er mit Manfreds Tochter Konstanze verheiratet war. Er machte sich rasch den Aufstand zunutze und besaß die nötigen Mittel hierzu. Pedros III. Vater, Jaime I. „der Eroberer“ (1213-1276) hatte aus Aragón die führende Macht des westlichen Mittelmeerraumes gemacht, die Balearen und Valencia erobert und vor allem die aragonesische Flotte gebaut. Als der Krieg der Sizilianischen Vesper begann, bot der französische Papst Martin IV. dem jüngeren Sohn von

Statue von Roger de Lauria, Aragóns großem Admiral im Krieg der Sizilianischen Vesper.

1244

11. Juli: Eroberung Jerusalems durch die Choresmier, zentralasiatische Nomaden, die mit den Ayyubidensultanen von Ägypten verbündet sind.

März: Die letzte Katharerfestung im Languedoc, Montségur, fällt nach zehnmonatiger Belagerung. 244 gefangene Katharer werden verbrannt.

17. Oktober: Schlacht von La Forbie (Gaza). Eine ägyptisch-choresmische Armee vernichtet die Armee des Königreichs Jerusalem unter dem Befehl des Walter von Jaffa und dessen syrische Verbündete.

Vertrag zwischen Alexander II. von Schottland und Heinrich III. von England, der zu 40 Jahren Frieden zwischen den beiden Ländern führt.

Schlacht von Rensen. Herzog Swantopolk von Pommern schlägt die Deutschherren.

1245

Auf dem Konzil von Lyon wird Kaiser Friedrich II. exkommuniziert und für abgesetzt erklärt. Das Konzil verbannt zudem Turniere.

Schlacht von Krücken. Herzog Swantopolk von Pommern schlägt die Deutschherren.

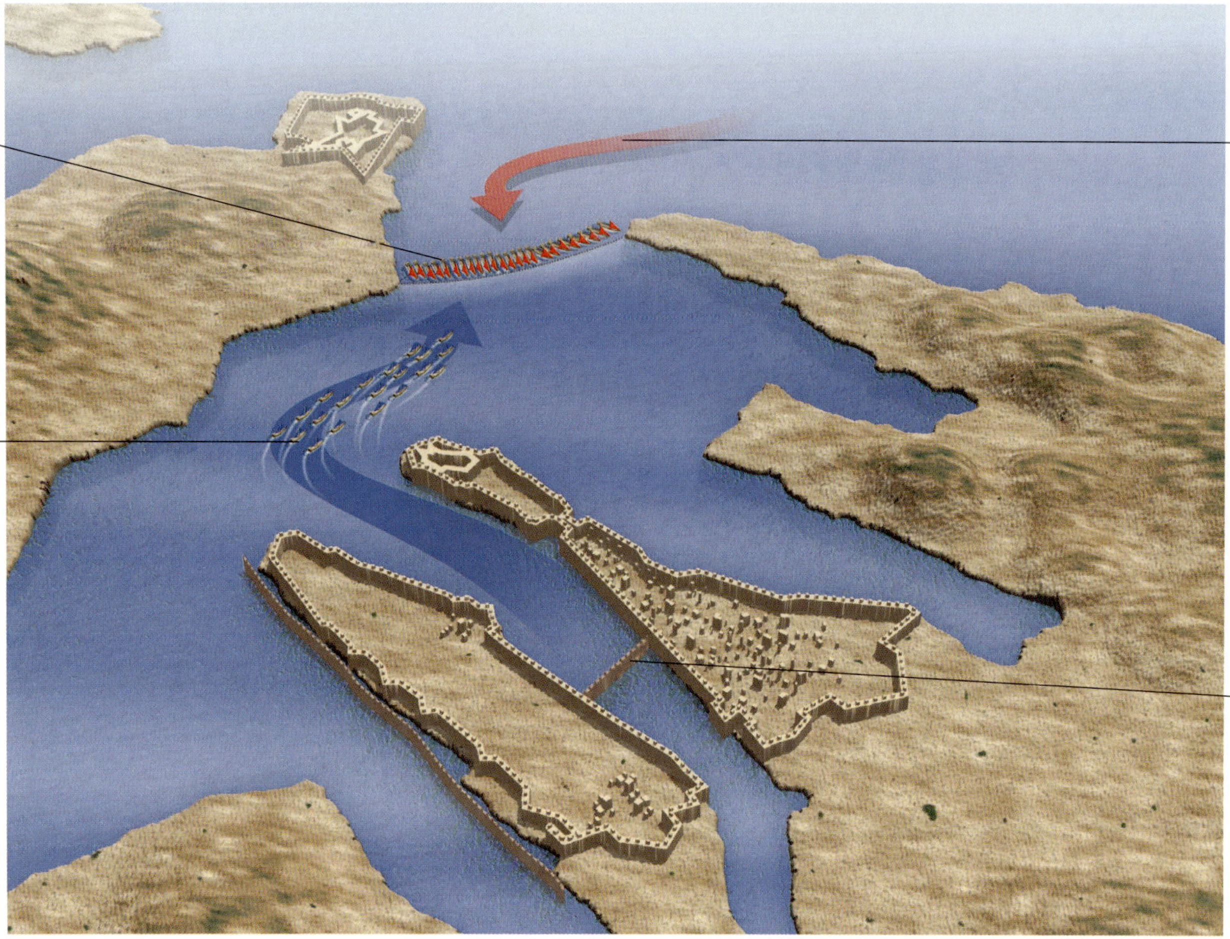

4. Die Aragonesen warten, bis die Angevins ihre Wurfgeschosse verschossen haben und eröffnen den Kampf Mann gegen Mann.

2. Die von Roger de Lauria kommandierte aragonesische Flotte läuft in den Großen Hafen von Malta ein und blockiert nebeneinander liegend die Zufahrt.

3. Die Anjou-Flotte verlässt ihre sichere Stellung am Ufer, um sich den angreifenden Aragonesern entgegenzustellen.

1. Dockyard Creek, eine leicht zu verteidigende Position, die die Anjou-Flotte sicherheitshalber einnimmt.

Die Schlacht von Malta, 1283

1246

Ferdinand II. von Kastilien erobert Jaén von den Muslimen.

Johannes von Nicaea erobert Makedonien und Thrakien.

1247

Die Mamelucken erobern Askalon.

1248

18. Februar: Schlacht von Parma. Kaiser Friedrich II. belagert Parma im Winter, doch die Bewohner können ausbrechen und Friedrich heftig schlagen. Friedrich selbst entkommt mit Mühe, die kaiserlichen Insignien und der Thronschatz werden erbeutet.

Sevilla fällt an Ferdinand III. von Kastilien-León. Schiffe aus dem Norden sperren den Fluss Guadalqivir und hindern eine muslimische Flotte daran, die Stadt zu entsetzen.

1248–1254

Erster Kreuzzug Ludwigs IX. von Frankreich.

Philipp III. von Frankreich die Krone von Aragón an, um die Franzosen zum Einfall in Aragón zu verlocken.

Der Feldzug erwies sich als überaus teurer Fehlschlag; die katalanische Flotte zerstörte Philipps III. Nachschubschiffe und Philipp III. selbst starb während des Rückzugs. 1283 wurden Vorbereitungen zu einem Bündnis zwischen König Karl und seinem Rivalen König Pedro getroffen, es kam aber nicht dazu. Die meisten Schlachten dieses Krieges wurden von da an auf See gefochten. Der Krieg endete 1302 mit einem Kompromiss: Aragón erhielt die Insel Sizilien, die Anjous behielten Unteritalien. Fast zwei Jahrhunderte lang sollte aber zwischen den beiden Erzfeinden immer wieder der Krieg aufflammen.

Pedro III. konnte sich auf seinen brillanten Admiral Roger de Lauria verlassen, einen Sizilianer. Der Seekrieg des Mittelalters umfasste weit mehr als Schiffsladungen von Soldaten, die sich beim Näherkommen der Schiffe mit Pfeilen beschossen und nach dem Entern Mann gegen Mann kämpften, wie Roger de Laurias imposante Siegesserie zeigt. Er gewann für Aragón sechs große Seeschlachten, von der Schlacht bei Malta 1283 bis zur Schlacht von Ponza 1300. In all diesen Kämpfen demonstrierte er, dass er und seine aragonesischen Mannschaften mehr von der See verstanden als die Anjous.

Roger griff zu einer Reihe von Tricks; so warf er Seifentöpfe auf die Decks der gegnerischen Schiffe, damit die Verteidiger keinen Halt fanden. Er ließ Galeeren mit höheren Decks bauen, die seine Männer beim anfänglichen Beschuss, wenn man sich dem Gegner näherte, besser schützten. Vor allem aber besaßen die Aragonesen spezielle leichte Truppen, die sich für den Kampf auf See wesentlich besser eigneten als die konventionellen Festlandsoldaten, die auf Karl von Anjous Schiffen dienten. Der schwere Harnisch der Ritter war in einer Seeschlacht von Nachteil, ebenso die bescheidenere Bewaffnung der

Armbrüste waren umständlich in der Handhabung, aber sehr effektiv bei Belagerungen und Seeschlachten.

Eine Ansicht Venedigs aus dem 17. Jh. zeigt den Seeverkehr, der die Stadt im 12. und 13. Jh. reich gemacht hatte.

1249

Eine Hanseflotte greift Kopenhagen an.

6. Juni: Ludwigs IX. von Frankreich Kreuzzugsarmee erobert Damiette in Ägypten nach zweitägiger Belagerung.

1250

8. Februar: Schlacht von Al-Mansur. Ein ägyptisches Heer besiegt die Kreuzzugsarmee Ludwigs IX. von Frankreich.

6. April: Ludwigs IX. Armee ergibt sich, von Krankheiten geschwächt, den Ägyptern.

Vierrädrige Wagen mit gelenkter Vorderachse kommen in Europa auf.

1250–1273

Interregnum im Deutschen Reich, durch die Wahl Rudolfs I. von Habsburg beendet.

Infanterie. Stattdessen verwendete Roger aragonesische Bergschützen, leicht bewaffnete Soldaten, die mit Wurfspeeren kämpften, ferner Armbrustschützen in großer Zahl, für die Aragón damals berühmt war. Armbrüste waren seit den Zeiten der Römer in Gebrauch gewesen und besonders beliebt bei Belagerungen (auch wenn der Klerus versuchte, ihren Einsatz gegen Christen zu unterbinden). Zur See waren sie besonders effektiv, denn die Schützen konnten dort zum Laden stehen bleiben, während das Schiff den Gegner immer näher brachte.

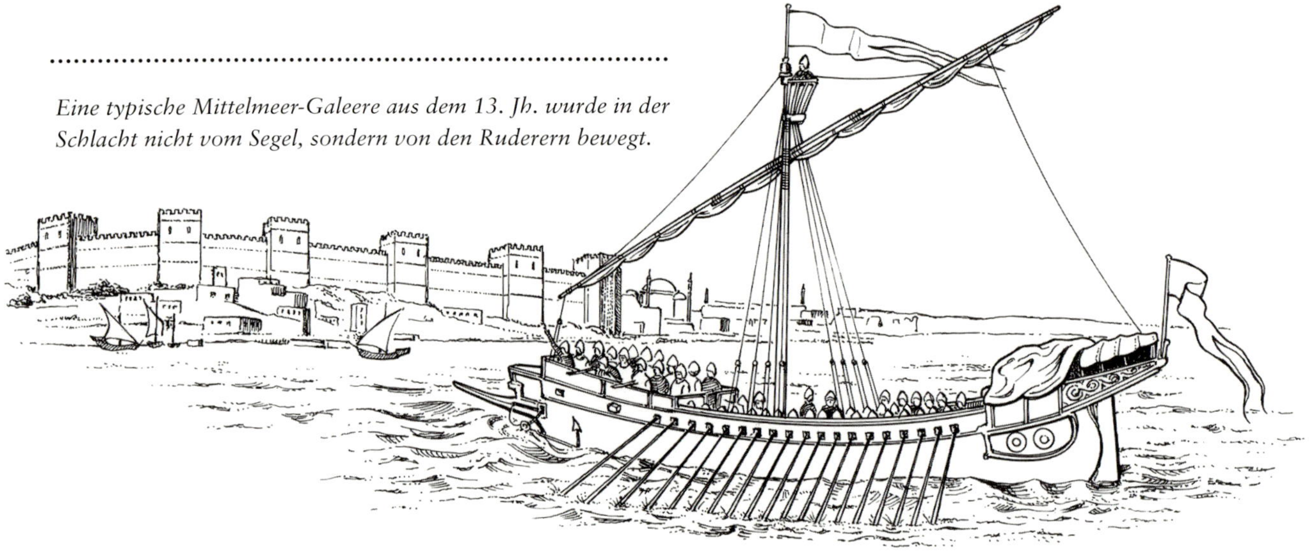

Eine typische Mittelmeer-Galeere aus dem 13. Jh. wurde in der Schlacht nicht vom Segel, sondern von den Ruderern bewegt.

Der Kampf um das Mittelmeer

Nicht nur Aragonesen und Anjous kämpften im Mittelmeer miteinander. Im 13. Jahrhundert bestand Nord- und Mittelitalien aus über 200 unabhängigen Städten, die ständig gegeneinander kämpften. Omnipräsent waren die Handelskriege zwischen den großen Hafenstädten – Venedig, Genua und Pisa -, die manchmal gegeneinander und manchmal gegen die byzantinische Flotte stritten. Insbesondere Venedig und Genua traten in vier erbitterten Kriegen gegeneinander an, die 1253 bis 1381 im östlichen Mittelmeer tobten. Seeschlachten wurden maßgeblich aufgrund der Fähigkeiten der Admirale gewonnen oder verloren, je nachdem, ob es ihnen gelang, ihre Flotte bei einem Angriff beisammenzuhalten, da eine direkte Kommunikation mit den Kapitänen der Schiffe unmöglich war. Eine venezianische Flotte unter dem Kommando von Jacopo Dandolo zerstörte 1266 vor Trapani die komplette Flotte Genuas, wahrscheinlich weil der genuesische Admiral gegen den Rat seiner Kapitäne auf einer Defensivtaktik bestand.

Der in den Mittelmeerkriegen bevorzugte Schiffstyp war die Galeere, ein relativ langes, schmales Schiff mit zwei oder drei Ruderbankreihen. Im Gegensatz zu den Schiffen der Antike waren diese Schiffe nicht mit einem Rammsporn ausgerüstet; sie sollten den Gegner fangen, nicht ihn versenken. Galeerenschlachten waren besonders bösartig, denn nach der Einnahme eines gegnerischen Schiffes konnte man mit den Feinden praktisch nichts anderes anfangen als sie direkt zu töten oder über Bord

1253–1299

Krieg zwischen Venedig und Genua.

1254

Schlacht von Foggia. Manfred, der Erbe Friedrichs II., erringt einen großen Sieg über eine päpstliche Armee.

König Ottokar II. von Böhmen gründet Königsberg während eines Kreuzzuges mit den Deutschherren.

Die Ungarn erobern Bosnien und Herzegowina von den Serben.

1256

Graf Wilhelm von Holland schlägt eine flämische Armee in der Schlacht von Westkapelle (Seeland).

1257

Eine venezianische Flotte vertreibt genuesische Schiffe aus dem Hafen von Akkon.

Transportschiffe voller Soldaten, aus dem 'Codex Benito de Santa Mora' (14. Jahrhundert).

zu werfen. Eine Seeschlacht konnte daher Tausende Tote kosten, mehr als alle Schlachten zu Lande, mit Ausnahme der blutigsten. Der Krieg zur See war zudem nach den Maßstäben des 13. Jahrhunderts exorbitant teuer. Die Staaten verfügten über relativ bescheidene Ressourcen, daher mussten für den Bau der Schiffe und die Bezahlung der Mannschaften Sondersteuern erhoben werden. Üblicherweise baute nur ein verzweifelter Staat große Mengen neuer Galeeren. Genua zum Beispiel stellte 1282 eine massive Flotte von 120 Galeeren auf, von denen 50 auf Staatskosten neu gebaut wurden – doch die Genueser waren damals verzweifelt, nachdem sie eine Reihe von Niederlagen durch Venedig und Pisa erlitten hatten.

Die Investition der Genueser zahlte sich kurzfristig aus, insbesondere durch den vollständigen Sieg über die Flotte von Pisa bei Meloria im Juli 1284, ein derart überlegener Sieg, dass sich Pisa davon nie wieder erholte. Die genuesische Flotte besiegte auch eine venezianische Armada 1294 vor der kilikischen Küste. Doch Genua übertrieb es nun. 1295 zog die Stadt eine Flotte von 165 Schiffen zusammen und forderte Venedig zum Kampf heraus, das aber die Herausforderung ablehnte. Danach kehrten die italienischen Stadtstaaten zu kleineren, praktischeren Flotten zurück, die ihre Mittel weniger stark beanspruchten. Dennoch errang Genua im September 1298 einen Sieg über eine größere venezianische Flotte bei der Insel Curzola. Kein Dutzend der 96

1257-1259

Krieg von San Saba zwischen Genua und Venedig im Königreich Jerusalem.

1258

Schlacht von Akkon. Eine genuesische Flotte, die genuesische Kaufleute in Akkon schützen soll, wird in einem Seegefecht vor dem Hafen von den Venezianern zerstört.

Februar: Die Mongolen erobern Bagdad.

Die Mongolen exekutieren den letzten Abbasidenkalifen Al-Mustasim.

König Ludwig IX. verbietet in Frankreich Privatkriege.

Vertrag von Paris. König Heinrich III. von England verzichtet auf die Normandie und weitere von den Franzosen eroberte Gebiete und schwört für die Gascogne, Bordeaux und Bayonne den Vasalleneid.

venezianischen Galeeren entkam. Die 77 genuesischen Schiffe, von einem neuen Trierentyp, der bald schon die Mittelmeerkriege dominieren sollte, waren größer und besser ausgerüstet.

Die Meere im Norden

Im 13. Jahrhundert kam es auch in Nordeuropa zu Neuerungen im Bereich der Seefahrt. Frankreich und England benutzten teils Galeeren, die sich freilich für die raueren Gewässer des Atlantiks kaum eigneten und zudem mehr kosteten, als die Herrscher des Nordens sich tatsächlich leisten konnten (gleichwohl legten die Franzosen 1294 in Rouen einen Galeerenhafen an, den Clos de Galées). Verbreitet war das Vorgehen, Handelsschiffe, Koggen, vorübergehend in königlichen Dienst zu stellen und sie mit hölzernen Aufbauten an Bug und Heck zu versehen, manchmal auch mit Kampfplattformen über den Segeln. Johann von England richtete eine enorme Galeerenflotte ein, die 1212 65 Schiffe umfasste, pumpte aber so viel Geld in den Krieg, dass seine überlasteten und in ihrer Existenz bedrohten Untertanen einen großen Aufstand wagten. Andere Herrscher gingen umsichtiger zu Werke.

Links: Wachssiegel an der Bündnisurkunde der Hanse.

Rechts: König Johann von England (1199-1216), ein schlechter König, der unter der unvermeidlichen Reaktion auf die teuren, erfolglosen Kriege seines Vorgängers litt.

1259

Die Lemaiten besiegen die Armeen Preußens und Livlands, was in beiden Regionen heftige antichristliche Revolten auslöst.

Die Mongolen der Goldenen Horde überfallen Schlesien und brandschatzen Krakau und Sandomierz.

Oktober: Schlacht von Pelagonia. Michael Palaiologos von Nicaea besiegt Michael Doukas von Epirus und dessen westliche Verbündete; Beginn der Wiederaufrichtung der griechischen Herrschaft in Konstantinopel.

Ein byzantinisches Heer nimmt die westlich gehaltene Festung Mistra auf dem Peloponnes.

Oktober: „Provisions of Westminster." Heinrich III. von England ist gezwungen, die Aufsicht der Barone über seine Verwaltung hinzunehmen.

1260

Juli: Schlacht von Kressenbrunn. König Ottokar II. von Böhmen schlägt Béla IV. von Ungarn und erobert die Steiermark.

Juli: Schlacht von Durben (Livland). Die baltischen Lemaiten und Ottokar II. von Böhmen schlagen eine gemeinsame Armee der Dänen, Schweden, Deutschen und der Deutschherren, der Beginn eines dreißig Jahre währenden Krieges.

September: Schlacht von Ain Jalut. Der Mameluckensultan Qutuz von Ägypten besiegt eine von Hülegü Khans General Kitbuqa geführte Armee und beendet die Westexpansion der Mongolen.

Johanns Flotte erwies sich 1213 als nutzbringend; mit einem kühnen Angriff auf Damme dezimierte er die französische Flotte und verhinderte so die geplante Invasion Englands. 1217 hielt eine englische Flotte in einer Seeschlacht vor Sandwich erneut eine Invasion der Franzosen auf. Es blieb aber, in einem Zeitalter fehlender Kommunikationsmöglichkeiten und anfälliger Schiffe, eine riskante Sache, eine Invasionsarmee zu Wasser abzufangen. 1216 behinderte ein Sturm die englische Flotte, die daher die französische Invasionsflotille nicht aufhalten konnte. Die englische Flotte war nicht nur von eingeschränkter Nützlichkeit, sie kostete auch erhebliche Summen im Unterhalt. Die Handelsschiffe durften wieder ihren Geschäften nachgehen und die Galeeren ließ man verrotten. Weiter nördlich war der Einsatz von Segelschiffen, den Koggen, üblich, zum Beispiel als die Hanse 1284 Norwegen blockierte.

Reaktionen auf die hohen Kosten des Krieges

In der ersten Hälfte des 13. Jahrhunderts mussten die englischen Könige ihren Ehrgeiz eindämmen.

König Johann unterzeichnet am 15. Juni 1215 die Magna Charta und verspricht, die Steuerlast des englischen Adels zu senken. Bald darauf versank England im Bürgerkrieg.

1260–1290

Krieg der Deutschherren um die Herrschaft über Îemaiten, Livländer und Preußen.

1261

Sommer: Papst Alexander IV. entbindet Heinrich III. von England von seinem Eid, die Provisions of Westminster einzuhalten.

25. Juli: Die Griechen erobern Konstantinopel zurück. Der byzantinische Kaiser Michael VIII. Palaiologos gewinnt Konstantinopel zurück, als seine an der Stadt vorüberziehende Streitmacht ein unbewachtes Tor vorfindet. Der Lateinische Kaiser Balduin flieht kampflos.

1262

Schlacht von Prinitza. Die fränkischen Herrscher von Morea schlagen eine byzantinische Armee zurück, die den griechischen Peloponnes zurückerobern will.

Richard I., der über ein großes Reich herrschte, das halb Frankreich und ganz England umfasste, hatte eine der größten Kreuzzugsarmeen aller Zeiten aufstellen können – aber nur, indem er alles Mögliche verkaufte (darunter die Freiheit Schottlands, das sein Vater Heinrich II. auf Vasallenstatus erniedrigt hatte). Wie sein Vater so zahlte auch Richard für seine übermäßig ehrgeizigen Kriege damit, dass er jeden Groschen aus seinen Untertanen herauspressen musste.

Die unvermeidliche Reaktion erfolgte während der Herrschaft König Johanns (1199-1216), noch verschärft durch den Charakter des Königs, einen Konflikt mit Papst Innozenz III. und die unglückliche Tatsache, dass der König von Frankreich schließlich einen rechtlichen Vorwand gefunden hatte, um die Normandie zu besetzen und Johanns Neffen nach Richards Tod als Erben zu unterstützen statt Johann selbst. Johann errang am 1. August 1202 bei Mirebeau einen großen Sieg über seinen Neffen Arthur von Britannien und bewies, dass auch in ihm etwas von der militärischen Begabung seines Bruders Richard steckte. Als aber Arthur nach seiner Einkerkerung durch Johann verschwand, erklärte Philipp II. Augustus von Frankreich Johann zum „schändlichen Vasallen“ und seine Gebiete in Frankreich für eingezogen. Viele Normannen hießen den König von Frankreich willkommen und dessen Einnahme der Normandie wurde 1204 mit der erfolg-

Links: Simon de Montfort der Jüngere wurde der Anführer des Widerstands der Barone, die Heinrich III. besiegten und gefangennahmen.

Der Fall Simon de Montforts in der Schlacht von Eversham. Dieser Sieg durch Prinz Edward von England war die erste Schlacht, in der sich Edwards I. große Befähigung zum General zeigte.

1263

Schlacht von Makoy Plagi. Die Franken von Morea schlagen einen zweiten byzantinischen Angriff zurück.

Mord an Alexander Newski von Nowgorod, während er den Mongolenkhan der Goldenen Horde besucht.

3. Oktober: Schlacht von Largs (Hebriden). König Hakon IV. von Norwegen versucht die Hebriden zu erobern, ein Sturm zwingt aber einen Teil seiner Flotte zu landen, die daraufhin von Alexander III. von Schottland angegriffen werden. Die Schlacht geht unentschieden aus und Hakon zieht sich zurück.

Schlacht von Settepozzi (Spetsai). Eine genuesische Flotte stößt auf eine venezianische Kreuzfahrerflotte und greift sie an, wird aber unter schweren Verlusten zurückgeschlagen.

1264

14. Mai: Schlacht von Lewes (England). Aufständische Barone unter dem Kommando von Simon de Montfort dem Jüngeren besiegen König Heinrich III. und seinen Sohn, den Prinzen Edward, und nehmen sie gefangen.

Großer Aufstand der spanischen Muslime unter christlicher Herrschaft in Kastilien.

14. August: Genua schlägt eine venezianische Flotte in der Straße von Otranto nahe Durazzo (im heutigen Albanien).

Schlacht von Trapani (Sizilien). Venedig besiegt die Flotte von Genua.

reichen Belagerung von Richards mächtigem Château Gaillard abgeschlossen, das Johann nicht rechtzeitig entsetzen konnte.

Um seiner Ehre und seiner Einnahmen willen musste Johann unbedingt die Normandie zurückgewinnen. Er plante für 1205 eine zweistufige Invasion, doch die englischen Barone verweigerten sich dem Vorhaben, daher kam es erst gar nicht dazu. Nach einigen erfolglosen Anläufen fasste Johann schließlich 1214 einen massiven und überaus teuren Plan, um die Normandie wieder in die Hand zu bekommen. Er kaufte sich eine große Zahl Verbündeter im Norden, angeführt von Kaiser Otto IV., dem er die hohe Summe von 40.000 Mark zahlte. Englische Truppen unter Johann griffen vom Poitou aus an, während die Verbündeten König Philipp von Norden her in die Zange nehmen sollten. Der Plan scheiterte im Staub von Bouvines, wo Philipp einen entscheidenden Sieg über Kaiser Otto davontrug.

Nach Bouvines fielen zahlreiche seiner Barone von Johann ab. Johann unterzeichnete im Juni 1215

Ein Ritter des 13. Jahrhunderts. Ein Kettenschutz umgibt Hals und Kehle. Die meisten Ritter benutzten in der Schlacht visierlose Helme, da ihnen ein unbehinderter Blick und Gehör wichtiger waren als der Schutz, den der Vollhelm gewährte.

1264–1266

Erster Genuesisch-Venezianischer Krieg.

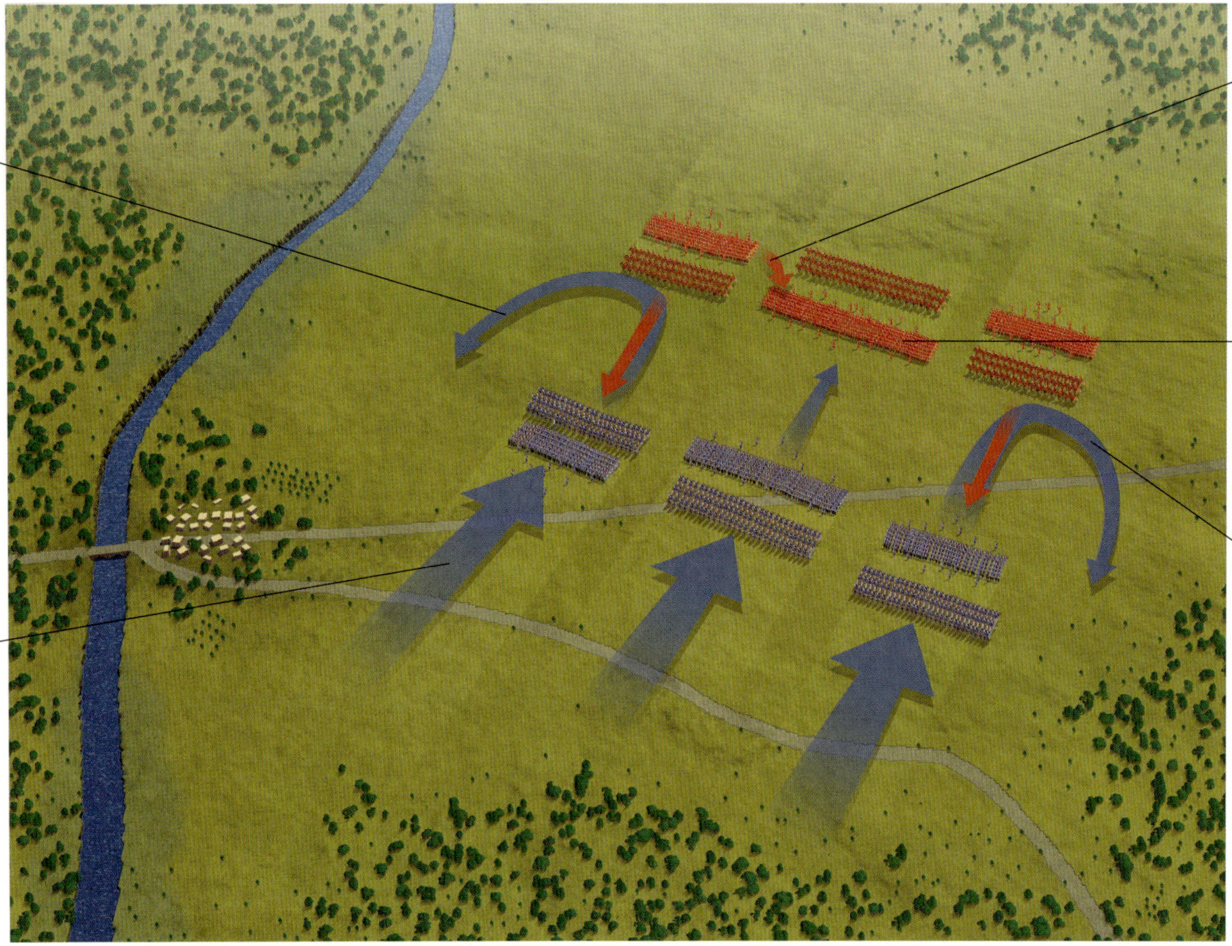

5. Der linke Flügel der Alliierten wird vertrieben und flieht, bald auch andere alliierte Einheiten.

2. Die flämischen und deutschen Truppen rücken an und greifen sofort die französische Linie an.

3. Die Infanterie des rechten französischen Flügels, die gegen die flämische Kavallerie nicht benötigt wird, verstärkt Philipps mittlere Einheit.

1. Die französische Armee erscheint vor der Zeit auf dem Schlachtfeld und teilt sich in drei Kavallerie- und Infanterieteile auf.

4. Die englischen und die Truppen von Boulogne greifen den linken Flügel der Franzosen an, werden aber vertrieben.

Die Schlacht von Bouvines, 1214

1264–1267

Krieg der Barone in England. Aufrührerische Barone unter Führung von Simon de Montfort dem Jüngeren kämpfen um ihr Recht, die Regierung Heinrichs III. zu überwachen.

1265

2. August: Schlacht von Kenilworth. Prinz Edward greift die außerhalb von Kenilworth Castle lagernde Rebellenarmee bei Tagesanbruch überraschend an und nimmt zahlreiche Anführer gefangen.

4. August: Schlacht von Evesham. Prinz Edward von England führt eine königstreue Truppe zum Sieg über aufständische Barone. Tod von Simon de Montfort dem Jüngeren.

1266

26. Februar: Schlacht von Benevent. Karl von Anjou besiegt und tötet Manfred in einer Schlacht um das Königreich Sizilien.

Schlacht von Trapani (Sizilien). Eine venezianische Flotte unter dem Dogen Jacopo Dandolo zerstört die gesamte genuesische Kriegsflotte.

1267

Erstes bekanntes westeuropäisches Rezept für Schießpulver, erwähnt in einem Traktat von Roger Bacon.

Die Schlacht bei Dürnkrut (oder auf dem Marchfeld) am 26. August 1278, wo Kaiser Rudolf I. von Habsburg seinen Rivalen Ottokar II. schlug und die Herrschaft der Habsburger über das Heilige Römische Reich sicherte.

die Magna Charta, ein Verzeichnis von Freiheiten, mit dem den finanziellen Ansprüchen des Königs eine Grenze gesetzt und die Söldner aus England entfernt werden sollten. Der König brach aber fast umgehend sein Wort und ließ sich vom Papst von seinen Verpflichtungen befreien. Das führte zum ersten englischen Krieg der Barone von 1215 bis 1217; viele Angehörige des englischen Adels erhoben sich gegen ihren König. Johann errang einige Siege, darunter bei der Belagerung von Rochester, das sich im November 1215 ergab, nachdem er die Stadtmauern unterminiert hatte. Der König wollte, von Rachedurst erfüllt, die gesamte Garnison hängen, wurde aber umgestimmt und begnügte sich damit, einige Söldner-Armbrustschützen aufzuknüpfen. In der Folge zog er im Januar und Februar 1216 sehr erfolgreich gegen die Rebellen und schottische Eindringlinge in Nordengland zu Felde. Doch die Aufständischen forderten den König von Frankreich zum Eingreifen auf und boten seinem Sohn Ludwig

1268

18. Mai: Die Mamelucken erobern Antiocha. Die Stadt wird geschleift, die Bevölkerung ermordet oder versklavt.

23. August: Schlacht von Tagliacozzo. Karl von Anjou schlägt Konradin, den letzten Erben der Stauferdynastie, und setzt ihn gefangen.

29. Oktober: Hinrichtung des 16-jährigen Konradin, Ende der Stauferdynastie.

1269

Aragonesischer Kreuzzug ins Heilige Land.

1270

25. August: Tod Ludwigs IX. von Frankreich während der Belagerung von Tunis.

Zweiter Kreuzzug von Ludwig IX. von Frankreich (Invasion von Tunis).

1271

8. April: Der Mameluckensultan Baibars nimmt die große Hospitaliterfestung Krak-des-Chevaliers.

Bau von Caerphilly Castle in Wales.

den englischen Thron an. Ludwig fiel mit einer großen Armee in das Land ein und war recht erfolgreich. Als aber Johann starb und sein minderjähriger Sohn den Thron erbte, gab es für die Aufständischen keinen Grund mehr, den Kampf fortzusetzen. Einer der Anführer der Barone, der betagte William Marshall, regierte für den jungen Heinrich III. und vertrieb die Franzosen aus dem Land.

Die Barone von England erhoben sich 1246/47 erneut gegen den schwachen und verantwortungslosen Heinrich III. Die Rebellen, angeführt von Heinrichs Schwager Simon de Montfort dem Jüngeren (Sohn des Führers des Albigenserkreuzzuges) gewann 1264 die offene Schlacht bei Lewes, hauptsächlich weil die royalistische Kavallerie außer Kontrolle geriet und einer feindlichen Truppe so lange nachsetzte, dass die Schlacht in ihrer Abwesenheit verloren ging. Prinz Edward erwies sich als besserer Kommandeur als sein Vater – er besiegte und tötete Simon am 4. August 1265 bei Evesham.

Der Moment der Kavallerie

Die schwere Kavallerie war vom 10. Jahrhundert bis zum Ausgang des Mittelalters ein zentrales Element der Kriegführung in Europa. Erst im 13. Jahrhundert aber galt der massierte Kavallerieangriff als Mittel, eine Schlacht zu gewinnen. Wie wir gesehen haben, ist diese Ansicht allzu vereinfacht. Dennoch kam es damals zu einer ganzen Reihe von offenen Feldschlachten, in denen die massierte Kavallerie tatsächlich das Feld beherrschte; das war der „Moment der Kavallerie", während sich die Truppenteile immer mehr diversifizierten und es mehr als zuvor auf eine taugliche Infanterie ankam.

Die Ausrüstung des Ritters entwickelte sich auch im 13. Jahrhundert weiter. Das typische Militärpferd des Spätmittelalters war 14 bis 15 Handspannen hoch; ein 15-Spannen Pferd misst vom Boden bis zu den Ohrenspitzen 152 cm. Für die Schlacht erhielt es eine Rüstung aus Leder und Metallplatten an Brust, Kruppen, Flanken und Kopf angelegt. Auch der Reiter war nun besser geschützt, denn ab dem 13. Jahrhundert trug er Plattenpanzer, insbesondere an den Gelenken, die das Kettenhemd verstärkten. Mittlerweile waren die Schilde oben abgeflacht und kleiner, um die Beweglichkeit auf dem Rücken des Tieres nicht einzuschränken. Der „große Helm", ein oben abgeflachter Helm, der den gesamten Kopf umgab, ersetzte die frü-

König Edward I. von England (1272-1307), ein Kriegerkönig, der den größten Teil seiner Herrschaft über gegen die Waliser, Schotten und Franzosen kämpfte.

1271-1272

Kreuzzug des Lord Edward (des künftigen Edward I. von England).

1272

Letzte feudale Rekrutierung für den Militärdienst in Frankreich.

Prinz Edward von England schließt einen elfjährigen Frieden mit Mameluckensultan Baibars.

1274

Konzil von Lyon. Der byzantinische Kaiser Michael VIII. Palaiologos erklärt sich mit der Wiedervereinigung von Ost- und Westkirche einverstanden, um einen Kreuzzug gegen sich unter Führung Karls von Anjou zu verhindern. Die Vereinigung währt nur acht Jahre.

heren konischen Helmformen, wenngleich dieser eher auf Turnieren denn auf dem Schlachtfeld benutzt worden sein dürfte, weil er das Gesichtsfeld und die Atmung einschränkte. Diese Entwicklungen waren vielleicht eine Reaktion auf den vermehrten Einsatz der Armbrust, da ein Armbrustpfeil relativ leicht durch ein Kettenhemd dringen kann. Im 13. Jahrhundert tauchten auch große beidhändige Schwerter auf, wohl als Reaktion auf die verbesserten Rüstungen.

Das erste der großen Kavalleriegefechte im 13. Jahrhundert war die Schlacht von Bouvines am 27. Juli 1214 zwischen den Armeen Philipps II. Augustus von Frankreich und des deutschen Kaisers Otto IV. und dessen Verbündeten. Interessanterweise war Philipp auf dem Schlachtfeld anwesend, übergab das Kommando aber Bischof Guérin von Lüttich, einem ehemaligen Malteserritter, der über sehr viel mehr praktische Erfahrung verfügte. Bei Bouvines standen Philipp mindestens 1300 Ritter und wahrscheinlich ebenso viele berittene Sergeanten und 4000 bis 6000 Fußsoldaten zur Verfügung. Ottos Armee umfasste mehr Ritter und entschieden mehr Infanteristen.

Die Engländer ziehen mit dem Kopf des Waliserprinzen Llywelyn ap Gruffud siegreich einher, nachdem sie ihn in der Schlacht von Irfon Bridge 1282 getötet hatten.

Die Schlacht fand statt, nachdem Philipp vor den eindringenden Deutschen in Richtung Westen abgerückt war, doch holte ihn der Feind an einer wichtigen Brücke bei Bouvines ein. Das französische Heer konnte hinter einer Kavallerieabschirmung die Schlachtordnung einnehmen. Dann brachte der französische Kommandeur Guérin jede Kavallerieeinheit Zug um Zug zum Einsatz, wobei diese wiederholten kleinen Attacken die gegnerische Kavallerie viel Kraft kosteten. Als die Deutschen ihrerseits angriffen, gerieten sie in Unordnung – sowohl aufgrund der vorherigen französischen Attacken als auch aufgrund fehlerhafter Führung und geringen Zusammenhaltes. Es folgte ein massives Handgemenge, ehe die Deutschen einbrachen und flohen. Philipp ließ die Verfolgung nach einer Meile abbrechen, indem er seine Truppen mit Trompetensignalen zurückbeorderte, da die Sonne unterging – dass die Truppe dem Befehl folgte, zeigt einen höheren Grad an Disziplin seitens der Kavallerie als in anderen Schlachten davor und danach. Interessanterweise hielten sich die Verluste (zumindest unter den Rittern) in engen Grenzen, obwohl diese Schlacht die Karriere Ottos IV. zerstörte und seinen Verbündeten Johann von England beinahe ebenfalls ruiniert hätte – nur zwei französische und vielleicht 200 deutsche Ritter kamen ums Leben.

um 1275

Älteste noch existierende Seekarte, ein pisanisches Manuskript mit einer detailreichen Darstellung der Mittelmeerküste.

1277–1295

Edward I. von England erobert Wales.

1277

Ein Bauernaufstand bringt Ivailo den Schweinehirten auf den bulgarischen Thron. Die Revolte wird rasch durch die bulgarischen Bojaren mit Hilfe der Byzantiner niedergeschlagen.

1278

26. August: Schlacht auf dem Marchfeld (bei Dürnkrut). Kaiser Rudolf I. von Habsburg besiegt und tötet seinen Rivalen Ottokar II. von Böhmen in einer der größten Kavallerieschlachten des Mittelalters.

Edward I. von England öffnet das angebliche Grab von Arthur und Ginevra in Glastonbury und bettet die Gebeine um, vor den Hochaltar der Abteikirche.

Oben: *Caernavron Castle in Wales. Der Bau der Burg wurde 1283 von Edward I. begonnen, aber nie vollendet.*

Die Rüstungen waren mittlerweile so gut, dass es nicht so einfach war, einen Ritter zu töten.

Auch in anderen Schlachten des 13. Jahrhunderts erkennt man dieses Übergewicht der Kavallerie, etwa bei der Schlacht von Las Navas de Tolosa 1212, wo Alfons VIII. von Kastilien und Pedro II. von Aragón einen wichtigen Sieg über die Almohaden erkämpften, oder 1213 bei Muret, wo Pedro seinerseits von Simon de Montforts Kreuzfahrerheer in Südfrankreich geschlagen und getötet wurde. Eine der größten Kavallerieschlachten des Mittelalters fand erst im weiteren Verlauf des Jahrhunderts statt: die Schlacht auf dem Marchfeld (oder bei Dürnkrut) des Jahres 1278. Die Heere Kaiser Rudolfs I. und König Ottokars von Böhmen waren jeweils etwa 20.000 Mann stark; Rudolfs Streitmacht umfasste nicht nur schwere Kavallerie, sondern auch verbündete berittene Bogenschützen aus Ungarn. Die Schlacht, die nördlich von Wien stattfand, begann damit, dass

Rechts: König Johann Balliol von Schottland (1250-1313). Obwohl er von Edward I. von England zum König auserwählt wurde, lehnte Johann sich bald gegen England auf.

um 1280

Der Kompass hält Einzug in den Mittelmeerraum und erlaubt die ganzjährige Seefahrt.

Karl von Anjou, König von Sizilien, schlägt eine tunesische Armee in der Schlacht von Karthago.

1281

Schlacht von Homs. Der Mameluckensultan Kalaun besiegt eine Armee der Ilchan-Mongolen und beendet damit deren Invasion Syriens.

Frühjahr: Belagerung von Berat (heutiges Albanien). Byzantinische Truppen fügen König Karl von Sizilien eine schwere Niederlage zu, der versucht, im Byzantinischen Reich einen Brückenkopf zu errichten.

1282

30. März: Die Sizilianische Vesper. Aufstand gegen Karl von Anjou in Sizilien, nachdem ein Franzose eine verheiratete Frau schändet.

11. Dezember: Schlacht von Irfon Bridge. Der walisische Prinz Llywelyn ap Gruffudd wird in der kleinen Schlacht gegen die Engländer getötet.

1282-1302

Krieg der Sizilianischen Vesper. Aus Empörung über das harsche Regiment Karls von Anjou lehnt sich das Volk des Königreichs Sizilien auf und ruft König Pedro III. von Aragón zu Hilfe.

Die Schlacht von Stirling Bridge (1297), ein großer taktischer Sieg der schottischen Aufständischen unter Führung von William Wallace.

diese berittenen Bogenschützen Ottokars rechte Flanke verwüsteten. Darauf griff die linke Flanke der Böhmen Rudolf an, der nicht auf dem Pferd saß, aber durch seine Rüstung gerettet wurde. Rudolf verfügte über starke Reserven, die Ottokars Linien durchbrachen und aus dem Rückzug bald eine wilde Flucht des Gegners machten. Die Schlacht sicherte den Anspruch des Habsburgers Rudolf auf den Thron.

So angenehm die Vorstellung sein mag, dass noble Ritter bei diesen Gelegenheiten für ihren Herrn und für ihre Ehre fochten, war es in Wirklichkeit doch so, dass die Armeen des 13. Jahrhunderts sich immer weniger aus feudalen Aushebungen rekrutierten. Schon 1202/03 unterhielt Philipp Augustus eine ganzjährige Berufsarmee, und der feudale Wehrdienst war in eine Militär-

1283–1410

Krieg des Deutschen Ordens gegen Litauen.

1283

8. Juni: Schlacht von Malta. Eine aragonesische Flotte unter Roger de Lauria schlägt eine sizilianisch-französische Flotte.

11. Oktober: Schlacht von Messina. Eine aragonesisch-katalanische Flotte unter Roger de Lauria schlägt die sizilianische Flotte, was König Karl von Sizilien zwingt, seine Belagerung der Rebellenstadt Messina zu beenden.

1284

5. Juni: Schlacht in der Bucht von Neapel. Der aragonesische Admiral Roger de Lauria erringt einen großen Sieg über die sizilianisch-französische Flotte und erbeutet mindestens 48 feindliche Galeeren.

Juni: Schlacht von Meloria. Eine genuesische Flotte von 93 Galeeren lockt eine 72 Galeeren große pisanische Flotte in die Schlacht. Letztere wird vollständig vernichtet, Pisas Macht zur See gebrochen.

Die Hanse blockiert gemeinsam mit Dänemark erfolgreich Norwegen.

Bau der königlichen Schiffswerft in Barcelona durch die Königreiche Aragón und Katalonien.

2./3. September: Schlacht in der Bucht von Roses (Katalonien). Admiral Roger de Lauria führt seine Flotte zum Sieg und zerstört die französische Invasionsflotte, unterbricht König Philipps III. Nachschublinien und zwingt ihn, sich aus Spanien zurückzuziehen.

steuer umgewandelt. Die letzte feudale Aushebung in Frankreich fand 1272 statt und erwies sich als ineffektiv. In England ordneten königliche Edikte 1224 und 1241 an, dass alle Lehensinhaber und alle wichtigen Grundbesitzer zum Ritter erhoben werden sollten, doch scheint dies eher dazu gedient zu haben, die Reihen der Verwaltungsbeamten zu füllen, nicht die Schlachtordnungen. Am Ende des 13. Jahrhunderts hatte sich für den schweren Kavalleristen dort der Begriff „man-at-arms“ herausgebildet, ob Adliger oder nicht.

Die Feldzüge Edwards I.

Der Stand der europäischen Kriegskunst des späten 13. Jahrhunderts lässt sich am besten ermessen, wenn man die von König Edward I. von England (1272-1307) durchgeführten Feldzüge betrachtet. Seine umfangreichen Kriege um die Eroberung von Wales und Schottland – und um zu verhindern, dass die Franzosen das Herzogtum Aquitanien an sich rissen – verlangten den militärischen Möglichkeiten der Zeit alles ab. Edwards Anforderungen brachten einmal die Barone Englands um ein Haar zur Revolte. Edward freilich ging mit der Situation wesentlich praktischer um als sein Vater Heinrich III. oder sein Großvater Johann. Sein militärischer Ehrgeiz führte daher dazu, dass der König wichtige Untertanen regelmäßig um Rat anging und diese das Recht erhielten, bei den von ihm erhobenen Steuern mitzureden – die Geburt des englischen Parlaments.

König Edwards Eroberung von Wales dauerte von 1277 bis 1295 und begann in kleinem Maßstab. Prinz Llywelyn ap Gruffydd von Gwynedd hatte de facto zu Zeiten des schwachen Königs Heinrich III. seine Unabhängigkeit von der englischen Herrschaft erstritten. Edward erinnerte mit einem kleinen Feldzug Llywelyn an seine Vasallenpflichten. 1282 lehnten sich dann Llewelyn und andere walisische Adlige auf, ein überraschender Schritt, der eine Reihe englischer Burgen in ihre Hände brachte. Edward reagierte darauf mit einem großen Feldzug und der Absicht, seine keltischen Nachbarn ein für allemal zu unterwerfen. Die Befriedung schien leicht zu fallen, zumal Llywelyn bei einer kleinen Schlacht bei Irfon Bridge im Dezember 1282 ums Leben kam. Wie schon im 12. Jahrhundert so waren die Waliser auch jetzt nicht imstande, einer englischen Armee in einer Feldschlacht standzuhalten. Gleichwohl erhoben sie sich 1287 und 1294 erneut. An den Feldzügen bemerkenswert ist vor allem Edwards Einsatz von großen Flotten bei der Versorgung seiner Armee, was das Niveau an Logistik zeigt, das Europa (und er selbst) im Rahmen der Kreuzzüge sich zu eigen gemacht hatten.

Um das Land zu halten begann Edward ein ehrgeiziges Burgenbauprojekt; ab 1277 errichtete er einen äußeren, ab 1283 einen inneren Burgenring. Alle Befestigungen sollten über das Meer versorgt werden können und waren das Werk des savoyischen Baumeisters James of St. George. Zu Friedenszeiten war jede Burg mit einer Garnison von 30 bis 40 Mann besetzt, im Falle eines Aufstandes konnten sie aber wesentlich mehr Männer aufnehmen. So prächtig diese Bauwerke auch waren, sie waren dennoch wohl ihr Geld nicht wert; immerhin verschlang der Bau mit 80.000 Pfund etwa das vierfache jährliche Einkommen der Krone zur damaligen Zeit. Wie andere Herrscher seiner Zeit gab Edward für seine militärischen Planungen weit mehr aus, als er im Säckel hatte.

Im Falle der Eroberung Schottlands reduzierte Edward die Zahl der Burgen deutlich, dafür waren seine Armeen größer und teurer als jemals zuvor. 1291 wurde Edward gebeten, die schottische Nachfolgefrage zu klären; nach dem Tod von Margarete,

In der Schlacht von Falkirk (1298) brachen die englischen Bogenschützen schottische Formationen auf, ehe die englische Kavallerie die schottische Armee vernichtete, die überwiegend aus Infanterie bestand.

1284-1285

Philipp III. von Frankreich fällt in Aragón ein, nachdem der Papst die aragonesische Krone Philipps Sohn Karl von Valois angeboten hat. Die Invasion scheitert, Philipp stirbt auf dem Rückzug.

1287

Die Aragonesen erobern Menorca.

23. Juni: „Schlacht der Grafen.“ Roger de Lauria schlägt die sizilianisch-französische Flotte in einer Seeschlacht, die für die große Zahl der teilnehmenden französischen Adligen bekannt wird, die in Gefangenschaft geraten.

1288

5. Juni: Schlacht von Worringen. Die Stadt Köln lehnt sich gegen Erzbischof Siegfried von Westerburg auf und besiegt ihn in einer großen Schlacht, in der über 2000 Mann sterben.

1289

2. April: Tripolis wird von den Mamelucken erobert. Die gesamte männliche Bevölkerung der Stadt wird massakriert.

Schlacht von Campaldino. Die Welfenliga (unter Führung von Florenz) schlägt die Ghibellinen (geführt von Arezzo) in einer Schlacht, die die zunehmende Wichtigkeit der Armbrüste belegt.

Dieses romantische Gemälde von Stirling Castle, vom Fluss Forth aus gesehen (1857) lässt erahnen, wie strategisch wichtig der Ort war.

der Kinderkönigin von Norwegen, war es in der Frage der Nachfolge zu einer Krise gekommen. Alle Parteien stimmten darin überein, das Urteil Edwards zu akzeptieren, und als die Wahl des Königs von England auf John Balliol fiel, zeigte dieser sich England gegenüber erkenntlich. Edwards Vorstellungen davon, wie er die Schotten zu beherrschen gedachte, unterschieden sich aber allzu sehr von denen, die diese selbst hegten, und bald lehnte sich König John gegen Edward auf. Dieser reagierte 1296 darauf mit einem großen Invasionsheer, nahm Berwick ein und schlug die Schotten bei Dunbar in die Flucht; König John ergab sich bald darauf und verbrachte den Rest seines Lebens als untreu gewordener Vasall in englischen Kerkern.

John Balliols Steward aber, ein Ritter namens William Wallace, rebellierte bald darauf im Süden, der Earl von Murray im Norden. Die Schotten kamen den Engländern auf dem Schlachtfeld nach den Maßstäben der Zeit nicht gleich. Sie hatten wenig Kavallerie und stellten noch immer ganz überwiegend Bauernheere auf, während Edward sich auf ausgebil-

1291

18. Mai: Einnahme von Akkon, der letzten christlichen Festung im Königreich Jerusalem, durch den Mameluckensultan Al-Asfraf Halil. Alle männlichen Einwohner, die nicht per Schiff fliehen können, werden ermordet, Frauen und Kinder versklavt.

Gegenseitiger Beistandspakt dreier Schweizer Kantone; Beginn des Schweizer Ringens um Unabhängigkeit von den Habsburgern.

Schottische Nachfolgekrise nach dem Tod Margaretes von Norwegen. König Edward I. löst den Disput und benennt John Balliol als König von Schottland.

1294

Schlacht von Alexandretta vor der kilikischen Küste. Eine genuesische Flotte besiegt die Venezianer.

Schlacht von Lajazzo. Venedig entsendet 14 Galeeren, um die Genueser aus Famagusta und Lajazzo zu vertreiben. Diese bewaffnen Handelsschiffe schlagen zurück, wobei sie Venedig eine schwere Niederlage zufügen.

5. März: Schlacht von Maes Moydog (Wales). Der Earl von Warwick eilt mit einer kleinen Armee herbei, um König Edward I. in Conway Castle zu entsetzen. Er überrascht eine Rebellenarmee unter Madog in Maes Moydog und vernichtet sie.

1294–1298

Zwischen Frankreich und England bricht ein Krieg aus, als Philipp IV. von Frankreich versucht, das Herzogtum Aquitanien zu konfiszieren.

1296–1306

Die Engländer erobern Schottland, nachdem Edward I. von England John Balliol von Schottland als illoyalen Vasallen verurteilt hat.

König Edward I. nimmt Berwick (Schottland) ein und massakriert die Einwohner.

Schlacht von Dunbar. Eine englische Armee unter Führung von John de Warenne, dem Earl von Surrey, schlägt König John Balliol von Schottland, der sich ergibt und in England in den Kerker kommt.

dete Infanterie stützen konnte. Dennoch besiegte William Wallace am 11. September 1297 bei Stirling Bridge eine englische Armee, die von Earl Warenne und Hugh de Cressingham geführt wurde, wobei er sich die Unordnung zunutze machte, in die das Heer bei der Überquerung der schmalen Brücke geriet.

Edward reagierte heftig und ließ eine Armee von gut und gerne 30.000 Mann ins Feld ziehen – bis dahin das größte Heer, das jemals in England ausgehoben worden war. Die Schotten verteidigten sich am 22. Juli 1298 außerhalb von Falkirk, indem sie vier große „schiltrons" formten. Diese bestanden aus dicht in einem Abwehrkreis gedrängten Pikenträgern, zwischen denen Bogenschützen aufgestellt waren. Gegen Edward hielten sie freilich nicht lange stand, der zunächst mit Bogenschützen diese Formationen aufbrach und dem eine massierte Kavallerieattacke folgen ließ, die den Rest erledigte. Die Pikenträger bewährten sich und töteten etwa 2000 Engländer, doch der Sieg ging an Edward. Von da an beschränkte sich der Widerstand der Schotten auf kleine Guerillaaktionen. Als Edward 1307 starb, war er de facto Herrscher von Schottland.

Edwards Krieg gegen Frankreich, der von 1294 bis 1297 währte (und 1303 durch einen Vertrag formell beendet wurde), war von sehr viel geringerem Umfang, aber dennoch eine teure Sache. Edward konnte hierfür nur kleinere Truppen abstellen, da er in Wales und Schottland stark engagiert war. Es gelang ihm dennoch, sein Herzogtum Aquitanien dem Griff der großen französischen Besatzungsarmee zu entziehen, die König Philipp IV. losgesandt hatte, nachdem Edward sich geweigert hatte, dessen Oberherrschaft anzuerkennen, die nicht weniger harsch war als seine eigene über John Balliol.

Jahrelange Dauer, ehrgeizige Befestigungsanlagen und größere und professionellere Armeen als jemals zuvor im Mittelalter, das sind die Merkmale von Edwards Feldzügen. Am bemerkenswertesten ist vielleicht, dass Edwards Armeen in einem sehr viel engeren Sinn 'seine' Armeen waren und nicht lose Soldatenhaufen, wie es vor dem (und auch noch im) 13. Jahrhundert ansonsten üblich war. Eine erkleckliche Anzahl der Soldaten, mit denen Edward auf Feldzug ging, gehörten seinem persönlichen Haushalt an und wurden vom König direkt bezahlt – beim Falkirk-Feldzug 1298 waren es fast 800 Mann, eine ganze Division. Die übrigen Männer wurden überwiegend angeworben, nicht im Rahmen der feudalen Aushebung eingezogen. Der Großteil seiner Kavallerie wurde mit Verträgen ausgestattet, die auch Zahlungen bei Verlust des Pferdes vorsahen. Und ganz massiv warb er Infanteristen an: In Wales umfasste seine Armee auf dem Höchststand über 15.000 Fußsoldaten, am Schottlandfeldzug 1298 nahmen knapp 26.000 teil.

Die hohen Kosten des Krieges

Die Kriege des 13. Jahrhunderts erlegten den Staaten Europas gewaltige finanzielle Bürden auf. Am Ende des Jahrhunderts kann man die Lage ohne weiteres als Wettrüsten der europäischen Staaten beschreiben. Die Staaten mussten, was Größe und Bewaffnung ihrer Armeen anging, mit den Nachbarn mithalten, ebenso bei der Technik des Burgenbaues, bei den Schiffen und Belagerungsmaschinen – oder die Konsequenzen erleiden. Kommandeure griffen freudig militärische Innovationen auf, zum Beispiel die hochmodernen Burgen mit Ringmauern und Rundtürmen, wie sie Edward in Wales errichtete. Zugleich gerieten die Belagerungsmaschinen immer eindrucksvoller: Bei der Belagerung von Stirling Castle im Jahr 1304 feuerte eines von Edwards Katapulten, das den Kosenamen „Warwolf" trug, 135 Kilo schwere Steine ab, die eine breite Bresche in die Mauer schlugen. Bei der Belagerung von Stirling Castle mag es auch zum ersten Einsatz von Schießpulver in Westeuropa gekommen sein, einer chinesischen Erfindung, die in Europa eine lange Zukunft vor sich hatte.

1297

Die Aragonesen erobern Sardinien (verlieren es aber bald wieder an die Muslime).

Edward I. von England bringt die schottischen Königsinsignien und den Stein von Scone nach Westminster.

20. August: Eine französische Armee unter Graf Robert von Artois schlägt die Flamen in der Schlacht von Furnes.

11. September: Schlacht von Stirling Bridge. Schottische Rebellen unter William Wallace besiegen eine von John de Warenne und Hugh de Cressingham geführte Armee.

5. November: König Edward I. von England bestätigt die Magna Charta und lässt eine äußerst unbeliebte Steuer zur Finanzierung seines Krieges mit Frankreich entfallen; zugleich erkennt er die Notwendigkeit an, für Steuern die Zustimmung des Parlaments einzuholen.

1298

2. Juli: Schlacht von Göllheim. Die deutschen Prinzen, die Adolf von Nassau abgesetzt hatten, schlagen und töten Adolf in einer Schlacht nahe Worms.

22. Juli: Schlacht von Falkirk. Eine große englische Armee unter König Edward I. schlägt schottische Rebellen, die von William Wallace angeführt werden.

8. September: Schlacht von Curzola. Die Genueser schlagen die Venezianer in der Adria.

1299

Schlacht von Kap Orlando. Die aragonesische Flotte unter Roger de Lauria besiegen eine weitere sizilianisch-französische Flotte.

Das vierzehnte Jahrhundert: Die Infanterie-Revolution?

Das europäische Kriegswesen erlebte im vierzehnten Jahrhundert einen raschen Umbruch. Besonders der Hundertjährige Krieg zwischen Frankreich und England stellte einen Katalysator der militärischen Innovation dar, da die beiden Länder um eine Vorherrschaft stritten, die sich keines von beiden eigentlich finanziell leisten konnte.

Das 14. Jahrhundert ist die Ära der „Infanterie-Revolution" genannt worden, weil die gewöhnlichen Fußsoldaten sich neue Techniken aneigneten, die es ihnen ermöglichten, sich der schweren Kavallerie erfolgreich zu erwehren – sofern die Umstände genau passten. Was wir in diesem Jahrhundert sehen, ist in erster Linie eine höhere Verzahnung von Infanterie und Kavallerie auf dem Schlachtfeld. Der Krieg wurde zudem blutiger. Adlige, so scheint es, fanden Freude daran, Gemeine zu töten, die sich ihnen widersetzten – und umgekehrt.

Es überrascht nicht, dass Flandern (ungefähr die heutigen Niederlande und Teile Belgiens umfassend) die Entwicklung hin zu Infanterietruppen anführte, die schwerbewaffnete Ritter zu Pferde zu schlagen imstande waren. Flandern war bereits zu einem erstaunlichen Grad verstädtert, und die Städte hatten einen beträchtlichen Grad an Unabhängigkeit erlangt. Um diese Rechte zu schützen, stellten Städte wie Brügge und Gent Bürgermilizen auf, zwar überwiegend Infanterie, aber dennoch sehr effektiv. Die Angehörigen der städtischen Milizen waren gut ausgerüstet, nach Zünften und Stadtteilen organisiert und trugen sogar Uniformen, was den Korpsgeist förderte.

König Philipp IV. („der Schöne") von Frankreich versuchte, Flandern 1297 zu annektieren, doch die

Links: Die Schlacht von Poitiers, 1356. Die Bogenschützen spielten eine wichtige Rolle bei diesem Sieg, obwohl der Maler offenbar keine Ahnung hat, wie diese tatsächlich eingesetzt wurden. Rechts: Statue des Jakob von Artevelde (um 1295-1345).

flämischen Städter wie die Adligen widersetzten sich dieser Anmaßung. Ende des 13. Jahrhunderts lehnten sie sich großflächig auf. Es schien wahrscheinlich, dass Philipps Armee sie auslöschen würde, denn Infanterie hatte bislang nur selten einer massierten Kavallerieattacke standgehalten, und wenn, dann weil sie durch abgesessene Kavalleristen verstärkt wurden. Die Schlacht von Courtrai am 11. Juli 1302, auch bekannt als die Schlacht der Goldenen Sporen, weil toten französischen Rittern auf dem Schlachtfeld 700 Paar Sporen abgenommen wurden, machte

Oben: Die Schlacht von Courtrai, 1302. Hier kämpfte französische Kavallerie gegen gut aufgestellte flämische Infanterie. Courtrai war der erste große Infanteriesieg des 14. Jahrhunderts.

Links: König Philipp IV. „der Schöne" von Frankreich (1285-1314), der seine Herrschaft darauf verwendete, die Macht der Monarchie auf Kosten regionaler Interessen zu vergrößern.

Schluss mit der Vorstellung, dass die Kavallerie gegen die Infanterie stets gewinnt. Sie illustriert, dass die Schlacht ein anderes Gesicht erhielt.

Die flämische Streitmacht bestand fast gänzlich aus flämischen Milizionären, bewaffnet mit Piken (verlängerten Speeren, 5,5 Meter lang und mit 25 cm langer Stahlspitze) und hölzernen Knüppeln, die

um 1300

Aufkommen von Helmen mit beweglichen Visieren.

Entwicklung der Hellebarde.

Schlacht von Ponza. Die abschließende Seeschlacht im Krieg der Sizilianischen Vesper, in der Roger de Lauria Aragón zum Sieg über eine sizilianisch-französische Flotte führt.

Entwicklung der Prise (später Purveyance genannt) in England, eines Systems von Lebensmittel-Zwangsverkäufen an die Armee.

'goedendag' („Guten Tag") genannt wurden – eine scherzhafte Anspielung auf ihre Wirkung. Die flämischen Anführer, Guy de Namur und Wilhelm von Jülich, kämpften beide abgesessen gemeinsam mit ihren Leibwachen in der ersten Reihe. Graf Guy erhob vor der Schlacht über 30 Anführer der Gemeinen zu Rittern, um die Moral zu heben (ein recht häufiges Vorgehen). Man stellte sich acht Reihen tief an einem sorgsam ausgewählten Ort auf, das von Kanälen und einem Fluss dahinter begrenzt war, so dass die Milizionäre sich nicht zur Flucht wenden konnten, selbst wenn sie es gewollt hätten.

Der französische Befehlshaber Robert von Artois war sich einfach zu siegessicher und schaute offenbar voller Verachtung auf die unprofessionelle Streitmacht herab, die ihm gegenüberstand. Der Boden war von Löchern und Gräben durchzogen und daher

Links: Statue des Grafen Robert III. von Artois (1287-1342) im Schloss von Versailles. Robert III. verbrachte einen Gutteil seiner Laufbahn in englischen Diensten.

Rechts: Piken gewannen in den Infanteriearmeen des 14. Jahrhunderts an Bedeutung. Diese Abbildung zeigt eine Auswahl an Typen, alle sowohl mit Spitze als auch mit Schneide.

1301-1302

Krieg zwischen dem deutschen König Albrecht I. und den Prinzen des Rheinlands.

1301-1305

Bürgerkrieg in Ungarn, ausgelöst durch eine Nachfolgefrage.

1302

Der Friede von Caltabellota beendet den Krieg der Sizilianischen Vesper. Der König von Aragón wird als Herrscher Siziliens bestätigt, während das Haus Anjou die Herrschaft über Unteritalien behält.

Mai: Die „Brüggener Mette." Bürger von Brügge massakrieren in der Stadt stationierte französische Truppen; über weite Teile Flanderns breitet sich ein Aufstand aus.

11. Juli: Schlacht von Courtrai (Flandern, auch: Schlacht der Goldenen Sporen oder Sporenschlacht). Flämische Milizionäre vernichten eine französische Armee unter Robert von Artois.

Juli: Schlacht von Nikomedia. Eine ottomanische Armee, angeführt von Osman, schlägt die byzantinische Armee von Andronikos II.

Byblos, der letzte Kreuzfahrer-Außenposten in Palästina, ergibt sich den Mamelucken.

für eine Kavallerieattacke ungeeignet, die gleichwohl befohlen wurde. Schlimmer noch, Robert ließ von seinen vielen Armbrustschützen die flämischen Pikenträger nicht „weich machen“, wie es Edward I. nur wenige Jahre zuvor mit seinen Bogenschützen bei Falkirk getan hatte. Stattdessen trampelte seine Kavallerie, in ihrer Eile, den verachteten Feind zu erreichen, die eigene Infanterie nieder. Das Ergebnis war eine Katastrophe für die französische Kavallerie. Sie verlor aufgrund von Hindernissen, die man ihnen in den Weg gestellt hatte, an Tempo. Wer die feindlichen Linien erreichte, wurde von langen Reihen dichtgedrängter Pikenträger empfangen, was die Pferde in Verwirrung stürzte. Nur wenige französische Ritter starben wohl bei diesem ersten Angriff – ihre Rüstungen waren im 14. Jahrhundert zu gut und umfassten nun häufig sogar Brustplatten aus Stahl. Von ihren Pferden gestoßen waren die schweren Kavalleristen aber verwundbar und die Flamen waren nicht daran interessiert, Gefangene zu machen. König Philipps Armee wurde vernichtet, etwa 700 Ritter von den insgesamt etwa 20.000 Franzosen getötet.

Die Schlacht der Goldenen Sporen zeigte, dass man mit der Infanterie einen massierten Kavallerieangriff aufhalten und zurückschlagen konnte – wenn die Umstände dafür ideal waren. Obwohl viele Infanteristen im 14. Jahrhundert ebenfalls leicht geharnischt waren, waren sie wesentlich verwundbarer als die Ritter. Um zu überleben, mussten sie sich an einem Ort aufhalten, der sie schützte, damit sie nicht einfach niedergeritten wurden. Und sie benötigten Disziplin und die Fähigkeit, als Gruppe zu kämpfen; diese Entwicklung war bereits seit Jahrhunderten im Gange, zu Beginn dieses Jahrhunderts aber wurde es unumgänglich. Hilfreich war auch die Tatsache, dass die Flamen bei Courtrai dem Feind zahlenmäßig deutlich überlegen waren.

Ein solcher Sieg der Infanterie war aber eine riskante Sache, wie sich nur zwei Jahre später in der Schlacht von Mons-en-Pèvéle zeigte. Bei dieser Gelegenheit befehligte Philipp IV. persönlich eine französische Armee gegen die flämischen Rebellen unter Führung von Wilhelm von Jülich. Die flämischen Fußsoldaten nahmen eine allzu defensive Position ein und verschanzten sich hinter Karren. Philipp unterließ es entsprechend, seine Leute zu einem selbstmörderischen Angriff zu treiben. Das Patt fand ein Ende,

Diese Miniatur aus dem 14. Jh. zeigt Karl den Großen und seine Armee auf dem Marsch nach Spanien und illustriert schön die zeitgenössischen Kavalleriepanzer.

1303

4. April: Schlacht von Arques. Die französische Armee kann der flämischen Miliz nicht standhalten.

1304

Die erste jährliche „Preußenreise“, ein Kreuzzug zur Unterstützung der Deutschherren in ihrem Krieg gegen Litauen. Üblich bis gegen 1400.

Schlacht von Zierikzee: Ein großer französischer Seesieg über Graf Guy von Flandern, der es den Franzosen erlaubt, die Belagerung von Zierikzee aufzuheben.

18. August: Schlacht von Mons-en-Pévéle (im heutigen Belgien gelegen). Philipp IV. von Frankreich schlägt die Flamen unter Wilhelm von Jülich.

Belagerung von Stirling. König Edward I. nimmt Stirling ein und beendet die schottische „Rebellion“ gegen seine Oberherrschaft. Erster bekannter Einsatz von Schießpulver auf den Britischen Inseln.

als die Flamen schließlich ihre sicheren Positionen verließen, um anzugreifen. Sie brachen in das französische Lager ein und töteten dabei um ein Haar König Philipp. Doch außerhalb ihrer Stellungen waren die flämischen Infanteristen weit angreifbarer. Bei einem französischen Gegenangriff kam Wilhelm von Jülich um und die Flamen wurden vom Schlachtfeld vertrieben, obwohl der Ausgang der Schlacht unentschieden war. Bei Cassel am 23. August 1328 aber errang ein anderer französischer König, Philipp VI., einen entscheidenden Sieg über die Flamen – mit der konventionellen Methode der massierten Kavallerieattacke. Das halbe flämische Heer starb an jenem Tag. Cassel lehrte eindrücklich, dass die äußeren Umstände wirklich ideal sein mussten – eine defensive Aufstellung, Zusammenhalt zwischen den Soldaten und eine kluge Führung -, damit die Infanterie über die Kavallerie triumphieren konnte.

Die Schweizer Unabhängigkeitskriege

Andere Regionen, die nur wenige schwere Kavalleristen hervorbrachten, lernten ebenfalls im Laufe des

William Wallace streitet mit dem schottischen Adel. Häufig stand er gegen die Adligen, die bereit waren, sich mit Edward I. von England zu arrangieren.

1305

Friede von Athès-sur-Orge zwischen Flandern und Frankreich. Flandern unterwirft sich König Philipp IV. und büßt für die Revolte von 1302, indem es 3000 Männer auf Pilgerreise schickt.

Juli: Schlacht von Apros (Thrakien). Die Katalanische Große Komanie, Söldner, die gegen ihre früheren byzantinischen Arbeitgeber revoltieren, schlägt eine wesentlich größere byzantinische Streitmacht unter Kaiser Michael IX.

23. August: Hinrichtung des schottischen Widerstandsführers William Wallace in England.

1306

25. März: Robert Bruce lässt sich zum König von Schottland krönen; Beginn eines Aufstandes gegen England.

19. Juni: Schlacht von Methven. Ein englisches Heer unter dem Earl von Pembroke führt gegen Robert Bruce` Lager westlich von Perth einen Überraschungsangriff durch. Bruce wird gefangen, entkommt aber.

11. August: Schlacht von Dalry. Die Engländer schlagen Robert Bruce.

Pierre Dubois schreibt das Traktat *„Die Wiedereroberung des Heiligen Landes."*

14. Jahrhunderts, wie man traditionelle Armeen schlagen konnte. Ins Auge springt dabei der Fall der Bauern von Dithmarschen, die den Grafen von Holstein 1319 und 1404 schwer aufs Haupt schlugen und ein Jahrhundert lang ihre freie Bauernenklave in Norddeutschland halten konnten. Von größerem Umfang waren die Kriege der Schweizer um ihre Unabhängigkeit von den österreichischen Habsburger-Herzögen. Drei Schweizer Kantone bildeten 1291 einen Bund gegen die Habsburger. Das muss aus österreichischer Sicht lächerlich gewesen sein, denn wie die Franzosen bei Courtrai, so verfügte auch die Habsburger-Armee über ein großes Kontingent schwerer Kavallerie, während die Schweizer als Infanteristen kämpften.

Die Schlacht von Morgarten am 15. November 1315 zeigte, was gut organisierte Fußsoldaten zu leisten imstande waren. Sie kämpften, nach den ritterlichen Maßstäben der Zeit, nicht „fair", sondern führten einen Krieg, der mehr an die Guerillataktiken der europäischen Randgebiete erinnerte. Leopold von Österreich begab sich in die Schweiz und fand den schmalen Weg, auf dem sein Heer marschierte, durch

Die Schlacht von Morgarten am 15. November 1315, in der die Schweizer Milizionäre an einem engen Bergpass der großen Habsburgerarmee einen Hinterhalt stellten.

1307

10. Mai: Schlacht von Loudon Hill. Ein schottisches Heer unter Robert Bruce schlägt eine englische Armee.

7. Juli: Tod Edwards I. von England.

13. Oktober: Die Tempelritter von Frankreich werden auf Geheiß König Philipps IV. verhaftet.

1309

Der Deutsche Orden verlegt seine Zentrale in die preußische Marienburg.

„Schäferkreuzzugs"-Bewegung in Frankreich. Gemeine, die einen Kreuzzug durchführen wollen, massakrieren Juden und greifen die Reichen an. Sie werden von den Behörden aufgelöst oder getötet.

1310

Der Hospitaliterorden zieht auf die Insel Rhodos um.

Die Schlacht von Laupen am 21. Juni 1339. Die Schweizer Infanterie griff die habsburgische Kavallerie an, obwohl die Infanterie dem Lehrbuch nach nur dann gegen die Kavallerie bestehen kann, wenn sie sich in einer guten Verteidigungsposition befindet.

eine Steinmauer blockiert vor. Während Leopold Halt machen ließ, tauchten hinter ihm Schweizer Soldaten auf und blockierten den Rückzugsweg, wodurch die Österreicher eingeschlossen waren, denn seitlich befanden sich ein steiler Hügel und der Ägerisee. Dann ließen die Schweizer Felsbrocken auf die Feinde hinunterrollen, von denen nur einige wenige, darunter Leopold, durch den See schwimmend entkamen.

Morgarten war der erste wichtige Sieg der Schweizer Infanterie über deutsche Ritter, zugleich der unkonventionellste. 1339 stellten die Schweizer die Güte ihrer Infanterie unter Beweis, als ein Schweizer Heer unter Rudolf von Erbach die burgundische Belagerung von Laupen aufhob. Bei Laupen griff die Schweizer Infanterie die burgundische Kavallerie an, ein seltenes und gefährliches Vorgehen, das auf hochdisziplinierte Soldaten schließen lässt, die ihre Reihen im Lauf geschlossen halten konnten. Doch war es die Schlacht von Sempach im Jahr 1386, die die Unabhängigkeit der Schweizer Eidgenossenschaft sicherte. In dieser Schlacht ließ Herzog Leopold III. seine Kavalleristen absitzen und mit ihren Lanzen zu Fuß gegen die Schweizer vorrücken. Da die Ritter wesentlich besser geharnischt waren als die Schweizer Fußsoldaten, hätte diese Maßnahme Erfolg gehabt, wenn der Hang weniger steil gewesen wäre. Die Ritter in ihren

Einer Schweizer Legende nach hat der heldenmütige Arnold Winkelried in der Schlacht von Sempach am 9. Juli 1386 den Schweizer Sieg ermöglicht, indem er sich in die Piken der Österreicher stürzte und so seinen Kameraden eine Lücke öffnete.

1311

15. März: Schlacht von Kephissos (bei Athen). Die Katalanische Große Kompanie schlägt den fränkischen Herzog von Athen, Walter von Brienne, und reißt sein Herzogtum an sich, das sie bis 1388 hält.

1312

Zerstörung des Tempelritterordens durch Papst Johannes XXII.

1313–1314

Robert Bruce belagert die Engländer in Stirling Castle.

1314

18. März: Jacques de Molay, der letzte Großmeister der Tempelritter, wird auf dem Scheiterhaufen verbrannt, ebenso weitere hohe Offizielle des Ordens.

23./24. Juni: Schlacht von Bannockburn. Eine große englische Armee unter König Edward II. kommt zum Entsatz von Stirling, wird aber von den Schotten unter Führung von König Robert Bruce schwer geschlagen.

König Robert I. Bruce von Schottland (1306-1329) führte Schottland in den Unabhängigkeitskampf gegen die Engländer.

mindestens 18 Kilo schweren Rüstungen wurden rasch müde, und vielleicht haben die Schweizer auch im entscheidenden Moment ihre Linien verstärkt. Im Ergebnis erlitten die Habsburger eine schwere Niederlage; über 600 Ritter, einschließlich Leopolds, starben auf dem Schlachtfeld.

Schottland gegen England

Wie wir im vorigen Kapitel gesehen haben, bauten auch die Schotten in hohem Maße auf Infanterieverbände, die nur mit Mühe besiegt werden konnten. Noch vor dem Tod König Edwards I. im Jahr 1307 gab es Anzeichen dafür, dass der schottische Widerstand gegen die Herrschaft der Engländer wiederaufleben würde. Vor allem erklomm 1306 Robert Bruce, der 1291 einer der Anwärter auf die schottische Krone gewesen war, den Thron. Obwohl der neue Aufstand einige Jahre lang nicht recht vorankam, sammelte Robert immer zahlreichere Anhänger hinter sich, nachdem der talentfreie Edward II. König von England geworden war. Robert zeigte sich besonders geschickt darin, englische Burgen durch Infiltration zu nehmen und sie dann zu schleifen, d.h. die Mauern so stark zu beschädigen, dass die Burgen nicht mehr benutzt werden konnten. König Robert erfocht einen ersten Sieg über die Engländer 1307 bei Loudon Hill, wo der sumpfige Boden und Gräben eine effektive englische Kavallerieattacke verhinderten. Loudon Hill war aber nur ein kleines Scharmützel. Erst 1314 wurde Roberts Taktik einem großen Test unterzogen, als Edward II. mit einer gewaltigen Armee nach Norden zog, um dem Aufstand ein Ende zu bereiten und hoffte, König Robert und dessen Anhänger zu über-

König Edward II. von England (1307-1327), dessen katastrophale Heerführung gegen Schottland zu seiner Absetzung und seinem Tod führten.

1315-1322

Die Große Hungersnot herrscht in fast ganz Europa; etwa 20 Prozent der Bevölkerung sterben.

1315

September: Schlacht von Conor (Irland). Der Schotte Edward Bruce und seine irischen Verbündeten schlagen eine anglo-irische Armee.

15. November: Schlacht von Morgarten (Schweiz). Schweizer Milizionäre locken eine Habsburgerarmee in einen Hinterhalt und töten mehrere tausend Ritter.

wältigen, so wie sein Vater William Wallace bei Falkirk überwältigt hatte.

Edwards Armee aus 2500 Rittern und etwa 15.000 Infanteristen marschierte zum Entsatz von Stirling Castle, als Robert ihr kurz vor dem Ziel den Weg abschnitt. Roberts Heer war kleiner und bestand ganz überwiegend aus Fußsoldaten, doch machte er sich das enge, sumpfige Gelände ausgezeichnet zunutze. Er ließ den Großteil seiner Truppe in vier dichtgedrängten, kreisrunden Pikenträgerformationen antreten (sogenannten „schiltrons"), ähnlich den Infanterie-Formationen, die noch im 19. Jahrhundert Kavallerieangriffen standhielten. Es folgte eine Schlacht, die sich, für das Mittelalter selten, über zwei Tage hinzog.

Am ersten Tag besiegte Robert einen englischen Champion im Einzelkampf, ein chevalereskes Detail, das auf dem Schlachtfeld selten anzutreffen war. Roberts Heer freilich verhielt sich alles andere als ritterlich. Die schwere Kavallerie der Engländer versuchte, die Schotten zu umgehen, konnten die Schiltrons aber nicht durchbrechen. Am zweiten Tag

Robert Bruce` Ansprache an seine Armee bei Bannockburn, hier dargestellt in einer viktorianischen Zeichnung von William Bell Scott, die von Robert Burns` patriotischem Gedicht zum Thema inspiriert war.

1315–1318

Edward Bruce fällt in Irland ein.

1316

Januar: Schlacht von Skerries (Irland). Edward Bruce von Schottland und seine irischen Verbündeten schlagen eine anglo-irische Armee.

September: Edward Bruce erobert nach einjähriger Belagerung Carrickfergus Castle (Irland).

Der päpstliche Bann gegen Turniere wird, dank eines umsichtigeren Regelwerks und der Einführung von Sicherheitsmaßnahmen, aufgehoben.

1318

14. Oktober: Schlacht von Fochart (oder Faughart, Irland). Ein anglo-irisches Heer, das vom Lord Lieutenant von Irland kommandiert wird, schlägt und tötet Edward Bruce.

verloren die Engländer, wie man fairerweise sagen muss, eher die Schlacht als dass die Schotten sie gewannen. Der schwache und unbeliebte König Edward ließ einen Streit gewähren, wer die englische Vorhut befehligen solle. Als der Earl von Gloucester den Zank für sich entschieden hatte, kämpfte er auf ähnliche Weise wie der französische Kommandeur Robert von Artois bei Courtrai. Anstatt die Schiltrons mit seinen zahlreichen Bogenschützen zu attackieren (wie es Edward I. bei Falkirk getan hatte), befahl er Frontalangriffe der Kavallerie gegen die ordentlich aufgestellten Pikenträger, und das auf morastigem Gelände, das für die Pferde schlecht war und das die Schotten darüber hinaus mit Gruben versehen hatten. Selbst unter diesen Bedingungen hätten die englischen Ritter durchbrechen können, doch der Angriff war schlecht organisiert und erfolgte undiszipliniert. Schließlich rückten die englischen Bogenschützen vor, wurden aber von einer kleinen schottischen Kavalleriereserve versprengt; ungeschützte Infanterie hatte eben selbst gegen eine kleine Kavalleriegruppe keine Chance. Als Edward II. vom Schlachtfeld floh, löste sich die englische Armee auf. Am folgenden Tag ergab sich Stirling Castle König Robert. Obwohl eine schottische Invasion in Irland unter Roberts Bruder Edward Bruce in den Jahren 1315 bis 1318 schlussendlich darin scheiterte, die Engländer entscheidend zu schwächen, brachte der unbeliebte Edward II. England in einen solchen Zustand der Anarchie, dass die schottische Strategie eigentlich gar nicht nötig war. König Edwards Adlige erhoben sich mehrfach, was es Robert Bruce erlaubte, seinen Anspruch auf Schottland vollends durchzusetzen. Ein schottisches Heer unter Sir James Douglas fiel 1319 in Yorkshire ein und fügte, in Schiltron-Formation vorrückend, einer nordenglischen Armee eine schwere Niederlage zu. Und als Edward II. 1322 neuerlich versuchte, in Schottland einzurücken, erreichte er gar nichts und war aufgrund von Nachschubproblemen zum Rückzug gezwungen. Aus Gründen der Fairness gegenüber Edward muss man erwähnen, dass zu jener Zeit in ganz Europa Hunger herrschte und die Versorgung

König Edward III. von England (1327-1377) der nach der Absetzung seines Vaters Edward II. mit 14 Jahren auf den Thron kam.

1319

20. September: Schlacht von Myrton. Eine schottische Armee unter Sir James Douglas fällt in Yorkshire ein und besiegt eine von Erzbischof William Melton von York aufgestellte Armee.

Schlacht von Dithmarschen. Ein Bauernheer besiegt die Ritter von Holstein.

1320

Zweiter „Schäferkreuzzug“ in Frankreich. Bauern tun sich zu Angriffen auf die Reichen und zu Judenpogromen zusammen; von den königlichen Behörden gewaltsam beendet.

Entwicklung von Fußpanzerungen (Sabatons) für die schwere Kavallerie.

Edward III. von England, hier als kühner, aber auch frommer Heerführer in der Frühphase des Hundertjährigen Krieges abgebildet.

der Truppe für jedes Heer schwierig gewesen wäre, auch wenn sie unter besserer Führung gestanden hätte.

Edward II. wurde 1327 von einer Koalition von Adligen abgesetzt, der seine eigene Königin angehörte. Die neuen Herrscher (offiziell der junge Edward III., in Wahrheit Roger Mortimer, der Liebhaber der Königin) fielen sofort in Schottland ein; der Verlust Schottlands war einer der Punkte gewesen, die die Engländer zur Rebellion getrieben hatten. Doch König Robert ging der Schlacht aus dem Weg und die Engländer wurden von scheußlichem Wetter und Versorgungsproblemen aufgehalten, bis sie sich schließlich zurückzogen. 1328 schlossen Engländer und Schotten den in England so genannten „feigen Frieden"; Edward III. verzichtete auf seinen Herrschaftsanspruch über Schottland und erkannte Robert Bruce als rechtmäßigen König an.

Der Vertrag von 1328 beendete aber die Kämpfe nicht. Robert Bruce starb 1329 und vererbte den Thron seinem fünf Jahre alten Sohn David. Roberts zahlreiche Rivalen, die während seiner Herrschaft im englischen Exil gelebt hatten, stellten eine Privatarmee auf und griffen Schottland 1332 unter Führung von Edward Balliol an. Zwei englische Siege, bei Dupplin Moor (1332) und Halidon Hill (1333),

Edward III. hilft Edward Balliol bei seinem Kampf um die schottische Krone gegen David II. (1333).

1321–1328

Byzantinischer Bürgerkrieg zwischen Kaiser Andronikos Palaiologos und seinem Enkel (ebenfalls Andronikos). Der Enkel gewinnt am Ende den Thron.

1322

16. März: Schlacht von Boroughbridge. Sheriff Andrew Harclay von Cumberland besiegt aufständische Adlige unter Führung von Earl Thomas von Lancaster und lässt nach der Schlacht Thomas und weitere Anführer hinrichten.

Kreuzzug gegen die Visconti von Mailand.

28. September: Schlacht von Mühldorf. König Ludwig der Baier befehligt eine bairische Armee und besiegt seinen Cousin und Rivalen Friedrich I. von Österreich.

Oktober: Schlacht von Byland. König Robert Bruce schlägt Edward II. und zwingt ihn zum Rückzug aus Schottland.

zeigen, dass die englischen Bogenschützen mit den Pikenträgern zurechtkamen und die Engländer ihre Armee planvoll aufstellten; die Ritter schützten die Bogenschützen und diese machten den Feind reif für eine Kavallerieattacke. Bei Dupplin Moor befehligte Edward Balliol etwa 500 Ritter und 1000 Bogenschützen gegen mehrere tausend Schotten. Freilich bezog diese Armee eine sehr defensive Stellung; die abgesessenen Ritter schützten die Bogenschützen, die sich weit vorgerückt an den Flanken befanden. Die englische Kavallerie griff erst an, nachdem die Bogenschützen ihr Werk getan hatten, wozu sie imstande waren, weil die Schotten nicht an sie herankamen. Bei Halidon Hill siegte Edward III. gegen eine schottische Armee unter Archibald Douglas; hier waren die Engländer ganz ähnlich aufgestellt. In diesem Fall ließen die Schotten ihre Ritter absitzen und schickten sie gegen die Bogenschützen an den Flügeln vor. Sie mussten allerdings einen steilen Hügel hinaufsteigen und kamen oben erschöpft und in Unordnung an, leichte Beute für die Engländer.

Philippa von Hainault, die Gemahlin Edwards III., stellte ein nördliches Heer auf und besiegte 1346 in der Schlacht von Neville`s Cross König David II. von Schottland.

1323-1353

Die Aragonesen erobern Sardinien von Genua und Pisa.

1324

Belagerung von Metz. Erster bekannter Einsatz einer Kanone.

1324-1327

Krieg von St. Gardos (Gascogne). Ein französisch-englischer Krieg von unklarem Ausgang, ausgelöst durch den Bau der Festung St. Sardos durch die Franzosen auf englischem Gebiet.

Der Beginn des Hundertjährigen Krieges

Der englisch-schottische Krieg der 1330er-Jahre wurde durch französische Unterstützung für den jungen König David von Schottland verkompliziert. Die Franzosen stellten den Schotten bessere Waffen zur Verfügung und unternahmen alles in ihrer Macht Stehende, um Edward III. von England zu schwächen. Philipp VI. von Frankreich schien entschlossen, die seit Jahrhunderten schwierigen Beziehungen zwischen Frankreich und England zum Siedepunkt anzuheizen. Der seit 1066 im Raum stehende Streitpunkt war, dass der König von England auch Land in Frankreich, als Vasall des französischen Königs, besaß – eine Lage, die beiden Herrschern nicht behagen konnte. Obwohl Johann den Nordteil dieses Besitzes in Frankreich (einschließlich der Normandie) im frühen 13. Jahrhundert verloren hatte, befand sich das Herzogtum Aquitanien (oder Gascogne) noch in englischem Besitz. Philipp VI. betrachtete den schwachen Beginn der Regentschaft von Edward III. als gute Gelegenheit, die Provinz unter königlich französische Herrschaft zu bringen, was nach 1290 und nach 1320 jeweils gescheitert war. Im April 1337 erklärte Philipp VI. Aquitanien für konfisziert, nachdem Edward III. einem seiner Feinde Unterschlupf gewährt hatte. Als er aber versuchte, das Herzogtum in Besitz zu nehmen, erwartete ihn heftiger Widerstand. Damit begann ein Kampf, der, unterbrochen von häufigen Pausen, in denen Gelder aufgetrieben wurden oder die Epidemien oder dem Wahnsinn von Königen verschuldet waren, bis 1453 dauerte. Die Historiker sprechen vom Hundertjährigen Krieg, ein Ausdruck, der in den 1860er-Jahren erfunden wurde.

Im 14. Jahrhundert besaßen die Herrscher von Frankreich wie von England eine recht komplexe Vorstellung von der Kriegsführung, die auf die Lektüre der römischen Geschichte seitens ihrer Berater zurückging, aber auch auf die außergewöhnlichen Leistungen der Kreuzfahrer und ihren eigenen Sinn dafür, was einem König anstand. Zu jener Zeit bezahlten die Könige

Der dramatische Tod Königs Johann des Blinden von Böhmen in der Schlacht von Crécy, 26. August 1346.

1326

Herbst: Königin Isabella fällt in England ein und verbündet sich mit Rebellen gegen ihren Gemahl Edward II.

1327

Januar: Edward II. wird von Königin Isabella und ihren Verbündeten abgesetzt. Der 14 Jahre alte Edward III. wird König und wird gezwungen, einen demütigenden Frieden mit Frankreich einzugehen.

Edward III. fällt in Schottland ein. König Robert Bruce geht der Schlacht aus dem Weg, und Wetter sowie Nachschubprobleme zwingen die Engländer schließlich zum Rückzug.

1328

Vertrag von Northampton. Die Engländer erkennen Robert Bruce als König eines unabhängigen Königreichs Schottland ohne feudale Pflichten gegen England an.

1. Februar: Der Tod König Karls IV. von Frankreich beendet die Hauptlinie der Kapetingerdynastie. Philipp VI. von Valois, ein Cousin, wird König.

23. August: Schlacht von Cassel (im heutigen Nordfrankreich). Eine zum Großteil aus Kavallerie bestehende Armee unter König Philipp VI. schlägt die Flamen, die dem flüchtigen Grafen Ludwig von Flandern helfen wollen.

ihre Heere überwiegend selbst. Sie rüsteten Flotten aus und kauften teure Belagerungsmaschinen, darunter auch frühe Kanonen. Die staatlichen Verwaltungen waren aber im Einziehen von Steuern nicht sonderlich effektiv, und abgesehen davon, dass Europa zum Großteil noch in Tauschwirtschaft lebte, herrsche im frühen 14. Jahrhundert europaweit Hunger, da die sogenannte Kleine Eiszeit angebrochen war. Viele Versuche der Könige, Gelder für den Krieg aufzutreiben, schlugen daher fehl; obwohl sie bankrott waren, gaben sie Unsummen aus, planten im großen Maßstab und schoben die Schuld daran, dass die Kriegsgelder, die angeblich unabdingbar waren, nicht hereinkamen, auf ihre Berater.

Der französische Eröffnungszug des Hundertjährigen Krieges bestand in einer Reihe von Überfällen auf die englische Küste mit gemieteten genuesischen Schiffen. Philipp plante eine große England-Invasion für das Jahr 1339, doch wurde seine Flotte von einem Sturm auseinandergetrieben und seine genuesischen Seeleute (zwei Drittel der französischen Flotte), die der König nicht mehr bezahlen konnte, meuterten. Edward III.

Eine hohe Position war erwünscht, daher baute man Miniaturburgen an Bug, Heck und den Masten, von denen aus die Soldaten Wurfgeschosse auf den Feind hinabschleuderten.

1328–1331

Eroberung des byzantinischen Nicaea durch die Ottomanen.

1329

7. Juni: Tod des Königs Robert Bruce von Schottland; den Thron erbt sein fünfjähriger Sohn David.

1330

28. Juli: Schlacht von Kustendil (Velbuzhde). Eine serbische Armee unter Stephan Decanski schlägt die Bulgaren mit einem Überraschungsangriff, während diese Proviant fassen.

König Alfons XI. von Kastilien gründet den Orden vom Band.

Schlacht von Posada. Eine walachische Armee lockt eine Armee Karls I. von Ungarn in einen Hinterhalt und schlägt sie in die Flucht.

1331

27. September: Schlacht von Plowce. König Ladislaus von Polen besiegt eine große Deutschherren- und Kreuzfahrerarmee.

seinerseits schmiedete eifrig Bündnisse, um für seine Invasionen Frankreichs in den Jahren 1339/40 Unterstützung zu erlangen. Am 26. Januar 1340 erhöhte Edward den Einsatz und rief sich selbst zum König von Frankreich aus, durch Erbrecht über seine Mutter.

Beide Herrscher scheinen eine Entscheidungsschlacht gesucht zu haben, doch das war nicht ohne weiteres möglich. 1339 „rief" der Engländer den französischen König zur Schlacht, indem er das Gebiet um Cambrai verwüstete und geschätzte 2118 Dörfer und Burgen niederbrannte. Philipp antwortete im Oktober mit einer formellen Aufforderung und bot Edward für die Schlacht mehrere Tage zur Auswahl; der Kampf sollte fair geführt und als Gottesurteil in ihrem Streit betrachtet werden. Edward nahm an und wählte den Ort aus; er nahm eine stark defensive Position ein, ließ alle seine Ritter absitzen und verteilte seine Bogenschützen auf die Flanken. Die französischen Truppen wollten natürlich keinen Frontalangriff riskieren und befestigten ihrerseits ihre Stellungen. Man stand sich gegenüber, bis die Engländer schließlich abzogen. Im folgenden Jahr stellten die Franzosen in ähnlicher Weise ihre Schlachtlinien bei Bouvines auf, doch stimmte Philipp einem Waffenstillstand zu, weil die Umstände für eine Schlacht ungünstig waren. Mittlerweile war beiden Seiten das Geld ausgegangen, ohne dass sie irgendetwas erreicht hätten. Im Juli 1340 konnte Edward III. nicht einmal mehr die Aufwendungen

Diese venezianische Darstellung der Schlacht von Zonzio im Jahr 1499 vermittelt einen Eindruck, wie chaotisch es bei mittelalterlichen Seeschlachten zuging.

1332

11. August: Schlacht von Dupplin Moor. Die „Enterbten" (schottische Exilanten in England unter Führung von Edward Balliol) fallen mit einer Privatarmee in Schottland ein. Die Armee König Davids wird geschlagen, der Kindkönig zur Sicherheit nach Frankreich gebracht und Edward Balliol beansprucht den Thron.

1333

April-20. Juli: Edward III. belagert die schottische Stadt Berwick und versucht, sie von der Land- und von der Seeseite anzugreifen. Berwick ergibt sich, nachdem die Schotten bei Halidon Hill besiegt werden.

19. Juli: Schlacht von Halidon Hill (nahe Berwick, Schottland). Edward III. besiegt Archibald Douglas' schottische Armee, die die Belagerung von Berwick aufheben will.

1334

Erster Beleg für den Einsatz von berittenen Bogenschützen in Westeuropa (in der Etappe; zum Kampf wurde abgesessen).

1336

Papst Benedikt XII. bläst den von Philipp VI. von Frankreich geplanten Kreuzzug ab.

Die französische Flotte droht mit einem massierten Angriff auf Ostengland.

Die Schlacht von Sluys, 1340, nach einer Illustration des 15. Jahrhunderts. Das Bild zeigt das dicht gedrängte Chaos einer Seeschlacht.

für seinen Haushalt bezahlen und drei englische Adlige, die für den König gebürgt hatten, fanden sich in einem Schuldturm in Flandern wieder.

Die Schlacht von Sluys

Ehe er sich nach England zurückbegab, um weitere Gelder aufzutreiben, gewann Edward III. aber die erste große Schlacht des anglo-französischen Krieges, die Schlacht von Sluys am 25. Juni 1340. Diese Seeschlacht zeigte die Möglichkeiten der englischen Bogenschützen deutlich auf. Edwards Flotte von rund 160 Schiffen segelte in Richtung Zwin-Mündung, um Frankreich von Flandern her zu attackieren. Bei Sluys stieß man aber auf 213 bereits in Schlachtformation befindliche französische Schiffe, die mit drei Reihen aneinandergeketteter Fahrzeuge den Fluss blockierten. Die französischen Admiräle verfügten aber offenbar über kein Konzept für diese Seeschlacht. Mittelalterliche Seeschlachten, insbesondere im Norden, wo man zumeist Segelschiffe benutzte, begannen, wenn der Feind sich näherte. Die kämpfende Truppe der Flotten schleuderte dann von den Kampfdecks aus möglichst viele Geschosse – Steine oder Pfeile mit kleinen Katapulten, Armbrustpfeile, Pfeile mit dem Bogen oder gar Steine –, um das gegnerische Deck abzuräumen. Wenn die beiden Schiffe aufeinandertrafen, versuchte eine Partei das andere Schiff zu entern und mit blutigem Nahkampf zu überziehen. Da die englische Flotte eine Invasionsflotte war, führte sie wesentlich mehr Soldaten mit als die Franzosen, darunter große Kontingente an Langbogenschützen. Die Franzosen hingegen griffen überwiegend auf Armbrustschützen zurück, deren Reichweite größer ist, die aber nur langsamer schießen können; zudem ist es zeitraubend, eine feucht gewordene Armbrustsehne auszuwechseln. Und in diesem speziellen Fall hatten die Franzosen die Mehrzahl ihrer gemieteten italienischen Armbrustschützen verloren, weil sie sie nicht länger bezahlen konnten; bei Sluys standen vielleicht nur noch 500 Armbrustschützen in französischem Dienst, verglichen mit mehreren tausend Bogenschützen auf Seiten der Engländer.

Es kam zu einem Gemetzel. Die französische Linie geriet durch Strömungen bereits in Unordnung, ehe die Engländer angriffen und die englischen Langbogenschützen streckten ihre Schiffsbesatzungen nieder. Am Ende des Tages hatten die Engländer 190 der 213 französischen Schiffe genommen; es entkamen praktisch nur die Rudergaleeren in geringer Zahl. Zwischen 16.000 und 18.000 Franzosen starben, womit Sluys die blutigste Schlacht des europäischen Mittelalters wurde; wer sich schwimmend in Sicherheit zu bringen versuchte, wurde am Ufer von den flämischen Verbündeten der Engländer erschlagen.

1337

April: Philipp VI. von Frankreich erklärt die Gascogne für konfisziert, offiziell weil Edward III. von England dem flüchtigen Grafen Robert von Artois Unterschlupf gewährt.

Die Ottomanen erobern das byzantinische Nikomedia.

Das Parlament in Westminster verbietet jeglichen Spiel und Sport in England, mit Ausnahme des Bogenschießens.

1337–1453

Hundertjähriger Krieg zwischen Frankreich und England und den jeweiligen Verbündeten.

1337–1338

Frühester Beleg für Schießpulverwaffen auf einem Schiff, in den Unterlagen zum Umbau der englischen All Hallow`s Cog.

König Philipp VI. sucht nach seiner Flucht vom Schlachtfeld von Crécy 1346 Zuflucht. Philipps schlechte Führung war die Ursache der französischen Niederlage.

Da Frankreich und England durch den Kanal getrennt sind, blieben die Flotten den gesamten Krieg über wichtig und begegneten sich gelegentlich im Kampf. Alle diese Gefechte wurden freilich auf offener See gefochten, nicht in ausweglosen Alles-oder-nichts-Situationen, wie es die französischen Kommandeure bei Sluys unternommen hatten. Üblicherweise kaperte der Gegner 10 bis 20 Schiffe, wobei vergleichsweise wenige Menschen umkamen, anders als beim Gemetzel von Sluys.

Crécy und Poitiers: Triumph der Langbogenschützen

Am 12. Juli 1346 landete Edward III. mit einer etwa 15.000 Mann großen Streitmacht in Flandern, um Frankreich frontal anzugreifen. Um König Philipp zur Schlacht zu zwingen, marschierte Edward auf Paris; als Philipp die Schlacht an einem bestimmten Ort zu einer bestimmten Zeit anbot, änderte Edward aber die Marschrichtung. Um erfolgreich sein zu können, war die kleinere englische Armee auf den Vorteil

1338–1339

Edward III. von England spinnt ein dichtes Netz von Verbündeten gegen Frankreich – ein teurer Fehlschlag.

1338

Frühjahr: Französische Schiffe überfallen Portsmouth und die Insel Wight.

5. Oktober: Die Franzosen brandschatzen Southampton.

1339

Philipp VI. von Frankreich plant eine großangelegte Invasion Englands, seine Flotte wird aber von einem Sturm abgetrieben.

21. Juni: Schlacht von Laupen. Die Schweizer unter Rudolf von Erbach schlagen die Habsburger und deren burgundische Verbündete in einer der wenigen Schlachten, in denen die Schweizer Infanterie Reiter angreift.

einer guten defensiven Stellung angewiesen. Philipps Armee zählte etwa 25.000 Mann und umfasste deutlich mehr Ritter als die Engländer aufbringen konnten.

Als die französische Armee Edward einholte, wählten die Engländer den Ort für die Schlacht sorgsam aus, nahe einem Dorf namens Crécy. Edwards Armee besaß kaum 3000 Ritter, die der König im Zentrum ohne Pferde aufstellte. Auf die Flügel platzierte er mindestens 4000 Bogenschützen und schützte sie mit Gepäckwagen und flachen Gruben. Philipp VI. war kein Taktiker und geriet in der Schlacht ins Hintertreffen. Die Stärke seiner schweren Kavallerie scheint ihn unvorsichtig gemacht zu haben, vielleicht hielt er es aber auch für notwendig, seine Truppen sofort in die Schlacht zu schicken, ehe die Engländer ihre Stellungen vollständig bezogen hatten. Wie auch immer, Philipp begann die Schlacht gegen 17 Uhr und schickte seine Truppen je nach ihrem Eintreffen nach und nach vor. Seine 600 genuesischen Söldner-Armbrustschützen begannen den Angriff. Man kann sich kaum vorstellen, was sich Philipp davon erhoffte. Die Armbrüste hatten noch keine Winden, daher lud man sie, indem man ein oder beide Beine gegen einen Bügel am Vorderende des Geräts stemmte und dann zog – in der Regel im Sitzen. Bei Belagerungen wurden diese verwundbaren Männer normalerweise durch Schildträger mit hohen Schilden ('pavisses') geschützt, bei Crécy befanden sich diese Schilde aber noch im Tross, Kilometer vom Schlachtfeld entfernt. Dementsprechend wurden die Armbrustschützen zurückgeschlagen, als sie gegen die englischen Bogenschützen vorzudringen versuchten, die viel schneller schießen konnten.

Philipp, der meinte, die Genuesen bemühten sich nicht genügend um den Sieg, ließ seine Kavallerie über sie hinwegreiten, um damit die englischen Bogenschützen in Unordnung zu bringen. Doch auch die Kavallerie war nicht imstande, den englischen „Feuersturm" zu durchdringen. Die Pfeile drangen erst ab einer Entfernung von 18 Metern oder weniger durch die Rüstungen der französischen Kavalleristen, doch gaben Gesicht, Glieder und die Pferde verwundbare Ziele ab. Auch wenn ein Pfeil nicht die Rüstung durchdrang, konnte er einen Ritter vom Pferd stürzen lassen oder das Pferd irritieren. Angriff um Angriff brachte nichts weiter ein als wachsende Haufen französischer Toter und Verwundeter;

Romantisierte Darstellung eines englischen Bogenschützen aus der Zeit Edwards III. Obwohl auch die Infanteristen jener Zeit eine leichte Rüstung trugen, erscheint der hier gezeigte umfassende Schutz unwahrscheinlich.

1340

26. Januar: Edward III. von England erklärt sich in Gent zum rechtmäßigen König von Frankreich, ein Anspruch, den die englischen Herrscher bis 1802 aufrechterhalten (außer von 1360-1369 und von 1420-1422).

April: Papst Benedikt XII. unterwirft Flandern aufgrund des Aufstandes gegen den König von Frankreich dem Interdikt.

Englischer Überfall auf Boulogne. Fast die gesamte französische Galeerenflotte wird zerstört.

24. Juni: Schlacht von Sluys. Bei dem großen Seegefecht in der Zwin-Mündung vernichtet eine englische Invasionsflotte eine französische Flotte von 213 Schiffen.

30. Oktober: Schlacht am Rio Salado. Eine portugiesisch-kastilische Armee unter Alfons XI. von Kastilien erringt einen großen Sieg über den Merinidensultan Abu'l-Hasan und Jussuf I. von Granada, die Tarifa belagern. Die Schlacht markiert die letzte große nordafrikanische Intervention in Spanien.

1341–1347

Byzantinischer Bürgerkrieg zwischen Kaiser Johannes V. und Johannes Kantakuzenos um den Thron.

letztere fielen anderen englischen Infanteriekräften zum Opfer oder wurden von den eigenen Leuten totgetrampelt. Am Ende des Tages lagen tausende Franzosen tot auf dem Schlachtfeld, darunter neun blaublütige Prinzen. König Philipp selbst wurde beinahe getötet und ließ sein Banner, die 'oriflamme', auf dem Feld zurück. Zu Philipps ersten Maßnahmen nach der Schlacht gehörte es, die verbliebenen genuesischen „Verräter“ massakrieren zu lassen.

Die Schlacht von Poitiers, die zehn Jahre darauf, 1356, stattfand, verlief ebenfalls so, dass die unbesonnenen Franzosen eine befestigte englische Position angriffen. Im Falle von Poitiers führte der älteste Sohn Edwards III., Edward, der Schwarze Prinz, einen großen Raubzug (chevauchée) durch Zentralfrankreich an, als ihn die französische Armee unter Johann II. stellte. Der Schwarze Prinz versuchte, seinen Rückzug auszuhandeln, doch die Franzosen waren siegessicher und lehnten dieses Ansinnen ab. Wieder konnten die Engländer gut zu verteidigende Stellungen einnehmen, diesmal mit einem Wald im Rücken und einem Sumpf an der rechten Flanke.

König Johann II. ergibt sich nach der Schlacht von Poitiers (1356) Edward dem Schwarzen Prinzen.

1341-1364

Bretonischer Nachfolgekrieg nach dem Tode Herzog Johanns III. Frankreich und England unterstützen die beiden Anwärter auf das Fürstentum und eröffnen damit eine neue Front im Hundertjährigen Krieg.

1342

30. September: Schlacht von Morlaix (Bretagne). Der Earl von Northampton schlägt mit einer englischen Armee die Franzosen in einer Schlacht, die die in Crécy verwendete Taktik vorwegnimmt.

1342-26. März 1344: Alfons XI. von Kastilien nimmt nach langer Blockade mit Hilfe englischer und französischer Kreuzfahrer die strategisch wichtige Festung Algeciras an der Straße von Gibraltar ein.

1344

13. Mai: Schlacht von Pallene. Die Flotte der Heiligen Liga (Papsttum, Zypern, Venedig und die Hospitaliter) schlägt eine ottomanische Flotte schwer.

28. Oktober: Die Heilige Liga erobert Smyrna von den Türken.

Und wieder genossen die englischen Bogenschützen guten Schutz. Wie bei Crécy versuchten die Franzosen eine Kavallerieattacke gegen diese sorgsam präparierten Stellungen und gingen dabei ihrer Pferde durch die englischen Bogenschützen verlustig. Auch ein französischer Infanterieangriff schlug fehl. Als König Johann eine Reserve von Rittern zu Fuß vorschickte, ließ der Schwarze Prinz seine Ritter aufsitzen und sie angreifen; dazu befahl er seinen gascognischen Kämpfern, die Franzosen von hinten anzugreifen. Der Ausgang der Schlacht war (für die Engländer) noch günstiger als bei Crécy; etwa 3000 Franzosen kamen bei Poitiers ums Leben und König Johann geriet in Gefangenschaft.

Eine Infanterie-Revolution?

Die englischen Siege bei Crécy und Poitiers waren eindrucksvolle Triumphe, bei denen die Infanterie ungewöhnlicherweise eine führende Rolle spielte. Waren dies Anzeichen einer „Infanterie-Revolution", die die Ritter entbehrlich machte? Keineswegs.

Turnier, Mitte des 14. Jahrhunderts. Mittlerweile waren die Turniere durch Maßnahmen wie Barrikaden zwischen den Kämpfern wesentlich sicherer geworden.

1345

26. September: Schlacht von Staveren. Graf Wilhelm IV. von Holland marschiert in Westfriesland ein, doch die Friesen schlagen ihn schwer, töten Wilhelm und viele seiner Ritter.

21. Oktober: Eine englische Streitmacht unter dem Kommando des Earls von Darby schlägt ein französisches Heer unter Ludwig von Poitiers in die Flucht, der Auberoche in Südwestfrankreich belagert.

1346

12. Juli: Edward III. landet mit einer großen englischen Armee bei St.-Vaast-La-Hogue und plant einen Frontalangriff auf Philipp VI. von Frankreich.

18. Juli: Die Stadt Lüttich rebelliert gegen Bischof Engelbert de la Marck und schlägt dessen Armee (überwiegend Kavallerie) vernichtend im Lütticher Vorort Vottem.

August 1346-3. August 1347: Belagerung von Calais. Die Engländer blockieren die französische Stadt auf der Land- und auf der Seeseite, bis die hungernden Bürger aufgeben; am Vortag scheiterte ein französischer Entsatzversuch. Die meisten Bürger werden aus der Stadt vertrieben.

26. August: Schlacht von Crécy. König Edward III. erringt einen großen Sieg über Philipp VI. von Frankreich in der ersten großen Landschlacht des Hundertjährigen Krieges.

Oktober: Schlacht von Neville's Cross. Königin Philippa stellt ein Heer gegen König David II. von Schottland auf, der in England einfällt. David wird geschlagen und gefangengenommen und erst 1357 gegen Lösegeld freigelassen.

1347-1351

Erstes Auftauchen der Pest in Europa; etwa ein Drittel der Bevölkerung kommt um.

Schlachten wie Crécy, Poitiers, Courtrai, Bannockburn usw. zeigten, dass ein großes Infanterieheer eine Kavallerieattacke aufhalten und die Elite der westlichen Ritterschaft besiegen 'konnte' - 'wenn' die äußeren Umstände ideal waren. Vor allem musste die Infanterie auf irgendeine Weise geschützt werden, ob als Pikenträger in enger, disziplinierter Formation oder als Bogenschützen hinter Befestigungen im Felde, die Pferde nicht ohne weiteres überwinden konnten. Und natürlich musste der gegnerische Kommandeur verzweifelt oder siegesgewiss genug sein, um ihre sorgsam vorbereiteten Positionen anzugreifen. Die großen Siege der Infanterie im 14. Jahrhundert, ob in Frankreich, Flandern oder Schottland, zeichnen sich durch taktische Fehler der gegnerischen Befehlshaber ebenso aus wie durch das Geschick der Infanteriekommandeure, die ihre Fußtruppen klug einsetzten.

Edward III. und seine Nachfolger waren weiterhin auf die schwere Kavallerie angewiesen. Edward zum Beispiel hatte bei Crécy 2700 bis 2900 Ritter, die aber großteils abgesessen kämpften. Edward selbst ließ die Ritter von 1327 bis 1357 in mindestens 55 Turnieren ihre Fertigkeiten üben und richtete den Hosenbandorden ein, der nach Crécy die Leistungen der Ritter würdigte. Die Franzosen imitierten dies bald mit der Gründung des Sternordens, andere europäische Länder folgten. Die Ritter des Sternordens gelobten, in der Schlacht niemals zu weichen, was dazu führte, dass 45 der ursprünglichen 140 Mitglieder in der Schlacht bei Mauron im August 1352 getötet oder gefangengenommen wurden. Praxisnäher war, dass die Franzosen nach Poitiers ihre Pferde besser schützten, so dass in den Schlachten von Cocherel (1364) und von Pontvallain (1370) die Kavallerie den englischen Pfeilen besser standhielt. Die Ritter bewiesen ihren Wert in der Schlacht von Roosebeeke am 27. November 1382, als die Armee von Karl VI. von Frankreich ein flämisches Milizheer vernichtete, indem man abgesessene Ritter im Zentrum und berittene Kavallerie an den Flanken aufstellte. Obwohl danach die Chancen auf dem Schlachtfeld gleich verteilt waren, griffen die englischen Monarchen weiterhin in großem Umfang sowohl auf Ritter wie auf Bogenschützen zurück und setzten sie, je nach den Gegebenheiten der Schlacht, taktisch recht unterschiedlich ein.

Ein Ritter des Hosenbandordens in der zeremoniellen Tracht. Seit der Gründung des Ordens durch Edward III. ist dieser stets der höchste Ritterorden Englands gewesen.

1347

Schlacht von Waleffe. Der Bischof von Lüttich und der verbündete Graf von Looz schlagen die Bürgermiliz von Lüttich.

Schlacht von Imbros. Die Heilige Liga (Papsttum, Zypern, Venedig und die Hospitaliter) schlagen die Türken in einer Seeschlacht nahe Imbros.

1348

König Edward III. von England grundet den Hosenbandorden.

Pedro IV. von Aragón schlägt aufständische Adlige in Eppila und beendet den Bürgerkrieg.

König Ludwig von Ungarn fällt in dem vergeblichen Versuch, den angeblichen Mord an seinem Bruder Andreas durch die Hand der Königin Johanna von Neapel zu rächen, im Königreich von Neapel ein.

1349

Aufstellung der Großen Kompanie (Söldner) durch Werner von Urslingen.

1349-1352

Stefan Dushan von Serbien erobert Bulgarien, Epirus, Thessalien, Albanien und Makedonien.

Eine viktorianische Phantasie: Die Engländer des 19. Jahrhunderts badeten in den englischen Siegen des Hundertjährigen Krieges, auch wenn die Details oft nicht stimmten.

Sie setzten sogar Bogenschützen auf Pferde – auf dem Weg ins Schlachtfeld, nicht im Gefecht selbst –, um ihren Bemühungen in Frankreich mehr Tempo und Flexibilität zu verleihen. Der Einsatz von berittenen Bogenschützen war vielleicht die wahre Revolution im Infanteriewesen des 14. Jahrhunderts.

Ein europäischer Krieg

Der Hundertjährige Krieg war von Anfang an ein Mehrstaatenkrieg. Frankreich und Schottland verbündeten sich gegen England; England schmiedete Bündnisse mit den Staaten im Norden. Sowohl Frankreich als auch England engagierten sich in einem bretonischen Nachfolgekrieg. Nachdem die direkten Feindseligkeiten in der Folge des Vertrages von Brétigny (1360) abflauten, kämpften Engländer und Franzosen weiter, indem sie die verschiedenen Parteien eines kastilischen Bürgerkrieges unterstützten. Der Friedensvertrag, der dem Krieg ein Ende setzen sollte, wurde nicht einmal voll bestätigt, und 1369 flammte der Krieg erneut auf. Als es mit Edward III. bergab ging und sein Sohn, der Schwarze Prinz, an der Schwindsucht starb, eroberte der 'Connétable de France' Bertrand du Guesclin (um 1320-1380) die meisten Gebiete zurück, die in der Frühphase des Krieges an England gefallen waren.

Das Begräbnis von Richard II. von England, 1413. Richard dankte auf Druck seines Cousins ab und starb bald darauf unter mysteriösen Umständen.

um 1350

Entwicklung von Brustpanzern für die schwere Kavallerie.

Schlacht von Les Epagnoles-sur-Mer (Winchelsea). Edward III. von England kommandiert eine englische Flotte zum Sieg gegen eine 40 Schiffe starke kastilische Armada, die gegen Flandern segelt.

1350-1355: Der genuesisch-venezianische Krieg beginnt mit der Kaperung venezianischer Schiffe in Caffa durch die Genueser.

1350-1369: Krieg zwischen Pedro dem Grausamen von Kastilien und seinem Halbbruder Enrique von Trastamara um Kastilien; die beiden Parteien werden von England bzw. Frankreich unterstützt.

1351

Florentinisch-mailändischer Krieg um die Toskana (unentschiedener Ausgang).

König Johann II. von Frankreich gründet den Sternorden.

1352

Johanna I. von Neapel gründet der Orden des Knotens von Neapel.

Februar: Schlacht vom Bosporus (Galata). Die genuesische Flotte besiegt eine verbündete venezianisch-aragonesische Flotte in einer langen, blutigen Schlacht, die trotz eines Sturmes sich bis in die Nacht hinein erstreckt.

14. August: Schlacht von Mauron. Die Engländer schlagen eine französische Armee. 45 von den 140 Gründungsmitgliedern des Sternordens kommen ums Leben, da sie geschworen hatten, sich niemals zurückzuziehen.

Der Krieg ruhte nun einige Jahre lang – in England kam der Knabe Richard II. auf den Thron, erfreute sich großer Unbeliebtheit und wurde schließlich abgesetzt und ermordet, und in Frankreich wurde König Karl VI. 1389 wahnsinnig – die dem Krieg zugrunde liegenden Ursachen blieben aber bestehen.

Das neue Wettrüsten

Während Frankreich und England (und ihre Verbündeten) um jeden militärischen Vorteil rangen, griffen die Herrscher freudig Innovationen auf. Dazu zählte vor allem das Schießpulver. Diese chinesische Erfindung war mit den Mongolen nach Europa gelangt und findet sich erstmals in den Chroniken des 13. Jahrhunderts erwähnt. Edward I. soll Töpfe voll Schießpulver bei der Belagerung von Stirling Castle im Jahr 1304 verwendet haben, das erste Auftreten dieser Waffe auf den Britischen Inseln. Und Edward III. war, zweifellos aufgrund der zahlenmäßigen Überlegenheit der Franzosen, einer der ersten europäischen Herrscher, die Kanonen einsetzten. Bei Crécy scheinen einige Kanonen auf Seiten der Engländer verwendet worden zu sein (obwohl sie offenbar keinen anderen Schaden anrichteten, als die Pferde zu verschrecken), und mit Sicherheit nahmen 10 Kanonen an der englischen Belagerung von Calais 1346/47 teil.

Der erste gesicherte Einsatz von Kanonen in Westeuropa datiert auf die Belagerung von Cividale im Jahr 1331, vielleicht fanden sie aber auch schon bei der Belagerung von Metz 1324 Verwendung. 1337/38 finden wir die erste Erwähnung von Schießpulverwaffen an Bord eines Schiffes, als die englische 'All Hallow`s Cog' umgebaut wurde. Die frühesten Kanonen waren von geringem Nutzen. Sie arbeiteten noch nicht mit gekörntem Schwarzpulver

Der deutsche Alchemist Berthold Schwarz bei der Herstellung von Schießpulver; ein Assistent arbeitet an einer Kanone. Beiden helfen Dämonen, was zeigt, was der Künstler von der neuen Erfindung hielt.

1353

29. August: Schlacht von Alghero. Eine verbündete venezianisch-aragonesische Flotte von 80 Galeeren unter Nicola Pisani fügt Genua eine heftige Niederlage zu; 41 der 60 genuesischen Galeeren werden gekapert.

1353-1363: Der Papst führt Krieg, um den Kirchenstaat wiederzuerlangen; sein Heerführer ist der päpstliche Legat Gil Alvarez Carillo Albornoz, Erzbischof von Toledo.

1354

Die Ottomanen erobern Gallipoli, ihre erste Eroberung in Europa.

4. November: Schlacht von Porto Longo (vor der Insel Sapienza in der Adria). Genuesische Seeleute besiegen Venedig, kapern oder zerstören fast die gesamte venezianische Flotte.

1355

Eroberung des byzantinischen Adrianopel durch König Stefan Dushan von Serbien.

König James II. von Schottland (1430-1460), ein von Kanonen faszinierter Kriegerkönig. Eine solche explodierte und tötete ihn bei der Belagerung von Roxburgh Castle.

(eine Erfindung des 15. Jahrhunderts) und waren daher von eher mäßiger Wucht. Ein genaues Zielen war offenbar kaum möglich, das Laden mühselig. Vor allem aber neigten sie zum Explodieren, wobei die Kanoniere und weitere eigene Leute ums Leben kamen – noch 1460 wurde König James I. von Schottland getötet, als eine seiner Kanonen explodierte. Das Problem war, dass Bronzekanonen horrend teuer waren. Eisen war weit billiger, doch besaßen die Europäer noch keine Hochöfen, die Eisen zum Schmelzen bringen und gießen konnten. Stattdessen fertigte man Kanonen nach Art von Gewehrläufen, mit schmiedeeisernen Einzelteilen, die von Ringen umschlossen wurden, und hier konnte eine einzige schwache Stelle tödlich sein.

Mit zunehmender Verbreitung wurden die Kanonen aber billiger und zuverlässiger. Die Kosten für Schießpulver sanken von der Mitte des 14. Jahrhunderts bis etwa 1500 deutlich. Um 1370 war die Schießpulver-Artillerie mindestens so tauglich wie die besten Steinkatapulte der Zeit und wurde daher häufig bei Belagerungen eingesetzt. Am Ende des 14. Jahrhunderts konnten Kanonen Breschen in Mauern schlagen, erstmals geschah dies bei der Belagerung von Odruik im Jahr 1377. Kanonen gehörten nun zum

Eine frühe Kanone. Ähnliche Waffen wurden auf dem Schlachtfeld von Crécy 1346 verwendet.

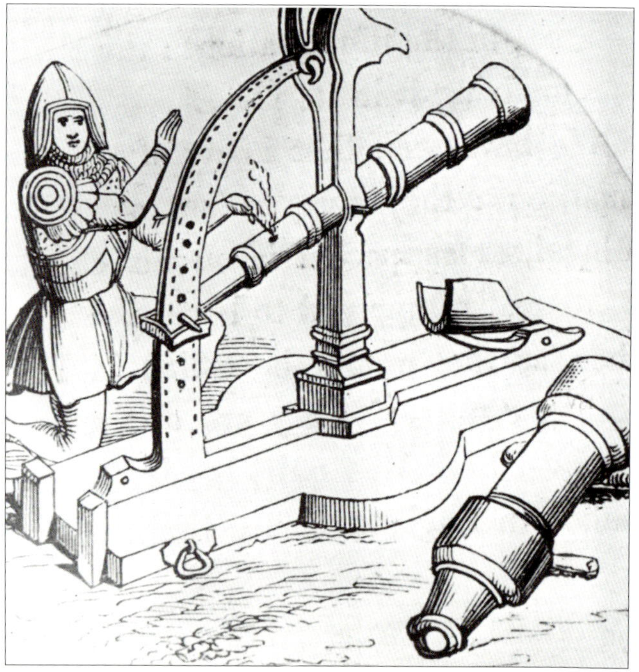

1356

19. September: Schlacht von Poitiers. Edward, der Schwarze Prinz, von England wird von einer großen französischen Armee während eines Plünderungszuges eingeschlossen. Der englische König erringt einen überragenden Sieg, nimmt den französischen König Johann II. gefangen und tötet etwa 3000 französische Kämpfer.

1357-1359

Krieg zwischen Kastilien und Aragón.

1358

Bauernaufstand („Jacquerie") in Nordfrankreich.

1359

Pedro der Grausame von Kastilien greift Barcelona von der Land- und der Meerseite aus an, wird aber von Pedro IV. von Aragón vertrieben.

Standardarsenal der mittelalterlichen Belagerer. In der zweiten Hälfte des Jahrhunderts begannen die Europäer sogar, mit Handfeuerwaffen zu experimentieren.

Das Söldnerproblem

Der Einsatz großer Söldnerhaufen, die unter eigenen Kommandeuren agierten, wurde im 14. Jahrhundert zunehmend zur Regel. Ihr militärischer Nutzen stand außer Frage. Söldnerkompanien boten spezialisierte Dienste, etwa als Ingenieure, die die Belagerungsmaschinen bauten und bedienten, oder als Armbrustschützen, wie sie Frankreich in großer Zahl in Dienst stellte. Den europäischen Herrschern waren die Kosten für ihre militärischen Unternehmungen erstaunlich gleichgültig, dennoch müssen ihnen die Söldner, die nur während des Feldzuges bezahlt wurden, im Vergleich zu einem stehenden Heer, das das gesamte Jahr über unterhalten werden musste, sehr preiswert erschienen sein. Niemand wusste aber, wie entlassene Söldner in den Griff zu bekommen waren, Männer, die bewaffnet und im Morden ausgebildet waren und keinen anderen Beruf hatten.

'Der Einzug Roger de Flors in Konstantinopel', Ölgemälde von José Moreno Carbonero. Rogers Katalanische Große Kompanie rebellierte und errichtete in Griechenland einen unabhängigen Staat.

Das 14. Jahrhundert begann mit einem erstaunlichen Erfolg der Söldner. Die Katalanische Große Kompanie, angeführt von Roger von Flor, bestand aus rund 6500 Infanteristen, die ihr Handwerk im Krieg der Sizilianischen Vesper erlernt hatten. Der byzantinische Kaiser Andronikos II. mietete sie 1302 für seine Kriege gegen die Türken. Der Herrscher schreckte aber schon bald vor dem ehrgeizigen Truppenführer zurück und ließ ihn offenbar ermorden. Die Kompanie wurde aber

1360

1360-1389: Der Ottomanensultan Murad I. dringt nach Europa vor und erobert Thrakien, Makedonien und große Teile von Südserbien.

Eroberung von Skåne durch König Waldemar IV. von Dänemark.

15. März: Winchelsea wird von einer französischen Flotte in Brand gesteckt.

8. Mai: Der Vertrag von Brétigny zwischen Frankreich und England beendet für kurze Zeit den Hundertjährigen Krieg. König Johann II. von Frankreich wird auf das Versprechen von 3 Millionen Écus hin freigelassen; Edward III. widerruft seinen Anspruch auf den französischen Thron, erhält aber große Teile Westfrankreichs als Souverän.

1361

In Italien bildet Albert Sterz die Weiße Kompanie aus Söldnern (die später von Sir John Hawkwood angeführt wird).

Waldemar IV. von Dänemark schlägt die Schweden in der Schlacht von Wisby (Gotland).

Der Avignon-Papst Innozenz VI. ruft einen Kreuzzug gegen in Frankreich marodierende Söldnerkompanien aus.

1361-1365: Kreuzzug von Peter I. von Zypern.

nicht durch einen einzigen Menschen zusammengehalten. Sie war hochorganisiert und stand Andronikos` vorgeblichem Verrat ablehnend gegenüber. Die Katalanen verlangten mehr Geld, und als dies ihnen verweigert wurde, meuterten sie und fielen in Thrakien ein. Im Juli 1306 besiegten sie bei Apros eine wesentlich größere, aber schlecht organisierte byzantinische Armee. Mehrere Jahre lang zog die Große Kompanie plündernd durch Nordgriechenland und nahm dabei etwa 3000 unabhängige Türken in ihre Reihen auf. Dann zogen sie gegen den unabhängigen Staat Athen, der von dem französischen Herzog Walter von Brienne beherrscht wurde. In einem großen Sieg ihrer strategisch gut eingesetzten Infanterie über die gegnerische Kavallerie vernichteten sie die Kavallerie der Franzosen und töteten Walter 1311 in der Schlacht von Kephissos. Sie nahmen das Herzogtum Athen in ihren Besitz und errichteten dort einen selbstständigen Söldnerstaat, der bis 1388 Bestand hatte.

Andere Söldnerkompanien konnten nicht derart erstaunliche Erfolge vorweisen, machten die militärische Lage in Europa mit ihrer Unabhängigkeit und ihren Ansprüchen aber komplizierter. Sowohl der französische wie der englische König stellten im Rahmen des Hundertjährigen Krieges große Söldnertruppen ein und musterten sie auf französischem Boden aus, woraufhin sie ganze Landstriche verwüsteten. Die Lage geriet nach der Schlacht von Poitiers vollends außer Kontrolle, als Frankreich ohne König ins Chaos stürzte und den königlichen Beamten die Mittel fehlten, um die Söldner wieder einzustellen und so für Ordnung zu sorgen. Diese ‘routiers’ werden zuweilen auch als „Räuberbanden“ bezeichnet, und sie raubten in großem Stil. Der Papst in Avignon, Innozenz VI., rief 1361 zum Kreuzzug gegen sie auf, was aber nicht half. Die Ausmaße des Problems lassen sich an der Schlacht von Brignais im April 1362 erkennen; eine große französische Armee (mit geschätzt 6000 Rittern) wurde von einer großen ‘routiers’-Armee fast vollständig vernichtet. Das Problem beschränkte sich auch nicht auf Frankreich. Die Schlacht von Baesweiler im Jahr 1371 etwa wurde zwischen Herzog Wenzel und Herzog Wilhelm von Jülich ausgetragen, nachdem Wilhelm es verabsäumt hatte, trotz der Klagen Wenzels Reparationszahlungen für seine marodierenden Söldner zu bezahlen. Da Wenzel besiegt und gefangen wurde, setzten die Söldner ihre Untaten fort.

Diese byzantinische Goldbulle zeigt Christus und den Kaiser Andronikos II. (1282-1328). Während seiner Herrschaft brach die kleinasiatische Front des Byzantinischen Reiches ein und gingen weite Teile Griechenlands verloren.

1362

Pedro der Grausame von Kastilien gewinnt nach langer Belagerung Catayud von Aragón.

Eine hanseatische Flotte brandschatzt Kopenhagen. In der Folge belagert sie Burg Helsingborg, wo der Dänenkönig Waldemar IV. Atterdag den Großteil der Flotte in einem Überraschungsangriff überwältigt.

April: Schlacht von Brignais an der Rhône. Eine französische Armee, die Routiers verfolgt (arbeitslose Söldner, die das Land verwüsten), wird von diesen schwer geschlagen.

1364

16. Mai: Schlacht von Cocherel. Bertrand du Guesclin besiegt eine englisch-navarresische Armee, die von dem aufrührerischen Karl von Navarra befehligt wird.

28. Juli: Schlacht von Cascina. Florenz schlägt Pisa.

Erster Beleg für Handfeuerwaffen in Europa.

29. September: Schlacht von Auray. Ein anglobretonisches Heer besiegt die Franzosen und nimmt den französischen Kommandeur Bertrand de Guesclin gefangen.

1365

Die Ottomanen erobern Konstantinopel.

9. Oktober: Eine von Peter I. von Zypern geführte Kreuzfahrerarmee nimmt Alexandria in einem Überraschungsangriff, doch die Soldaten weigern sich, die eroberte Stadt zu verteidigen, als eine Entsatzflotte sich nähert.

Papst Innozenz VI. (1352-1362) brachte 1360 den Frieden von Brétigny zwischen Frankreich und England zuwege.

Söldner waren vor allem in Italien nützlich, wo die reichen (und kriegsfreudigen) Handelsstädte die Mittel besaßen, sie regelmäßig zu bezahlen. Viele Veteranen des Hundertjährigen Krieges fanden den Weg in die Dienste eines (oder mehrerer) italienischer Stadtstaaten. Die bekannteste Söldnertruppe war die Weiße Kompanie, die in Italien 1361 zu operieren begann, dorthin gerufen, um die „Große Kompanie" (gegründet 1349 von Werner von Urslingen) zu bekämpfen. Diese Organisation, die Vereinigung mehrerer unabhängiger Söldnerkompanien, brachte die bei Crécy und Poitiers vervollkommneten Kampftechniken mit nach Italien und griffen bei vielen Feldzügen und Belagerungen auf sie zurück. Viele der Heerführer, wie Sir John Hawkwood (alias Giovanni Acuto) und Andrew Belmont, stammten aus England. Sie bewiesen, dass regelmäßig bezahlte Söldnertruppen loyal und für die Kriege Italiens unentbehrlich waren.

Da es sich um professionelle Krieger handelte, gewann gewöhnlich die Armee mit den meisten und besten Söldnern. Hawkwoods Sieg über Verona bei Castagnaro im Jahr 1387 etwa war ein Musterbild an militärischem Professionalismus für seinen Arbeitgeber, die Stadt Padua. Seine Söldnerarmee umfasste etwa 7000 Reiter, 1000 Infanteristen und 600 berittene englische Soldaten; sie besiegte eine zahlenmäßig überlegene Armee von 9000 Reitern, 2600 Pikenträgern und Armbrustschützen und einer großen Menge untrainierter Milizionäre.

Bertran du Guesclin (um 1320-1380), ein bretonischer Ritter, der bis zum Konnetablen von Frankreich aufstieg, war Frankreichs größter Held des 14. Jahrhunderts.

1366

England verweigert dem Papst die Gefolgschaft.

Die Ottomanen besiegen die von Amadeus von Savoyen und Ludwig von Ungarn geführten Kreuzfahrer in der Schlacht von Vidin.

1367

3. April: Schlacht von Nájera (Kastilien). Pedros des Grausamen Verbündeter Edward, der Schwarze Prinz, schlägt Enrique von Trastamara und bringt Pedro wieder auf den kastilischen Thron.

1368

Eine Allianz aus der Hanse, Schweden und anderen Ländern der Region zwingt Waldemar IV. von Dänemark ins Exil und bringt die dänische Expansion zum Stillstand.

Hawkwood kämpfte nach Art der Engländer bei Crécy und Poitiers und positionierte seine Männer hinter einen Fluss, an den Flanken die Bogenschützen. Eine veronesische Kavallerieattacke scheiterte an Hawkwoods Verteidigungsstellungen und der Söldnergeneral kam durch einen Kavallerieangriff gegen den Rücken des Feindes zum Sieg. Seine überaus erfolgreiche Laufbahn beendete Hawkwood in florentinischen Diensten.

Die Kriege in Italien

Es gibt Schätzungen, dass von 1320 bis 1360 in Italien mindestens 700 deutsche Kavalleriekommandeure aktiv waren und mindestens 10.000 Mann befehligten. Italien war für Kämpfer, ob Einheimische oder Ausländer, ein Land voller Möglichkeiten. Im 14. Jahrhundert schluckten einige italienische Staaten, vor allem Mailand und Florenz, etliche ihrer kleineren Rivalen. Andere Kriege wurden um Handelsvorteile oder schlichtweg aus Rivalität geführt. Größter Kombattant in Italien war aber das Papsttum. Die Päpste hatten einen eigenen Staat, den

Herzog Filippo Maria Visconti von Mailand (1412-1447), einer der vielen Kleinherrscher, die im Italien des 14. und 15. Jahrhunderts um die Vorherrschaft stritten.

1369

23. März: Schlacht von Montiel. Enrique von Trastamara besiegt mit einer überwiegend französischen Armee unter Bertrand du Guesclin das Heer Pedros des Grausamen und tötet persönlich Pedro, um sich den Thron von Kastilien zu sichern.

Die Kreuzfahrer versuchen Alexandria einzunehmen.

Überfall auf Portsmouth durch eine französische Flotte

Adrianopel geht an Sultan Murad I. verloren.

1369-1374: Karl V. von Frankreich nimmt den Hundertjährigen Krieg wieder auf und erobert ganz Frankreich mit Ausnahme von Calais und der Gascogne.

1369/70: Portugiesische Blockade von Sevilla; Teil eines langen Kampfes um die Straße von Gibraltar.

1370

Bertrand du Guesclin wird zum Konnetablen von Frankreich ernannt.

Schlacht von Pontvallain. Bertrand du Guesclin besiegt ein anglo-bretonisches Heer und gewinnt den Großteil der Bretagne für Frankreich zurück.

19. September: Der Schwarze Prinz brandschatzt Limoges, was aufgrund der Brutalität weithin kritisiert wird.

1371

22. August: Schlacht von Baesweiler. Herzog Wilhelm von Jülich besiegt Kaiser Wenzel und nimmt ihn gefangen; in der Schlacht geht es um Reparationen für die durch Herzog Wilhelms marodierende Söldner angerichtete Schäden.

26. September: Schlacht an der Maritza (im heutigen Bulgarien). In der ersten offenen Feldschlacht in Europa schlägt Sultan Murad I. eine größere serbische Armee unter König Vukashin.

Kirchenstaat, aufgebaut und im 13. Jahrhundert herbe Verluste hinnehmen müssen, die in der Verlegung der päpstlichen Kurie in die französische Grenzstadt Avignon im frühen 14. Jahrhundert gipfelten. Die Päpste waren aber nicht bereit, ihren Staat kampflos aufzugeben und verwendeten bis zu 60 Prozent ihrer Jahreseinkünfte für diesen Krieg.

Bereits 1322 predigte der Papst einen Kreuzzug gegen das Mailänder Fürstenhaus Visconti. Der ernsthafte Versuch, den Kirchenstaat wiederzuerlangen, begann aber erst 1353. Der päpstliche Gesandte Gil Alvarez Carillo Albornoz, Erzbischof von Toledo, führte die frühen Feldzüge an. Seine Feldzüge illustrieren die Brutalität des Krieges im 14. Jahrhundert, insbesondere im Kampf gegen vorgebliche Rebellen und Verräter. Die päpstlichen Truppen, überwiegend Söldner, kombinierten die aktuellen Kampf- und Feldzugstechniken mit religiösen Sanktionen, was viele als unfair empfanden. Diese Praxis lässt sich am Krieg der Acht Heiligen (1375-1378) ablesen, einer Rebellion gegen das Papsttum, die Florenz angezettelt hatte. An der religiösen Front wurde Florenz unter das Interdikt gestellt. Doch auf dem Schlachtfeld war der Feldherr des Papstes brutaler als die meisten europäischen Kommandeure seiner Zeit; er massakrierte die Bewohner von Faenza (1376) und Cesena (1377) nach erfolgreicher Belagerung. Als Papst Gregor IX. 1378 von Avignon nach Rom zurückkehrte, tat er dies mit einer Armee, die weitere Aufständische unterdrückte.

Die Weihe Papst Gregors IX. in Avignon (1370). Dieser Papst führte das Papsttum 1378 heim nach Rom und löste dadurch eine neue Serie von Kriegen in Italien aus.

Zur See gingen die Kriege zwischen den italienischen Handelsrivalen mit unveränderter Härte weiter. Im Grunde handelte es sich um den Kampf zwischen Genua und Venedig, die beide Häfen und Handelsprivilegien im östlichen Mittelmeer beanspruchten. Ein dritter Krieg zwischen den beiden Städten brach in den 1350er-Jahren aus, als die Genueser in Caffa venezianische Handelsschiffe beschlagnahmten. Beide Städte verfügten über ein unerschöpflich scheinendes Reservoir an Schiffen und Seeleuten, was hieß, dass keine Seite einen entscheidenden Vorteil besaß. 1352 besiegten die Genueser die Venezianer am Bosporus, wurden aber selbst im folgenden

1372

22. Juni: Schlacht von La Rochelle. Eine kastilische Flotte unter Enrique II. schlägt mit Feuerschiffen eine englische Transportflotte, die Truppenverstärkungen in die Gascogne bringen soll.

Juni: Die Franzosen erobern durch eine List des Bürgermeisters La Rochelle von den Engländern.

1375-1378

Krieg der Acht Heiligen. Aufstand gegen das Papsttum im Kirchenstaat, organisiert von Florenz.

1376

Das englische Walsingham wird von einer kastilischen Flotte gebrandschatzt.

Florenz wird vom Papst unter das Interdikt gestellt.

Eine päpstliche Armee nimmt nach kurzer Belagerung Faenza ein und schlachtet die Einwohner ab.

1376-1389: Krieg des Schwäbischen Bundes gegen König Wenzel.

Jahr vor Sardinien geschlagen. 1354 eroberten die Genueser fast die gesamte Flotte Venedigs bei Sapienza, womit eine Phase des Krieges beendet war, der aber den Rest des Jahrhunderts über weiterging.

Ein vierter Krieg zwischen Genua und Venedig brach 1372 aus; dabei ging es um die Rangordnung bei der Krönung von Peter II. von Zypern. Der Krieg erreichte seinen Höhepunkt mit der Niederlage der venezianischen Flotte im Mai 1379 bei Pola. Die Genueser griffen nun Venedig selbst an, sowohl von Land als auch vom Meer aus. Die Ankunft 18 venezianischer Schiffe aus dem Osten erlaubte aber die Errichtung einer Gegenblockade gegen die genuesische Flotte. Die überlebenden Genueser ergaben sich – doch die Ursachen dieses langen Krieges blieben ungelöst.

Weitere Kreuzzüge

Der Fall Akkons im Jahr 1294 beendete die Kreuzzüge im Heiligen Land, obschon die Wiedererlangung Jerusalems vielen Europäern Herzenssache blieb. Einige Herrscher und Adlige, etwa Edward I. von England und sein Erzrivale Robert Bruce, symbolisierten diese fortbestehende Verpflichtung dadurch, dass sie ihre Herzen dem Heiligen Land vermachten. Doch obwohl viele Westeuropäer kühne Traktate darüber schrieben, wie das Heilige Land zu gewinnen sei, war das Problem einfach zu groß, angesichts der militärischen Stärke der Mamelucken und der Kriege, die Europa zerrissen. Kreuzfahrer unter Peter I. von Zypern brandschatzten 1365 Alexandria, konnten die Stadt aber nicht halten, und auch der Kreuzzug von Herzog Ludwig II. von Bourbon gegen Tunis scheiterte 1390.

Wenn die Adligen des 14. Jahrhunderts sich im Krieg beweisen und religiösen Dispens erhalten wollten, gingen sie in das Baltikum, wo der Deutschherrenorden ihnen sorgsam organisierte Gelegenheiten bot, gegen Heiden zu kämpfen und ihnen zugleich einen fürstlichen Lebensstil ermöglichte. Litauen – ein starker, straff organisierter, nichtchristlicher Staat – stellte für die Ländereien des Ordens in Preußen eine stete Gefahr dar, aber auch ein legales Ziel der Eroberung (da es Heidenland war). Doch die Deutschritter waren für Eroberungen zahlenmäßig zu gering. Daher starteten sie einen sehr erfolgreichen Propagandafeldzug, um Kreuzfahrer für alljährliche 'Preußenfahrten' zu gewinnen, deren erste

Herzog Ludwig II. von Bourbon (1337-1410), dessen Kreuzzug von 1390 darauf abzielte, das Piratentum im Mittelmeer zu beenden, indem er deren Basen in Tunis angriff.

1377

Februar: Blutbad von Cesena. Eine päpstliche Armee unter Sir John Hawkwood nimmt das von Florenz gehaltene Cesena; der päpstliche Legat Robert von Genf befielt, die gesamte Einwohnerschaft zu massakrieren, um den Mord an einigen Söldnern zu rächen.

Die französische Flotte überfällt englische Häfen, von Rye bis Portsmouth.

Belagerung von Odruik. Erster bekannter Fall in Europa, dass eine Kanone eine Bresche in eine Stadtmauer schlägt.

1378

Florenz schließt mit dem Papsttum Frieden und zahlt dafür, dass es straflos bleibt.

30. Mai: Schlacht von Anzio. Eine venezianische Flotte schlägt die Genueser.

1378-1381: Genuesisch-venezianischer Krieg.

1378-1417: Großes Schisma, rivalisierende Päpste in Rom und Avignon.

1379

7. Mai: Schlacht von Pola (Istrien). Die genuesische Flotte landet einen überwältigenden Sieg über Venedig; nur sechs venezianische Schiffe entkommen.

1379/80: Die Genuesen blockieren Venedig zu Land und auf dem Meer, doch die venezianische Flotte setzt die genuesische ihrerseits einer Blockade aus. Die überlebenden Genuesen ergeben sich am 24. Juni 1380.

für 1304 bezeugt ist. Dazu heuerte der Orden große Mengen an Söldnern an – die ebenfalls den Ablass erhielten. Nach dem Fall Akkons verlegte der Meister des Deutschherrenordens sein Quartier in die Marienburg in Preußen und widmete alle Ressourcen des Ordens nun darauf, Land im Baltikum zu erobern und zu halten. Es war ein langer, langsamer Kampf. Der Orden ging dazu über, jedes Jahr im Sommer und im Winter (die Jahreszeiten, zu denen Unternehmungen möglich waren) zwei kurze Feldzüge durchzuführen. Die Ziele waren in der Regel begrenzt und beschränkten sich darauf, eine einzelne auf feindlichem Gebiet liegende Burg zu erobern oder zu errichten.

Trotz 100 Jahren Krieg war es dem Deutschherrenorden nicht gelungen, Litauen zu unterwerfen. Man wurde durch Kriege gegen Polen abgelenkt, dessen Herrscher verständlicherweise der teutonischen Aggression ablehnend gegenüberstanden. Und die Großherzöge von Litauen kämpften mit Intelligenz und Hartnäckigkeit um ihr Land, oft mit anderen Feinden der Ritter verbündet. Die Hoffnungen des Ordens wurden zerstört, als sich Großherzog Jogaila 1386 zum lateinischen Christentum bekehrte und Jadwiga, die Erbin Polens, heiratete. Die folgende polnisch-litauische Union zwang den Deutschherrenorden in die Defensive, der bald seinen Nachschub an billigen Kreuzfahrern aus Westeuropa einbüßte.

Auch in Spanien ging der Kreuzzug weiter; am 30. Oktober 1340 erstritt eine portugiesisch-kastilische Streitmacht einen großen Sieg über die Muslime. Diese Schlacht markierte aber einen Wendepunkt in der spanischen Reconquista. Die

Der englische Bauernaufstand von 1381 begann in Brentwood; Bauern protestierten gegen die Einziehung hoher Steuern und töteten einen Richter, der zu ihrer Bestrafung geschickt wurde.

1380

Um 1380: Der deutsche Mönch und Alchemist Berthold Schwarz erfindet die Bombarde.

8. September: Schlacht auf dem Kulikowo Pole. Prinz Dmitri Donskoi von Moskau besiegt Khan Mamai von der Goldenen Horde; der erste russische Sieg über die Mongolen.

Der französische Admiral Jean de Vienne zündet Gravesend (England) an.

1381

Bauernaufstand in England.

1382

23. August: Khan Toktamisch von der Goldenen Horde nimmt Moskau ein, tötet einen Großteil der Bevölkerung und richtet die mongolische Herrschaft wieder auf.

27. November: Schlacht von Roosebeeke (Westrozebeke). Die Armee Philipps des Kühnen, der durch Heirat mit der Erbin Anspruch auf Flandern erhebt, vernichtet die Armee von Gent und deren Verbündete unter Philipp van Artevalde.

christlichen Heere schlugen den Meriniden-Sultan Abu l-Hasan von Marokko, und dies sollte das letzte Mal sein, dass ein nordafrikanischer Moslemstaat sich ernsthaft in Spanien engagierte. 1344 nahm König Alfons IX. von Kastilien die muslimisch beherrschte Stadt Algeciras an der Nordküste der Straße von Gibraltar ein, womit nur noch das Emirat Granada in arabischer Hand verblieb. Das weitere Jahrhundert über kämpften in den spanischen Kriegen überwiegend Christen gegen Christen, etwa im kastilisch-aragonesischen Krieg von 1357 oder im Krieg um den Thron Kastiliens zwischen Pedro dem Grausamen und seinem Bruder Enrique von Trastamara. Kastilien focht daneben einige Seeschlachten gegen Portugal und die Moslemstaaten Nordafrikas um die Straße von Gibraltar.

Die ottomanischen Türken

Obwohl Eroberungskreuzzüge im 14. Jahrhundert seltener zu werden schienen, waren Verteidigungskreuzzüge nötiger denn je, dank des Aufstiegs der türkischen Ottomanen-Dynastie in Kleinasien.

Die Schlacht von Montiel am 23. März 1369, in der Pedro der Grausame von Kastilien getötet und durch die der kastilische Bürgerkrieg beendet wurde.

1383

„Kreuzzug" von Bischof Henry Despenser von Norwich. Eine völlig missorganisierter Angriff der Engländer auf Herzog Philipp den Kühnen von Burgund, der vom Papst in Rom als Kreuzzug gepredigt wird.

1384

Kastilischer Angriff per Schiff auf Lissabon.

Schlacht von Thessaloniki. Die Ottomanen besiegen den byzantinischen Kaiser Manuel II. Palaiologos in der letzten offenen Feldschlacht, die die Byzantiner mit den Türken ausfechten. Thessaloniki ergibt sich 1387 nach dreijähriger Belagerung.

1385

Richard II. von England führt gegen Schottland einen Feldzug, erreicht aber nichts.

14. August: Schlacht von Aljubarrota. König João I. von Portugal und seine englischen Verbündeten schlagen eine Invasion Portugals durch Juan I. von Kastilien (samt französischer Verbündeter) zurück.

Die ottomanischen Sultane erwiesen sich als begabte Militärstrategen und vereinigten die kleinen türkischen Staaten in Kleinasien mit einer Mischung aus Gewalt und dem Aufruf zum 'jihad', dem heiligen Krieg gegen das christliche Byzantinische Reich. Um 1350 hatten die Ottomanen fast das gesamte byzantinische Staatsgebiet auf der asiatischen Seite des Bosporus erobert und begannen sich Europa zuzuwenden. Sultan Murad I. (1360-1389) errang eine Reihe eindrucksvoller Siege. Er eroberte Thrakien und errichtete seinen Herrschersitz in Adrianopolis. Danach annektierte er Mazedonien und große Teile des südlichen Serbien. 1384 besiegte er bei Thessaloniki den byzantinischen Kaiser Manuel II. in der letzten offenen Schlacht zwischen dem fallenden Byzantinischen Reich und den Türken.

Da die Türken auf dem Balkan vorrückten, überrascht es nicht, dass die lateinisch-christlichen Staaten Mitteleuropas in Sorge gerieten. Das offensichtliche nächste Ziel der Türken war Ungarn. Kaiser Sigismund (1387-1437) reagierte tatkräftig und koordinierte den christlichen Widerstand auf dem Balkan.

Der Ottomanensultan Murad I. wird in der Schlacht auf dem Amselfeld am 15. Juni 1389 von einem seiner eigenen Adligen getötet.

1386

Union Polens und Litauens. Großherzig Jogaila von Litauen bekehrt sich zum Christentum und heiratet die Thronerbin Hedwig von Polen.

Frankreich plant eine Invasion Englands, doch die Sache wird im November abgeblasen, wahrscheinlich weil der König von Frankreich die Truppen nicht bezahlen kann.

9. Juli: Schlacht von Sempach (Schweiz). Eine Schweizer Infanteriemiliz besiegt eine österreichische Armee, die von dem Habsburgerherzog Leopold III. von Österreich befehligt wird. Leopold kommt mit mindestens 600 österreichischen Rittern ums Leben.

Um 1386: Frühester bekannter Beleg für eine Lanzenhalterung (arrèt) am Brustpanzer: Abbildung auf einem Grab.

1387

11. März: Schlacht von Castagnaro (Italien). Eine padovanische Armee unter Sir John Hawkwood besiegt Verona.

Schlacht von Radcot Bridge. Aufständische Adlige unter Führung der sog. Lords Appellant besiegen ein Heer von Parteigängern König Richards II., das von Robert de Vere, Earl von Oxford, befehligt wird.

Das Parlament säubert Richards II. von England Verwaltung („The Merciless Parliament").

Veröffentlichung von Honoré Bouvets *„Arbre des batailles"* („Baum der Schlachten").

Schlacht von Margate. Die englische Flotte besiegt eine französisch-kastilische Invasionsflotte.

Kaiser Manuel II. Palaiologos (1391-1425) betet zum Erzengel Michael.

Vor allem versammelte er die große westliche Armee, die 1396 den „Kreuzzug von Nikopolis" bestritt.

Die westliche Armee, die bei Nikopolis auf Sultan Bayezid traf, war gewaltig und dürfte bis zu 100.000 Mann stark gewesen sein. Während über die Hälfte der Streitmacht sich aus Ungarn rekrutierte, waren auch französische, deutsche, walachische, englische und andere Kontingente vertreten. Bayezids Heer war höchstwahrscheinlich ebenso groß – aber in seiner Kommandostruktur besser organisiert. Dem Christenheer fehlte es an Einheit. Die westlichen Kreuzfahrer widersetzten sich Sigismund, viele seiner Ungarn und Walachen verhielten sich ihm nicht loyal. In dieser Schlacht, wie in vielen anderen des 14. Jahrhunderts, vertrauten die Europäer allzu sehr auf den Kavallerieangriff gegen gut organisierte Fußsoldaten, die durch einen Wald von aufgestellten Pfählen geschützt wurden. Die westlichen Reiter wurden dadurch aufgehalten und dann von den türkischen Bogenschützen beschossen. Sie saßen ab, brachen durch und besiegten die türkische Infanterie. Es entging ihnen freilich, dass auf der anderen Seite des Hügels große türkische Reserven warteten. Das Ergebnis war ein überwältigender türkischer Sieg. Die Schlacht bedeutete keineswegs das Ende der schweren Kavallerie, doch stellte sie eindrücklich vor Augen, dass die Kavallerie intelligent und gemeinsam mit der Infanterie eingesetzt werden musste, wollte man eine Schlacht gewinnen.

Nach Nikopolis standen Ungarn und das Byzantinische Reich den Ottomanen offen. Gerettet wurden die Länder allein durch das Erscheinen eines neuen Eindringlings aus Mittelasien, Tamerlan, der in der Schlacht von Ankara 1402 das türkische Sultanat um ein Haar zerstört hätte. Die Türkengefahr blieb indes bestehen und sollte das dominierende Thema der Kriegsführung des 15. Jahrhunderts sein.

1388

15. August: Schlacht von Otterburn. Eine schottische Armee fügt einer größeren, von Henry Percy von Northumberland („Heißsporn") geführte Armee eine ernste Niederlage zu. Percy wird gefangengenommen.

1389

15. Juni: Schlacht auf dem Amselfeld. Ein großer türkischer Sieg über eine verbündete christliche Streitmacht, die von dem Serbenprinzen Lazar angeführt wird. Sultan Murad I. wird in der Schlacht getötet, was an ihrem Ausgang nichts ändert.

Königin Margarete, die Regentin von Dänemark, schlägt ihren Konkurrenten um den Thron, Herzog Albrecht von Pommern, entscheidend und wirft ihn in den Kerker.

1390

Sultan Bayezid I., genannt Yildirim („der Blitz"), beginnt mit dem Bau einer permanenten ottomanischen Flotte.

Eine genuesische Flotte und Kreuzfahrer, angeführt von Herzog Ludwig II. von Bourbon, scheitert daran, den Hafen Mahdia (im heutigen Tunesien), einen Hauptstützpunkt der barbarischen Piraten, einzunehmen.

Der Ottomanensultan Bayezid I. nimmt Widin ein, der erste Schritt der geplanten Invasion Ungarns.

1391

Schlacht von Alessandria. Eine mailändische Armee schlägt die Florentiner, die von Sir John Hawkwood befehligt werden.

Christliche Ritter fliehen nach der Schlacht von Nikopolis am 28. September 1396 vor den siegreichen Türken.

1392

König Karl VI. von Frankreich wird wahnsinnig.

1394

Richards II. von England erster irischer Feldzug.

16. März: Tod Sir John Hawkwoods, des größten Söldnerhauptmanns des 14. Jahrhunderts.

1394-1402: Der Ottomanensultan Bayezid I. belagert Konstantinopel und hebt die Belagerung erst auf, als ihn die vordringende Armee Tamerlans bedroht.

1396

März: Friede von Leulinghen. Frankreich und England einigen sich auf einen 30-jährigen Waffenstillstand. Prinzessin Isabella von Frankreich ehelicht Richard II. von England.

25. September: Schlacht von Nikopolis. Die Ottomanenarmee fügt einem großen Kreuzfahrerheer eine schwere Niederlage zu.

Kalmarer Union. Erik von Pommern wird König ganz Skandinaviens.

1399

Sommer: Tamerlan fügt einer Allianz aus Litauen, Rus, den Tataren, den Polen und den Deutschherren eine überwältigende Niederlage zu.

Richards II. von England zweiter irischer Feldzug.

Richard II. von England wird zur Abdankung gezwungen. Henry of Bolingbroke wird König Heinrich IV.

September 1399-1409: Walisischer Aufstand gegen die Engländer, angeführt von Owain Glyn Dwr.

Das fünfzehnte Jahrhundert: Zeitalter der Veränderungen

Im fünfzehnten Jahrhundert fand im europäischen Kriegswesen keine Revolution statt, vielmehr setzten sich seit Jahrhunderten vorhandene Tendenzen auf den Schlachtfeldern Europas fort. Die Armeen wurden größer als jemals zuvor und beanspruchten die Budgets der Staaten auf das äußerste.

Die Schlachten kosteten einen höheren Blutzoll als je zuvor, nicht so sehr, weil die Techniken des Tötens sich verbessert hätten, sondern weil ideologische Gegnerschaft und der wachsende Professionalismus der Armeen den Soldaten sein Handwerk „gründlicher" ausführen ließen. Waffen und Rüstungen entwickelten sich weiter, zum Beispiel verließen sich Infanteriekräfte immer mehr auf die Pike. Vor allem aber gab es große Fortschritte in der Schießpulvertechnologie. Am Ende des 15. Jahrhunderts sah die Kriegsführung in Europa ganz anders aus als ein Jahrhundert zuvor – und hörte sich auch ganz anders an.

Links: Heinrich V. schützt seinen gestürzten Bruder in der Schlacht von Agincourt. Heinrich warf sich mitten ins Getümmel.
Rechts: Ein Katapult mit Gegengewichten, wie es bis Mitte des 15. Jahrhunderts regelmäßig eingesetzt wurde.

In der Zeit von 1400 bis 1450 wurden die Kanonen und das Artilleriewesen beträchtlich verbessert. War die Kanone im 14. Jahrhundert zumeist eine lautstarke Kuriosität, aber keine echte Hilfe in der Schlacht gewesen, so wurde sie im 15. Jahrhundert so sehr verbessert, dass das schiere Drohen mit einer Kanone den Gegner zur Aufgabe bewegen konnte. Die wachsende Effektivität der Schießpulverwaffen lässt sich daran erkennen, dass ab etwa 1450 kaum noch Katapulte für Belagerungen in Europa herangezogen wurden; zwar waren diese noch immer wesentlich zielsicherer als Kanonen, eine Kanone (deren Name einfach „Rohr" bedeutet

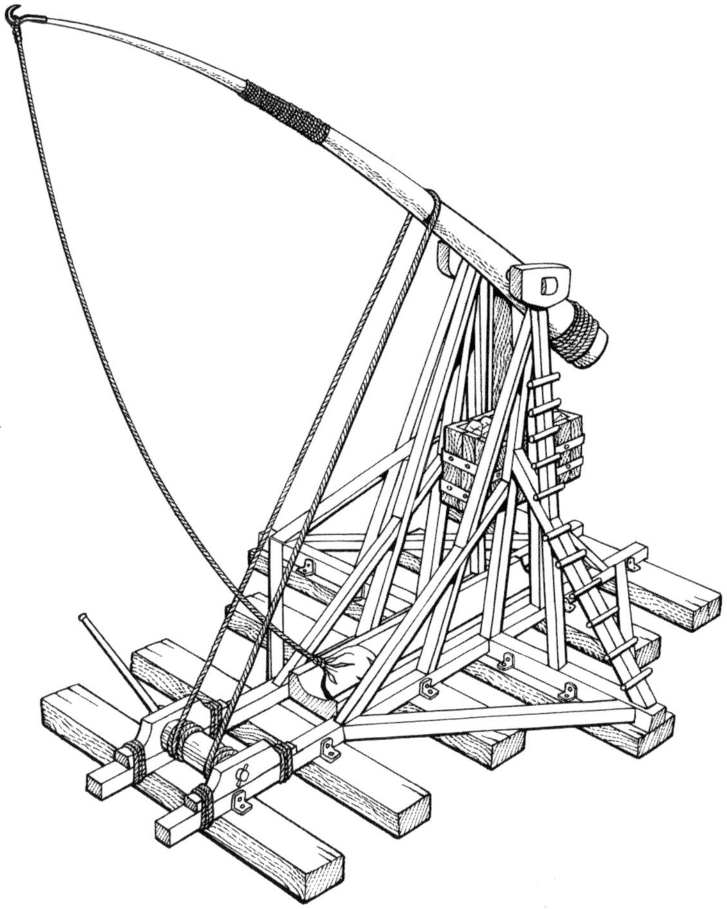

– mit dem man ein Geschoss auf den Weg brachte) aber sandte Geschosse mit wesentlich mehr Wucht aus.

Zwei wichtige Neuerungen ließen die Kanone zur dominierenden Waffe beim Belagerungskrieg werden. Einmal die Erfindung der Bombarde um das Jahr 1380, einer überaus effektiven Kanonenart, bei der die Kraft der Schießpulverexplosion direkt hinter dem abzufeuernden Geschoss wirkt. Um 1420 maßen die größten Kanonen in der Länge bis zu 5,20 Meter und verschossen

Kugeln von bis zu 750 kg Gewicht. Um 1430 konnten Bombarden die meisten Verteidigungsanlagen durchdringen. Das Verdienst hierfür gebührt aber zum Teil der zweiten Neuerung, die um 1430 aufkam, das „gekörnte“ Schießpulver. Hierbei wird das Pulver mit Weinbrand, Alkohol, Essig oder dem „Urin eines Weintrinkers“ getränkt und zu kleinen Körnern getrocknet, die vielleicht dreimal wirksamer

Oben: Ein Modell von Mons Meg, der großen schmiedeeisernen Bombarde, die 1449 in Mons hergestellt wurde. Mons Meg war ein Geschenk an den schottischen König und steht heute im Edinburgh Castle.

Links: Berthold Schwarz, ein deutscher Franziskaner und Alchemist des 14. Jahrhunderts, der früh mit Schießpulver experimentierte.

1400

30. Oktober: Schlacht von Aleppo. Tamerlan vernichtet eine Mameluckenarmee und nimmt Aleppo und Damaskus ein.

1400-1410: Ein langer, wirrer Bürgerkrieg in Deutschland endet mit der Krönung Sigismunds von Ungarn zum Kaiser.

1401

Tamerlan erstürmt Bagdad, massakriert die Einwohner und zerstört weite Teile der Stadt.

waren als das bisherige Pulver. Diese Entwicklung erhöhte aber auch die Gefahr für die Kanoniere, da die typische schmiedeeiserne Kanone des 15. Jahrhunderts gerne barst. Der Übergang von Steinkugeln zu ehernen oder Bleigeschossen sorgte aber dafür, dass die Geschosse dem Lauf der Kanone besser angepasst waren und verringerte wohl auch die Zahl der gefährlichen Explosionen.

Mitte des 15. Jahrhunderts konnte ein artilleriebestücktes Angriffsheer die Mauern auch der stärksten Städte oder Burgen niederschießen – wie sich an der Rolle großer Kanonen bei der Eroberung Konstantinopels durch die Türken ablesen lässt, aber auch an der französischen Eroberung der Normandie und der spanischen Eroberung Granadas. Anfangs reagierten die Verteidiger darauf mit dickeren Stadtmauern. Gegen Ende des Jahrhunderts aber entwarfen die Baumeister gedrungene Artillerietürme und wandten sich von den Ringmauern ab, die so verwundbare Ziele abgaben.

Im 15. Jahrhundert entwickelten sich auch die Handfeuerwaffen zu einem effektiven Instrument des Krieges. Die erste Handfeuerwaffe, der 'schiopetto', wurde wohl schon im späten 13. Jahrhundert eingeführt. Für die zweite Hälfte des

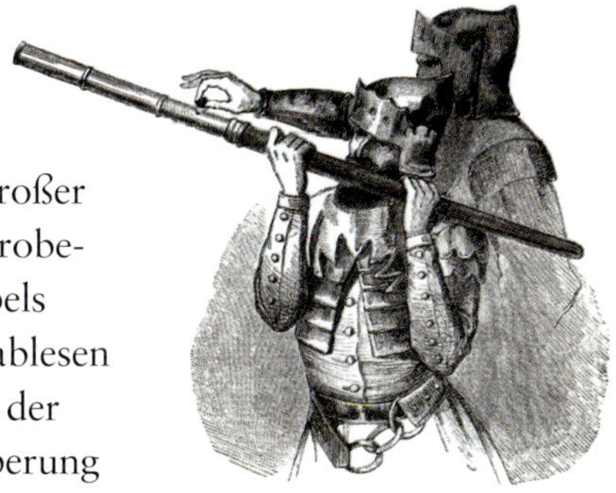

Oben: Eine Handkanone des 15. Jahrhunderts.

Links: Bombarden verschossen Kugeln, die hunderte von Pfund wogen und waren auch imstande, Burg- und Stadtmauern zu „knacken."

1402

20. Juli: Schlacht von Ankara. Tamerlan vernichtet die ottomanische Armee Bayezids I.

14. September: Schlacht von Homildon Hill. Die Engländer unter Henry Percy von Northumberland („Heißsporn") schlagen eine schottisch-französische Invasion zurück, deren Anführer Archibald Douglas in Gefangenschaft gerät.

1403

21. Juli: Schlacht von Shrewsbury. König Heinrich IV. besiegt Rebellen, die von Henry Percy geführt werden. Percy wird getötet.

1403-1413: Krieg zwischen den drei Söhnen Sultan Bayezids I. um die Herrschaft im Ottomanischen Reich. Verlust der meisten ottomanischen Länder in Europa.

1404

27. April: Tod Herzog Philipps des Kühnen von Flandern.

Die Bauern von Dithmarschen vertreiben eine Armee des Grafen von Holstein.

14. Jahrhunderts ist der Einsatz dieser Waffen gut belegt, fast immer bei der Verteidigung von Städten, wo es nicht so sehr von Belang war, dass sie schwer, mühsam in der Handhabung und langsam waren (Länge 1 bis 1,20 Meter, abgefeuert mit einem glimmenden Span). Um 1430 aber war die Entwicklung der Handfeuerwaffen so weit fortgeschritten, dass einige Armeen Einheiten mit ihnen ausrüsteten. Sie scheinen effektiv gewesen zu sein – oder zumindest sehr gefürchtet; ab 1440 haben wir Berichte, dass gefangene Schützen summarisch hingerichtet wurden. Etwa um 1480 löste die Arkebuse, eine modernere Waffe, die schwerer war als der Schiopetto, aber über einen Abzugsmechanismus verfügte, diesen nach und nach ab. Die Mailänder Armee besaß 1482 insgesamt 1250 Schiopettos, 352 Arkebusen und 233 Armbrüste, was darauf hinweist, wie sich die Gewichte auf dem Schlachtfeld nun verschoben. Es ist unwahrscheinlich, dass die Handfeuerwaffen effektiver waren als die Armbrüste, insbesondere im Angesicht der Entwicklung der Stahlarmbrust, die mit einer Winde gespannt wurde, doch kluge Kommandeure erkannten ihr Potenzial – oder erfreuten sich an dem eindrucksvollen Lärm, den sie verursachten, und ihrem „modernen“ Image.

Ein Fußsoldat mit Arkebuse, einer im 15. Jh. entwickelten Handfeuerwaffe, die den 'schiopetto' nach und nach ablöste.

Die militärischen Orden

Im 15. Jahrhundert kam es zu einem radikalen Niedergang und einer Umwertung der „Ritterlichkeit“, obwohl in diesem Jahrhundert auch einige der wichtigsten Ritterorden gegründet wurden (vor allem der Orden vom Goldenen Vlies in Burgund). Nirgends zeigte sich der Wandel in den Idealen deutlicher als im Verfall der militärischen Orden. Die Templer waren im frühen 14. Jahrhundert aufgelöst worden. In Spanien wandelten sich die Orden praktisch zu Ehrenklubs für den Adel. Die Deutschherren und die Hospitaliter gab es weiterhin, sie sahen sich aber sehr großen Schwierigkeiten ausgesetzt.

Bis 1400 hatten die Deutschherren über 260 Burgen errichtet, um ihren Staat zu schützen und zu beherrschen. Sie hatten sich auch eine große Zahl von Feinden geschaffen, und nachdem die Verstärkungen durch Kreuzfahrer nach der Annahme des Christentums durch das letzte baltische Heidenvolk ausblieben, wurde ihre Lage immer prekärer. Viele waren der Ansicht, der Orden bekomme, was er verdiene, als 1410 König Jagiello von Polen/Litauen eine große Koalition gegen ihn

1405

Eine kastilische Flotte überfällt Jersey und brandschatzt Poole.

Berwick (Schottland) ergibt sich einem englischen Angriff nach nur einem Bombardenschuss.

1405–06: Die Engländer erobern das von Rebellen gehaltene Anglesey.

1405–06: Die Florentiner erobern Pisa.

1407

23. November: Herzog Ludwig von Orléans wird auf Befehl Herzog Johanns von Burgund ermordet.

auf die Beine brachte. Dies war ein wirklich großer Krieg: Jagiellos Heer zählte über 30.000 Mann, die Deutschherren brachten etwa 20.000 zusammen (darunter viele Söldner).

Die Schlacht von Tannenberg (oder Grunwald) am 15. Juli 1410 zeigt Altes und Neues in der Taktik. Ulrich von Jungingen, der Großmeister des Ordens, schützte seine Armee durch getarnte Gruben, die er ausheben ließ. Dann aber zog er sich zurück und überließ seine aufwändig errichteten Stellungen den Polen. Es folgte eine große Kavallerieschlacht; die Ritter wurden wiederholt angegriffen, bis ihre Formation sich auflöste. Tannenberg war eine vollständige Niederlage für den Deutschen Orden, der alle hohen Amtsinhaber und etwa 200 Ritter verlor. Die Schlacht war der Beginn eines langanhaltenden Verfalls der militärischen Macht des Ordens und der Disziplin in der Einhaltung seines Moralkodex. Ein 13 Jahre währender Krieg (1453-1466), in dem sowohl Rebellen als auch der König von Polen den Orden angriffen, stürzte die Deutschherren weiter ins Ungemach; 1457 verloren sie mit

Die Burg Bran, Rumänien. Sie wurde 1212 von den Deutschherren gebaut und war im 15. Jh. eine wichtige Verteidigungseinrichtung gegen die ottomanischen Türken.

1408

König Sigismund gründet den Orden des Drachen von Ungarn.

1408–09: Belagerung und Eroberung von Aberystwyth (Wales) durch die Engländer.

1408–09: Christine de Pisan schreibt das *„Livre des faits des armes et de la chevalerie"* („Buch der Waffentaten und der Ritterlichkeit").

1409

Heinrich IV. von England nimmt Harlech (Wales) ein; die Flucht von Owain Glyn Dwr beendet die walisische Revolte.

1410

15. Juli: Schlacht von Tannenberg (Grunwald). König Jagiello von Polen-Litauen und seine Verbündeten vernichten ein großes Heer der Deutschherren. Die meisten Offiziere des Ordens und 200 Ritter kommen ums Leben.

der Marienburg ihr Hauptquartier. 1466 wurde der Ordensstaat durch den Zweiten Frieden von Thorn aufgeteilt.

Die Hospitaliter hatten mehr Glück und ein wichtiges Ziel – den Schutz der Meere vor den vorrückenden Muslimen. Kurz nach dem Fall Akkons im Jahr 1294 verlegten sie ihr Hauptoperationsgebiet auf die Insel Rhodos, von der aus sie zur See gegen die Mamelucken, später gegen die Ottomanen kämpften. Im 15. Jahrhundert waren sie mehrfach Bündnispartner gegen die Türken und bewahrten sich als Beschützer des Christentums einen guten Ruf und verdienten sich die besondere Feindschaft der ottomanischen Sultane. 1480 starteten die Türken einen großen Angriff auf Rhodos. Sie durchbrachen die Mauern der Inselhauptstadt nach zwei Monaten, wurden aber unter hohen Verlusten vertrieben. Zumindest ein Orden konnte weiterkämpfen.

'Die Schlacht von Tannenberg' von Wojciech Kossak (1931). Die Schlacht, durch die die Macht der Deutschherren in Preußen gebrochen wurde, ist ein starkes Symbol des polnischen Nationalismus.

1411

1. Februar: Erster Friede von Thorn. Die Deutschherren verzichten auf die Provinz Demaitien, die Teil von Polen wird.

Schlacht von Harlaw. Der Earl von Mar schlägt eine Invasion der Schotten unter Donald, dem Herrn der Inseln, und nordenglischen Adligen zurück.

Erste Erwähnung des Luntenschlosses, einer Vorrichtung, um Schießpulver in einer Handfeuerwaffe zur Explosion zu bringen.

1412

Herzog Karl von Orléans und seine Alliierten verbünden sich mit Heinrich V. von England gegen Frankreich.

1413–1415

Der Ottomanensultan Mehmed I. erlangt ottomanische Besitzungen in Europa zurück und erobert die Walachei.

Ulrich von Jungingen, Großmeister des Deutschen Ordens, fiel mit den meisten seiner Offiziere 1410 in der Schlacht von Tannenberg.

Rechts: Die Hospitaliter schlagen am 28. Juli 1480 den Angriff der Ottomanen auf Rhodos zurück.

Der Agincourt-Feldzug

In der ersten Hälfte des 15. Jahrhunderts flammte der Hundertjährige Krieg zwischen Frankreich und England wieder auf und beherrschte Westeuropa. Nach dem Tod Edwards III. im Jahr 1377 war eine lange Kampfpause eingetreten. Sein Nachfolger Richard II. hatte nicht gegen Frankreich Krieg geführt, zunächst, weil er zu jung dazu war, später, weil es zu starken Spannungen zwischen ihm und seinen Baronen kam, die 1399 in seiner Absetzung und seinem Tod gipfelten. Heinrich IV., der Richards Thron stahl, war zu schwach, um teure Übersee-Expeditionen zu unternehmen; seine Herrschaft verbrachte er mit dem Kampf gegen Aufstände in England und Wales. Frankreich war seinerseits nicht imstande, aus diesen Verhältnissen Kapital zu schlagen, da der innere Machtkampf um den Einfluss auf den verrückten König Karl VI. nach und nach in einen Bürgerkrieg überging. Als Heinrich V. 1413 den Thron bestieg, ging England wieder in die Offensive. Heinrich hatte seine militärischen Fähigkeiten bereits im Inland unter der Herrschaft seines Vaters unter Beweis gestellt.

1414–1418

Das Konzil von Konstanz beendet das Schisma.

1415

6. Juli: Hinrichtung des böhmischen Reformators Jan Hus in Konstanz.

18. August–4. Oktober: Erfolgreiche Belagerung von Harfleur durch Heinrich V. von England.

Die Portugiesen erobern Ceuta auf der afrikanischen Seite der Straße von Gibraltar.

September: 58 böhmische Adlige bilden gegen Kaiser Wenzel die Hussitenliga.

25. Oktober: Schlacht von Agincourt. Heinrich V. von England fügt den Franzosen eine schwere Niederlage zu.

Zeitgenössisches Porträt von König Heinrich V. von England (1413-1422), dem großen Kriegerkönig, dessen militärische Führung und Organisationsgeschick vor seinem vorzeitigen Tod große Teile Frankreichs eingebracht hatten.

Heinrich rückte 1415 mit einer rund 12.000 Mann starken Armee in Frankreich ein; sein Ziel war die Eroberung der Normandie. Dieses Ziel war offenbar allzu ehrgeizig. Erster Schritt in seiner Strategie war die Belagerung von Harfleur, die länger dauerte als erwartet, vielleicht, weil Heinrich zu große Hoffnungen in seine Kanonen setzte (die sich gleichwohl als entscheidend erwiesen). Er verlor mindestens ein Drittel seiner Männer, die sich entweder auf die Garnisonen verteilten oder von Krankheiten dahingerafft wurden, vornehmlich von der Ruhr. Obwohl die Feldzugssaison vorüber war, zog Heinrich mit dem Rest seiner Armee durch die Normandie, um seine Güte als kommender Herrscher zu demonstrieren, indem er seine Leute ostentativ vom Plündern abhielt. Bei Agincourt aber stellte ein französisches Heer die Engländer und die mit ihnen verbündeten Franzosen.

In der Schlacht von Agincourt befehligte König Heinrich nur etwa 5000 Bogenschützen und rund 900 Reiter gegen eine vielleicht dreifache französische Übermacht. Dennoch gewannen die Engländer entgegen aller Erwartung die Schlacht, indem sie klug mit Verteidigungsanlagen operierten, die die französische Kavallerie größtenteils unwirksam werden ließen. Angespitzte, schachbrettmusterartig vor ihnen aufgestellte Pfähle schützten die englischen Bogenschützen. Die französische Kavallerie wurde von den englischen Pfeilen kaum beeinträchtigt. Im frühen 15. Jahrhundert trugen die Reiter Plattenpanzer, auch „weiße Rüstungen“ genannt, weil sie das

Heinrich V. vor der Schlacht von Agincourt am 25. Oktober 1415. Der König war für seine Frömmigkeit bekannt und verfolgte zuhause in England die ketzerischen Lollarden.

1416

Schlacht von Gallipoli. Eine venezianische Flotte, kommandiert vom Dogen Loredano, besiegt die Ottomanen.

15. August: Schlacht von Harfleur. Eine englische Flotte, befehligt vom Herzog von Bedford, erringt einen Sieg über die Franzosen und deren genuesische Verbündete, sichert Harfleur und schwächt die französische Seemacht.

Schlacht von San Egideo. Der Condottiere Braccio da Montone schlägt Carlo Malatesta und wird Herrscher von Perugia.

1416-1422: König Erik von Skandinavien versucht erfolglos, Schleswig dem Grafen von Holstein wegzunehmen.

Sonnenlicht reflektierten. Von Schilden war man abgekommen, da die Rüstung selbst nun so stark war, dass selbst ein direkter Pfeiltreffer sie nur aus nächster Nähe durchdrang. Auch die Pferde waren besser geschützt als je zuvor; die etwa 27 Kilogramm, die sie an Rüstung am Leibe trugen, machte sie gegenüber Bogenschützen ebenfalls unempfindlicher. Wenn Reiter aber angehalten und vom Pferd gezwungen werden konnten, waren sie anfällig.

Was die französische Kavallerie bei Agincourt stoppte, war vermutlich weniger der dichte englische Pfeilhagel, sondern der dicke Schlamm auf dem Schlachtfeld und der Wald an Pfählen. Es muss gewesen sein, als ob Ritter eine Stadtmauer angriffen. Trotz wiederholter Angriffe erzielten die Franzosen keinen Durchbruch. Die Reiter fielen in den Schlamm; hunderte erstickten, noch ehe ein Engländer Hand an sie legen konnte. Mindestens 600 französische Edelleute fielen in Agincourt, über 1000 gerieten in Gefangenschaft. Insgesamt kamen an jenem Tag wohl 10.000 Menschen um, überwiegend Franzosen.

Eine Turnierrüstung mit passender Pferderüstung aus dem 15. Jh. Diese Turnierrüstungen waren schwerer als die im Kampf getragenen Rüstungen und wogen bis zu 45 Kilo.

Agincourt brachte Heinrich V. nicht die Normandie ein, obwohl der Blutzoll in der französischen Herrschaftsschicht seine Sache sicherlich beförderte. Die Feldzugssaison 1415 war vorüber und das englische Heer wurde von Krankheiten erfasst. Echte Gewinne waren erst 1417 bis 1419 zu verzeichnen, nachdem die Engländer mit großen Siegen zur See vor Harfleur (1416) und vor dem Chef de Caux (1417) vorgebaut hatten. 1418 besaß Heinrich eine königliche Flotte von 39 Schiffen, dazu Handelsschiffe, die zwangsrekrutiert wurden. Das Chaos in Frankreich, insbesondere der Hass zwischen den Herzögen von Orléans und Burgund und der Hass der Burgunder auf den Dauphin Karl (den Thronerben) machten es Heinrich leichter.

Am 1. August 1417 fiel Heinrich V. mit einer knapp 11.000 Mann großen Armee in der Normandie ein und nahm das Herzogtum Burg um Burg und Stadt um Stadt. Er blieb mit seiner Armee zwei Winter über im Feld, damals eine außergewöhnliche militärische Leistung, die umso eindrucksvoller erscheint, da er sie von England aus versorgte und seinen Soldaten nicht gestattete, das Land auszuplündern. Heinrich war ein Meister des Belagerungskrieges und benutzte die jüngsten Techniken, insbesondere auf dem Gebiet der Artillerie. Allerdings sehen wir aus den Berichten seiner Belagerungen, zum Beispiel von

1417

Heinrich V. von England erobert die Normandie.

29. Juni: Die Engländer besiegen eine französisch-genuesische Flotte in der Schlacht von Honfleur.

Heinrich V. von England belagert erfolgreich Caen.

1418

Mai: Paris fällt an Herzog Johann den Furchtlosen von Burgund; Massaker an 5000 Bürgern. Dauphin Karl entkommt und wird Anführer der Anti-Burgund-Partei.

1418–Januar 1419: Die Stadt Rouen ergibt sich nach langer Belagerung Heinrich V. von England.

1419

30. Juli: Erster Prager Fenstersturz. 13 Räte werden aus dem Fenster des Rathauses geworfen – eine Kriegserklärung an Kaiser Wenzel.

30. Juli: Schlacht von Prag. Die Hussiten besiegen die Truppen Kaiser Wenzels und vertreiben ihn aus Böhmen.

10. September: Ermordung Herzog Johanns des Furchtlosen von Burgund auf Befehl von Dauphin Karl; in der Folge verbünden sich die Burgunder mit England.

1419–1434: Hussitenkriege gegen die deutsche Herrschaft in Böhmen und um das Recht, den religiösen Lehren des Jan Hus folgen zu dürfen.

Caen (1417), Rouen (1418/19) und Meaux (1421/22), dass der Belagerungskrieg nach je verschiedenen Ansätzen verlangte, während das englische Heer nach spezifischen Schwachpunkten suchte. Vor Caen versuchten die Engländer, die Mauern zu unterminieren; die Verteidigter stellten Schüsseln mit Wasser auf die Mauern, um durch die Grabarbeiten ausgelösten Vibrationen auf die Spur zu kommen. Bei Caen versuchten es die Engländer auch mit Leitern, mussten aber feststellen, dass diese zu kurz waren. Vor Rouen bauten sie auf den Hunger – und erhielten Schützenhilfe, als die skrupellosen Verteidiger alle Nichtkombattanten aus der Stadt schmissen. Die Engländer verwehrten ihnen den Abzug und ließen sie zwischen den Fronten verhungern.

Während Heinrich in der Normandie beschäftigt war, eroberte Herzog Johann der Unerschrockene von Burgund in seinem Privatkrieg gegen den Dauphin Paris und massakrierte geschätzte 5000 Bewohner. Der Dauphin ließ Herzog Johann 1419 aus Rache ermorden, was ihm übel bekam, weil Johanns

Die Schlacht von Montargis am 5. September 1427, in der ein kleines französisches Heer die englische Belagerung der Stadt aufhob, nachdem es die Deiche zerstört hatte, um das englische Lager zu überfluten.

1420

Erstes Auftauchen der „weißen Rüstung" – Plattenpanzer ohne Überzug.

25. März: Schlacht von Sudomer. Die Hussiten unter Jan Zizka schlagen eine königstreue, katholische Armee.

21. Mai: Vertrag von Troyes. Die Abgesandten König Karls VI. erkennen Heinrich V. von England als Regenten und Erben Frankreichs an und enterben Dauphin Karl. Heinrich heiratet Prinzessin Katharina von Valois.

Bau des englischen Schiffes „Gracedieu", ein riesiges 1400 Tonnen-Schiff, wahrscheinlich dreimastig und mit Bugspriet.

14. Juli: Schlacht am Veitsberg. Die Hussiten unter Jan Zizka schlagen ein Kreuzfahrerheer.

Dezember: Heinrich V. erobert Paris.

1421

22. März: Schlacht von Baugé. Eine englische Streitmacht unter Heinrichs V. Bruder Clarence greift eine Armee des Dauphin an, wird aber besiegt; Clarence kommt ums Leben.

6. Oktober 1421-10. Mai 1422: Belagerung von Meaux. Heinrich V. von England gewinnt diese große Festung, die ihm hilft, die Normandie zu halten.

21. Dezember: Schlacht von Kutná Hora. Die Hussiten besiegen in Böhmen ein deutsch-ungarisches royalistisches Heer.

Herzog Johann der Furchtlose von Burgund (1371-1419). Seine Ermordung führte dazu, dass sein Sohn Philipp der Gute Heinrich V. von England gegen Frankreich unterstützte.

Erbe ein Bündnis mit England schloss. Die Unterstützung der Burgunder und Heinrichs V. Erfolge ebneten den Weg für den Vertrag von Troyes von 1420. Mit diesem Vertrag erkannte König Karl VI. von Frankreich Heinrich als Regenten und Erben von Frankreich an; der Dauphin Karl wurde enterbt und Heinrich V. heiratete als Unterpfand Prinzessin Katharina von Valois. Paris, das dem Dauphin zuneigte, fiel Ende 1420 an Heinrich.

Obwohl die Engländer in der Schlacht von Baugé im März 1421 einen Rückschlag erlitten, schien Heinrichs Fortschritt hin zum Thron Frankreichs unaufhaltbar. Ehe aber das gesamte Königreich in seine Hände geriet, starb Heinrich am 31. August 1422, wahrscheinlich an der Ruhr. Er hinterließ seinen acht Monate alten Sohn, Heinrich VI., der König von Frankreich wurde, als Karl VI. am 22. Oktober desselben Jahres verstarb. Der Onkel des kleinen Königs, Johann, Herzog von Bedford (1389-1435), hielt geschickt Heinrichs VI. Ansprüche aufrecht und besiegte dem Dauphin ergebene Armeen

König Heinrich V. von England und seine Braut Katharina von Valois. Die Heirat besiegelte den Vertrag, der Heinrich zum Herrscher über Frankreich und zum französischen Thronerben machte.

1422

Die Türken belagern Konstantinopel.

10. Januar: Ein Hussitenheer nimmt und brandschatzt die von Kreuzfahrern gehaltene Festung Nêmecky Brode.

22. April: Schlacht von Hörice. Radikale Hussiten (Taboriten) schlagen die gemäßigten Utraquisten.

30. Juni: Schlacht von Arbedo (in der heutigen Schweiz). Ein mailändisches Heer schlägt eine Schweizer Invasion in Norditalien zurück.

31. August: Tod Heinrichs V. von England.

22. Oktober: Tod Karls VI. von Frankreich.

Links: *Jeanne d'Arc bei der Krönung Karls VII; Gemälde des romantischen Malers Jean-Auguste-Dominique Ingres aus dem 19. Jh.*

1423 und 1424. 1428 stand nur noch eine große Stadt, Orléans, hinter dem Dauphin und wurde ab Oktober 1428 belagert.

Die Jungfrau von Orléans

Und dann tauchte Jeanne d'Arc auf, eine der größten Überraschungen der mittelalterlichen Kriegsgeschichte. Sie war ein Bauernmädchen, ein Mystikerin, der „Stimmen" auftrugen, die Belagerung von Orléans aufzuheben und den Dauphin zum König gekrönt zu sehen. Sie ging zu Karl nach Chinon und überzeugte ihn davon, von Gott gesandt worden zu sein. Der Prinz versah sie mit Waffen und einer militärischen Ausrüstung und schickte sie nach Orléans weiter. Seitdem ist Jeannes militärische Rolle umstritten. Sie selbst behauptete, dass sie keinerlei Blut vergossen habe. Sicher ist, dass sie die Truppen in die Schlacht führte, obwohl ihr Mitkommandeur versuchte, sie auf die Rolle eines Maskottchens zu beschränken. Zweifel an ihrer inspirierenden Wirkung sind aber unstatthaft. Vor Orléans überredete sie die Soldaten, die Beichte abzulegen, vertrieb die Meute, die dem Tross folgte und ließ die Männer sogar Hymnen singen. Die Engländer hielten sie einfach für eine Hexe und drohten, einen ihrer Herolde zu verbrennen.

Jeanne hob die englische Belagerung von Orléans am 8. Mai 1429 auf, ein Ereignis, das jahrhundertelang in der Stadt als „Geheimnis der Belagerung"

Jeanne d'Arcs Einzug in Orléans am 8. Mai 1429, ein Ereignis, das noch heute beim jährlichen Stadtfest gefeiert wird.

1423

31. Juli: Die Engländer schlagen die Armee des Dauphin und dessen schottische Verbündeten.

1423-1430: Krieg der Ottomanen mit Venedig.

1424

7. Juni: Schlacht von Maleschau (Böhmen). Die Hussiten siegen über Kreuzfahrer.

17. August: Schlacht von Vernueil. Eine englische Armee unter dem Herzog von Bedford und dem Earl von Salisbury erringt einen entscheidenden Sieg über ein größeres dauphinois-schottisches Heer, das vom Grafen von Aumâle kommandiert wird.

Die Ägypter verwüsten Zypern und machen es tributpflichtig.

1424-1426: Ein mameluckischer Invasionsversuch in Zypern scheitert.

gefeiert wurde. Im Monat darauf überraschte eine französische Armee unter Jeanne und dem Herzog von Alençon eine etwa 3500 Mann große englische Armee bei Patay, 21 Kilometer nordwestlich von Orléans. Hier sehen wir die Grenzen der Infanterie in der Schlacht. Die überwiegend aus Infanterie bestehende englische Streitmacht konnte sich in guten Verteidigungsstellungen aufstellen, hatte aber nicht die Zeit, sich mit Pfählen zu schützen wie bei Agincourt. Eine französische Kavallerieattacke gegen die Vorhut der Bogenschützen brach durch und etwa 2000 Engländer dürften ihr Leben verloren haben. Die Schlacht von Patay ebnete den Weg zur schließlichen Krönung von Karl VII. am 17. Juli 1429 in Reims. Jeanne aber wurde von den Burgundern festgenommen und an die Engländer verkauft, die sie am 30. Mai 1431 bei lebendigem Leibe verbrannten.

Links: Die Krönung Karls VII. von Frankreich (1429). Jeanne d`Arc, die moralische, wenn schon nicht die militärische Führerin der französischen Armee, steht an der Seite, Standarte in der Hand.

Rechts: Der tschechische Reformator Jan Hus (1369-1415), dessen Hinrichtung in Konstanz Auslöser für die Hussitenkriege war.

Mittlerweile hatte aber England die Oberhand im Hundertjährigen Krieg verloren.

Religion, Patriotismus und die Hussitenkriege

Jeanne d`Arcs kurze, aber spektakuläre Laufbahn rief sowohl religiösen Eifer als auch Patriotismus in einem Ausmaß hervor, wie es bislang in Westeuropa unbekannt gewesen war. Etwas Ähnliches hatte sich aber schon zuvor in Böhmen entwickelt. Der Reformator Jan Hus predigte eine machtvolle Mischung aus Begeisterung für das Evangelium und tschechischem Nationalismus gegen den starken Einfluss der Deutschen. Als er 1415 als Ketzer auf dem Konzil von Konstanz verbrannt wurde – obwohl der Kaiser ihm freies Geleit zugesagt hatte –, war die tschechische Bevölkerung erzürnt. Im September 1415 formten 58 tschechische Adlige ein „Hussiten"-Bündnis gegen ihren König Wenzel.

1426

16. Juni: Schlacht von Aussig. Eine große Hussitenarmee aus allen Faktionen schlägt ein großes Kreuzfahrerheer.

1426-1435: Krieg zwischen der Hanse und Erik VII. von Skandinavien um Schleswig; die Hanse behält die Oberhand.

1428

Dezember: Jeanne d`Arc verlässt ihr Heim und begibt sich an den Hof des Dauphin.

Oktober 1428-Mai 1429: Englische Belagerung von Orléans, die von einem Entsatzheer, das von Jeanne d`Arc geführt wird, aufgehoben wird.

1428–29: Hussitenüberfälle auf Deutschland, Schlesien und Ungarn.

1429

12. Februar: „Heringsschlacht" (bei Rouvray). Eine große Armee des Dauphin überfällt einen englischen Versorgungszug, der von Sir John Fastolf angeführt wird. Die Engländer vertreiben die Franzosen.

18. Juni: Schlacht von Patay. Eine französische Armee fügt, unter Beteiligung Jeanne d'Arcs, den Engländern 21 km nordwestlich von Orléans eine schwere Niederlage zu, was den Weg für Karls VII. Krönung in Reims freimacht.

17. Juli: Krönung Karls VII. zum König von Frankreich in Reims.

8. September: Fehlgeschlagener Angriff auf das englisch besetzte Paris durch Jeanne d'Arc; sie wird verwundet.

1430

Philipp der Gute, Herzog von Burgund, gründet den Orden vom Goldenen Vlies.

Das gekörnte Schießpulver kommt auf, das etwa dreimal effektiver als das bisherige Pulver ist.

1430er–1440er-Jahre: Kriege in der Lombardei.

1419 kam es zum offenen Krieg und zum ersten Prager Fenstersturz, bei dem 13 königliche Berater aus dem Fenster des Rathauses geworfen wurden.

Die von 1419 bis 1434 dauernden Hussitenkriege zeigen ein erstaunliches Maß an militärischen Neuerungen, das Werk des Hussitenführers Jan Zizka, eines professionellen Soldaten, der auf den Schlachtfeldern Europas seine Erfahrungen gesammelt hatte. Er sammelte rund 25.000 Mann um sich, die wesentlich größere Armeen zu besiegen imstande waren. Bis zu einem Drittel seiner Leute dürften Handfeuerwaffen getragen haben. Ihre Waffen waren wirkungsvoll; sie durchdrangen Plattenpanzer, ließen sich aber nur langsam beladen und bedienen. Mehr noch als die englischen Bogenschützen konnten die Schützen der Hussiten auf dem Schlachtfeld nur überleben, wenn sie gesicherte Stellungen innehatten.

Zizka löste dieses Problem mit der Entwicklung von speziellen Kriegskarren – robuste, feuerfest gemachte Wagen, die eigens für den Krieg gebaut wurden. Sie ließen sich im Kreis aufstellen und miteinander verketten, um eine hölzerne Miniaturburg mitten auf dem Schlachtfeld zu ergeben, die die feindliche Kavallerie nicht durchdringen konnte. Durch die Lücken konnten bis zu 20 Schützen ihre Handfeuerwaffen abfeuern, und die Wagen trugen schwerere Artillerie, die vor der Schlacht abgenommen und zwischen den Wagen aufgestellt wurde. Männer mit schweren Kriegsflegeln, die aus Dreschflegeln fabriziert wurden, schützten den gesamten Kreis. Die Siege der Hussiten waren aber nicht nur dem Schießpulver zu verdanken. Zizka stellte strenge Regeln für alles auf, vom Marschieren bis zur gerechten Beuteverteilung, verlieh seinen Truppen einen Zusammenhalt und Disziplin, die das damals Übliche bei weitem überstiegen.

Wenzel IV. von Böhmen und König Karl VI. von Frankreich in Reims. Beide waren schwache Herrscher, die ihren aufständischen Adel nicht bändigen konnten.

Die Hussiten erfochten einige eindrucksvolle Siege über König Wenzel und mehrere Kreuzfahrerheere, die gegen sie aufgestellt wurden. Leider bargen diese Erfolge den Keim der Verderbnis in sich. Die Hussitenbewegung spaltete eine radikale Sekte ab, die Taboriten, deren radikaler Weltuntergangsglaube die Gemäßigten abschreckte. Nach Jan Zizkas Tod fiel das Militär in die Hände skrupelloser Anführer, die Verwüstungsfeldzüge in Deutschland durchführten. Bei der Schlacht von Lipany im Jahr 1434 konnte ein Bündnis gemäßigter Hussiten die Taboriten schließlich niederringen. Die europäischen Armeen hatten mittlerweile entdeckt, wie sie mit der ungewöhnlichen Taktik der Hussiten umgehen mussten: Die Taboriten unter ihrem Anführer Prokop formten eine Wagenburg, wie sie es stets taten. Anstatt sie aber anzugreifen, bombardierten die Gemäßigten die Wagen ganz einfach. Sie warteten, bis die Verteidiger ihre Waffen abgefeuert hatten und griffen dann rasch an, ehe die Taboriten nachgeladen hatten. Das allein genügte nicht, um in die Wagenburg eindringen zu können, doch dann täuschten die Moderaten einen Rückzug vor, und das lockte die Taboriten zur Verfolgung – während der sie massakriert wurden.

Die italienischen Kriege und die Kavallerie

Die Vernichtung der Taboriten zeigt, dass die Zeit der schweren Kavallerie noch keineswegs vorüber war; bei günstigen Bedingungen konnte die schreckliche Wucht einer Massen-Kavallerieattacke noch immer Schlachten gewinnen. In den meisten Ländern musste die Kavallerie aber enger als zuvor mit der Infanterie zusammenarbeiten, wollte sie erfolgreich sein. Die in Italien herrschenden Bedingungen sorgten dafür, dass die Kavallerie dort auch im 15. Jahrhundert tonangebend blieb. Zum Großteil lag das am Reichtum der Städte, die sich um die Vorherrschaft balgten; sie waren reich genug, um Söldnerkavallerie

1431

30. Mai: Jeanne d'Arc wird in Rouen auf dem Scheiterhaufen verbrannt.

1. Juni: Schlacht von San Romano. Florentinische Truppen unter dem Condottiere Niccolo da Tolentino vertreiben die Sienesen, die die Stadt Montopoli belagern.

16. Dezember: Krönung des 10 Jahre alten Heinrich VI. zum König von Frankreich in Paris.

1434

30. Mai: Schlacht von Lipany (Siebenlinden). Deutsche Kreuzfahrer besiegen die Hussiten und töten ihren Anführer Prokop den Kahlen.

1435

15. September: Tod von Johann, Herzog von Bedford, dem französischen Regenten für Heinrich VI.

1435-1442: Alfonso V. von Aragón erobert Neapel.

zu mieten und zogen dabei kleinere Trupps mobilerer Elitekämpfer vor. Es gab keine großen, gut ausgebildeten Infanterieheere, die die Kommandeure zwangen, ihre Reiter absitzen zu lassen.

Das 15. Jahrhundert war in Italien die große Zeit der 'condottieri', der Söldnerführer, die ihren Auftraggebern per Vertrag ('condotta)' Truppen zu stellen sich verpflichteten. Viele Condottieri erhielten von den Städten, die sie einstellten, ein Lehen in dem (oftmals vergeblichen) Versuch, sich ihrer Loyalität zu versichern. Im Laufe des Jahrhunderts stiegen überraschend viele dieser Söldnerführer zu den Herrschern der Städte auf, denen sie dienten, ob ehrlich oder unehrlich. Sie mussten dann das Errungene gegen andere Herrschaftsaspiranten verteidigen und neigten dazu, alles zu tun, um ihre neu erworbenen Gebiete weiter auszudehnen; dies war ein Kreislauf der Gewalt, der die gesamte Halbinsel erfasste. Speziell in der Lombardei kam es in den 1430er- und 1440er-Jahren, als Francesco Sforza sich zum Herrscher über Mailand emporarbeitete, zu einigen großen Kriegen, in denen die Armeen bis zu 20.000 Mann zählten.

Francesco Sforza, Herzog von Mailand (1401-1466) war ein italienischer 'condottiere', der 1450 zum Herzog aufstieg.

Ein gutes Beispiel für die Qualität der in Italien tätigen Söldnerkavallerie hat man in der Schlacht von Caravaggio am 15. September 1448, wo die Mailänder unter Francesco Sforza ein venezianisches Heer besiegten. Die Mailänder marschierten und waren daher gegenüber dem Überraschungsangriff, den die Venezianer bei Caravaggio ausführten, anfällig. Doch Sforza brachte seine Truppe (die augenscheinlich in höchster Alarmbereitschaft marschiert war) nicht nur in Formation, sondern sandte auch einige Männer durch den Wald, um die Venezianer von hinten anzugreifen. Es war ein eindrucksvoller Sieg, aber eher wegen der Disziplin der beteiligten Truppen als irgendwelcher militärischen Neuerungen erwähnenswert. Die Italiener waren für einige Innovationen beim Festungsbau verantwortlich, neigten aber in militärischen Dingen ansonsten zum Altmodischen, wie ihnen schmerzlich bewusst wurde, als König Karl VIII. von Frankreich 1494 in Italien einfiel.

Die Türkengefahr

Die innovativen Armeen im Europa des 15. Jahrhunderts waren die des türkischen Ottomanensultans; die Türkei hatte sich Ende des 14. Jahrhunderts als europäische Macht etabliert. Tamerlan, der 1402 bei Ankara die Armee von Sultan Bayezid vernichtete,

1436

5. Juli: Der Pakt von Basel beendet die Hussitenkriege. Sigismund wird als König von Böhmen akzeptiert, den Hussiten wird das Abendmahl mit Wein und Brot erlaubt.

1437

Die Portugiesen versuchen, Tanger zu erobern.

1438

Schlacht von Hermannstadt (heute Sibiu). Regent János Hunyadi von Ungarn schlägt gemeinsam mit dem König von Polen und dem Despoten von Serbien den Ottomanensultan Murad II., als dieser Transsylvanien angreift.

1438–1442: Belagerung und Eroberung Neapels durch Alfons V. von Aragón.

hatte den Ottomanenstaat in die Knie gezwungen. Bayezids Sohn Mehmed I. (1413-1421) stellte aber den Staat wieder her, und sein Nachfolger Murad I. (1421-1444 und 1446-1451) nahm den unterbrochenen Eroberungszug der Ottomanen in Europa wieder auf. Murad standen die Ressourcen eines starken Staates zur Verfügung und er war bei der militärischen Ausbildung und Disziplin sowie bei der Verwendung von Schießpulvertechnologie sehr innovationsfreudig. Besonders bemerkenswert ist, dass er ein Elite-Infanteriekorps aufstellte, die Janitscharen. Diese Truppe bestand aus Knaben, die in den christlichen Ländern, über die er herrschte, zwangsweise eingezogen wurden. Die Kinder wurden ihren Familien fortgenommen, zum Islam konvertiert und unter strenger Disziplin ausgebildet. Technisch waren sie Sklaven, doch bildeten die erwachsenen Janitscharen eine privilegierte Elite, die gleichwohl völlig vom Sultan abhing. Sie waren mit den modernsten Waffen ausgerüstet, bis hin zu Granaten und Handfeuerwaffen. Das Korps war stolz auf seinen Zusammenhalt als kämpfende Truppe, die sich in Uniformen

Tamerlan, der letzte der großen Eroberer aus der asiatischen Steppe. Als er 1405 starb, rüstete er sich gerade zur Invasion in China.

1439

1439-1445: Karl VII. reformiert die französische Armee und schafft Europas erstes stehendes Heer seit den Zeiten der Römer.

1440

29. Juni: Schlacht von Anghiari. Eine päpstlich-florentinische Armee unter dem Befehl Francesco Sforzas schlägt die Mailänder bei Arezzo in einer Schlacht, die überwiegend von Söldnertruppen geschlagen wird.

Markgraf Friedrich II. von Baiern gründet den Schwanenritterorden.

Die Hospitaliter schlagen einen Angriff der Mamelucken auf Rhodos zurück.

1441

Die Ungarn unter János Hunyadi fügen den Ottomanen bei Semendria (Smederevo) eine schwere Niederlage zu.

und besonderer Marschmusik äußerte. Die Janitscharen waren das erste stehende Heer in Europa seit dem alten Rom.

Die christlichen Kreuzfahrer hatten die Schlacht von Nikopolis 1396 nicht verloren, weil ihre Bewaffnung oder ihre Techniken denen der Türken nachgestanden hätten. Die türkischen Armeen neigten dazu, zahlenmäßig im Vorteil zu sein, ließen sich aber durch gut geführte Truppen aufhalten. János Hunyadi, der Wojwode von Transsylvanien und Regent von Ungarn, zeigte sich als ein solcher begnadeter Führer, als Murad II. 1438 in Transsylvanien einfiel. Gemeinsam mit Polen und Serbien besiegte die ungarische Armee die Türken bei Hermannstadt (heute Sibiu). Er fügte den Muslimen 1441/42 zwei weitere vernichtende Niederlagen zu. Die Sache des Westens sah 1444 vielversprechend aus, als ein großer Kreuzzug begann, der sich die Abdankung Murads II. und das Durcheinander im ottomanischen Sultanat zunutze machte. Doch in der Schlacht von Varna am 10. November 1444 verloren die Kreuzfahrer den heftigen Kampf, trotz aller Anstrengungen von János Hunyadi. Die Niederlage lässt sich König Vladislavs III. dummer Kavallerieattacke zuschreiben, die im entscheidenden Moment der Schlacht stattfand. Die Kreuzfahrer erlitten schwere Verluste, doch auch das türkische Heer wurde stark dezimiert, was deren Begeisterung für weitere europäische Eroberungen merklich dämpfte.

Die Schlacht auf dem Amselfeld

Die letzte große Türkenschlacht auf etliche Jahre war die Schlacht auf dem Amselfeld vom 17. bis 19. Oktober 1448. Bei diesem Aufeinandertreffen führte Sultan Murad ein Heer von 40.000 Mann und schlug János Hunyadis 24.000 Köpfe zählende Armee. Hunyadi wollte nicht warten, bis der Albanerfürst Skanderbeg sich mit ihm vereinigte. Dennoch hätte er die Schlacht für sich entscheiden können, zumal die deutschen Schützen, die im Zentrum kämpften, sich ausgezeichnet schlugen. Doch als ihnen die Munition ausging, desertierten Hunyadis 10.000 walachische Verbündete und die meisten der verbliebenen christlichen Soldaten wurden getötet.

Der Fall Konstantinopels

Als sie im 14. Jahrhundert nach Europa vorgedrungen waren, hatten die Ottomanen um die Großstadt Konstantinopel einen Bogen gemacht, die Hauptstadt des rasch schrumpfenden Byzantinischen Reiches. Die Verteidigungsanlagen der Stadt waren

Die Janitscharen, die Elite der Sklavenkrieger in der ottomanischen Armee, deren Kopfbedeckung ihren Rang angab.

1442

János Hunyadi führt eine ungarische Armee zu Siegen über die Ottomanen in der zweiten Schlacht von Hermannstadt (Sibiu) und der Schlacht am Eisernen Tor.

1443

Schlacht von Snaim (Kustinitza). János Hunyadi schlägt die Ottomanen.

Sultan Murad II. stimmt einem zehnjährigen Frieden zu, der Serbien und die Walachei befreit.

1443–44: Kreuzzug von Varna.

gewaltig; die Stadt war auf drei Seiten vom Meer umgeben und an der Seeseite durch 16, an der Landseite durch 6,4 Kilometer lange Mauern geschützt. Die Ottomanen nahmen mehrere Anläufe gegen die Stadt, die in der großen Belagerung des Jahres 1453 gipfelten.

1453 war das Byzantinische Reich nur noch ein Schatten seiner selbst – das galt auch für die Stadt

Varna, der strategisch wichtige Schwarzmeerhafen, war der Ort einer Kreuzfahrerniederlage im Jahr 1444.

1444

26. August: Schlacht von St. Jakob-en-Birs. Eine große Streitmacht von Söldnern aus dem Armagnac, die für Frankreich kämpfen, besiegt ein kleines Schweizer Heer, das sie versehentlich angegriffen hatte.

Friede von Tours zwischen Frankreich und England. Heinrich VI. von England heiratet Margarete von Anjou, die Nichte Karls VII.

10. November: Schlacht von Varna. Ein Ottomanenheer vernichtet ein großteils aus ungarischen Kreuzfahrern bestehendes Heer in der schlimmsten Kreuzfahrerniederlage des 15. Jahrhunderts.

1448

Die Franzosen brechen die Vereinbarung mit England und belagern und erobern Le Mans.

15. September: Schlacht von Caravaggio. Der Söldnerhauptmann Francesco Sforza (der für Mailand kämpft) schlägt eine venezianische Armee, die einen Überraschungsangriff versucht.

17.-19. Oktober: Zweite Schlacht auf dem Amselfeld. Der Ottomanensultan Murad II. besiegt den ungarischen Regenten János Hunyadi.

1448-1479: Frankreich bemüht sich, mit einem Milizsystem eine professionelle Armee aufzustellen. Ludwig IX. gibt den Plan auf und stellt Schweizer Söldner ein.

1. Mehmed II. schlägt Anfang April 1453 sein Lager auf und beginnt mit schweren Kanonen ein Dauerbombardement der Stadtmauer.

4. In der Nacht des 28. auf den 29. Mai schlagen die Türken eine Bresche in die Stadtmauer und erhalten so Zugang zur Stadt.

5. Konstantin IX. wird ermordet, womit der Widerstand der Byzantiner praktisch endet.

3. Türkische Schiffe werden über Land um Pera herum in das Goldene Horn transportiert, womit die Blockade der Stadt allumfassend ist.

2. Eine kleine italienische Flotte wird in das Goldene Horn hineingelassen und erleichtert vorübergehend das Los der Garnison.

Die Belagerung von Konstantinopel, 1453

1449

24. März: Die Engländer nehmen Fougères in der Bretagne ein; die letzte Phase des Hundertjährigen Krieges beginnt.

20. Mai: Schlacht von Alfarrobeira (Portugal). Alfons V. besiegt und tötet seinen Onkel Pedro, Herzog von Coimbra, und beendet den Machtkampf.

Mai 1449-12. August 1450: Die Franzosen erobern über 70 Festungen der Engländer in der Normandie; am Ende ergibt sich Cherbourg.

1450

15. April: Schlacht von Formigny. Die Franzosen schlagen eine englische Armee vernichtend; wahrscheinlich war dies die erste Schlacht, in der die Feldartillerie eine wichtige Rolle spielte.

1453

6. April-29. Mai: Belagerung und Eroberung Konstantinopels durch Sultan Mehmed II. „den Eroberer.“ Der letzte Kaiser, Konstantin IX. Palaiologos, stirbt im Kampf an der Mauerbresche.

17. Juli: Schlacht von Castillon. Eine englische Armee unter John Talbot, Earl von Shrewsbury, wird in die Flucht geschlagen, die Gascogne geht verloren. Talbot wird getötet.

August: Heinrich VI. von England wird wahnsinnig.

Konstantinopel. Die Verteidiger unter Führung des genuesischen Söldners Giustiniani Longo konnten lediglich 7000 Mann und 26 Schiffe aufbringen. Gegen diese rückte Mehmed II. „der Eroberer" mit 80.000 Soldaten und 120 Schiffen vor. Diesmal ließen sich die Türken nicht beirren. Die Belagerung begann am 6. April und am 22. April gelang es den Türken, Schiffe über Land in das Goldene Horn zu transportieren, den großen Hafen Konstantinopels, der durch eine gigantische Kette geschützt war. Damit musste auch die Mauer auf der Seeseite bemannt werden, wodurch die Verteidiger weit auseinandergezogen standen. Und die Mauern des Theodosius, die ein Jahrtausend lang so vielen Feinden standgehalten hatten, fielen nun den ottomanischen Kanonen zum Opfer. Mehmeds Artillerie umfasste 1453 über 50 Kanonen, die 90 Kilo schwere Kugeln verschossen, 11 Kanonen für 225 Kilo schwere Kugeln und eine Monsterkanone namens Urbans Bombarde (nach ihrem ungarischen Erfinder), die 360-Kilo-Kugeln verschießen konnte. Urbans Bombarde war so groß und benötigte nach dem Schuss soviel Zeit zum Abkühlen, dass sie nur sechsmal am Tag abgefeuert werden konnte. Es war aber diese Kanone, die eine Bresche in die Stadtmauer schlug. Die innere Mauer wurde am 28. Mai

beschädigt und der letzte Angriff begann vor dem Morgengrauen am 29. Der letzte Kaiser von Byzanz, Konstantin IX. Palaiologos, fiel im Kampf an der Bresche. Mit dem Fall von Trapezunt im Jahr 1461 war das Byzantinische Reich Geschichte.

Schutz des Westens

Die Bedrängnis, in die Konstantinopel geriet, stellte mehr denn je die Gefahr vor aller Augen, in der Westeuropa schwebte. Während die westlichen Staaten überlegten, wie man den Türken begegnen solle, belagerte Mehmed II. 1456 Belgrad. Nichts und niemand konnte ihn scheinbar aufhalten, doch der Franziskanerbruder Johann von Capistrano brachte tausende von Kreuzfahrern zusammen (überwiegend Ungarn) und marschierte auf Belgrad zu, um die Belagerung aufzuheben. Unterstützt wurde er von János Hunaydi, dessen Männer gemeinsam mit den Kreuzfahrern die türkische Schiffsblockade am 15. Juli beendeten. Mehmeds

Sultan Mehmed II. „der Eroberer" (1444-1446, 1451-1481) vervollständigte die ottomanische Eroberung des Byzantinischen Reiches.

19. Oktober: Die gascognisch-englische Armee kapituliert in Bordeaux bedingungslos, Ende des Hundertjährigen Krieges.

1453-1466: Dreizehnjähriger Krieg des Deutschen Ordens gegen den Preußischen Bund und den König von Polen sowie die Hanse und Böhmen. Der Orden wird überaus schwer geschlagen.

1454

Friede von Lodi. Aufnahme normaler Beziehungen zwischen Mailand, Florenz und Venedig.

1455

22. Mai: Erste Schlacht von St. Albans. Die Schlacht wird in der Stadt selbst geschlagen, Richard, Herzog von York, besiegt und tötet den Herzog von Somerset und gewinnt die Macht über König Heinrich VI.

Eine türkische Schiffskanone zerstört griechische Schiffe, die mit Griechischem Feuer bewaffnet sind.

1455-1487: Rosenkriege in England.

letzte Chance, da er sich fern von seinen Nachschublinien befand, war ein massierter Angriff auf die Stadtmauern am 21./22. Juli, den die Kreuzfahrer und die Einwohner Belgrads zurückschlugen. Mehmed musste abziehen und die Christen feierten ihren Sieg als das Ergebnis göttlichen Eingreifens.

Den Türken gelang in militärischer Hinsicht nicht alles, auch wenn das Zeitalter der großen multinationalen Kreuzzüge vorüber war. Auf dem Kongress von Mantua fand Papst Pius II. 1459 breite Zustimmung zu einem massiven Kreuzzug gegen die Türken, doch verhinderten nationale Belange, dass die gegebenen Versprechen auch eingehalten wurden. Pius hielt es schließlich für das Beste, den Kreuzzug selbst anzuführen, um Unterstützung für das Projekt zu finden, als er aber am 15. August 1464 starb, wurde der Kreuzzug mit ihm zu Grabe getragen. 1457 errang immerhin eine päpstlich-aragonesische Flottille mehrere Siege über die Türken. Im gleichen Jahr triumphierte Skanderbeg von Albanien bei Albulena über die Türken und bewahrte Albanien

Links: Türkische Belagerung von Belgrad (1456). Die Einwohner Belgrads vertrieben mit Hilfe von Kreuzfahrern die Türken, die schwere Verluste erlitten.

Papst Pius II. (1458-1464). Pius' Hauptsorge war die Türkengefahr. Er gelobte, persönlich einen Kreuzzug anzuführen, starb aber vor dem Aufbruch in Ancona.

1456

Juli: Sultan Mehmed II. belagert erfolglos Belgrad; Kreuzfahrer und die Bürger von Belgrad schlagen am 21./22. Juli einen massierten türkischen Angriff zurück.

James II. von Schottland überfällt Northumbrien.

1457

August: Schlacht von Mytilene. Eine päpstlich-aragonesische Flottille erringt mehrere Siege über die Türken, vor allem bei Mytilene.

2. September: Schlacht von Albulena (Ujebardha). Skanderbeg von Albanien erringt einen großen Sieg über die Ottomanen und bewahrt Albanien damit die Unabhängigkeit.

Die Marienburg, das preußische Hauptquartier des Deutschen Ordens, wird von einer polnischen Armee erobert.

1459

Papst Pius II. ruft den Kongress von Mantua ein, eine große Konferenz der christlichen Mächte. Der Kongress beschließt einen breiten Kreuzzug gegen die Türken, sämtliche Gelübde werden aber gebrochen.

3. September: Schlacht von Blore Heath. Eine Armee aus York unter dem Earl of Salisbury schlägt die Lancaster-Anhänger.

damit die Unabhängigkeit. Im Türkisch-Venezianischen Krieg von 1463 bis 1479 gewannen die Türken keine einzige Seeschlacht, nahmen aber Zug um Zug die venezianischen Basen im östlichen Mittelmeerraum ein. Noch entsetzlicher war, dass eine türkische Flotte 1479/80 in Italien einfiel. Das Ottomanische Reich blieb bis weit in das 16. Jahrhundert hinein die größte Gefahr für Europa.

Das Ende des Hundertjährigen Krieges

Gegen Ende des 15. Jahrhunderts war Frankreich einmal mehr die größte Militärmacht des christlichen Europa und stellte die Überlegenheit im Kriege wieder her, die manche der Schlachten gegen die Engländer im 14. Jahrhundert in Zweifel gezogen hatten. Es ist zweifelhaft, ob das zu Beginn des Jahrhunderts irgendjemand hätte ahnen können. Hauptsächlich infolge der von Jeanne d`Arc ausgelösten Begeisterung hatten sich die nicht eroberten französischen Gebiete in den 1430er-Jahren unter der Herrschaft Karls VII. beruhigt. Dennoch wurde Frankreich zur Hälfte von einem Herrscher regiert, der für den jungen König Heinrich VI. das Szepter führte – der ebenfalls zum König von Frankreich gekrönt worden war.

England schickte von 1415 bis 1450 fast jährlich Truppen, um seine Besitzungen in Frankreich zu schützen. Nur selten konnte man es sich aber leisten, mehr als 2500 Mann zu entsenden. Seit die Könige von England im 13. Jahrhundert die Normandie verloren hatten, war es für England immer schwieriger geworden, in der militärischen Schlagkraft mit Frankreich Schritt zu halten. England war einfach ein kleineres und weniger reiches Land, trotz des himmelhohen Ehrgeizes einiger Herrscher. Dank seines umfassenden Steuerwesens hatte England in den ersten Phasen des Hundertjährigen Krieges beachtliche Erfolge errungen, obschon die englischen Könige sich in größerem Umfang auf Infanterietruppen stützen

Eine allzu optimistische Abbildung von 1824 zeigt Heinrich VI. von England, der lange Jahre an ernsthaften mentalen Problemen litt.

1460

10. Juli: Schlacht von Northampton. Yorkisten schlagen ein Lancaster-Heer und erringen die Macht zurück.

Belagerung von Roxburgh. König James II. von Schottland wird von einer explodierenden Bombarde getötet; seiner Armee gelingt es, die Stadt von den Engländern zu erobern.

Der Ottomanensultan Mehmed II. nimmt Mistra (auf dem Peloponnes) ein.

10. Dezember: Eine Lancaster-Armee unter dem Herzog von Somerset und Henry Percy von Northumberland schlägt und tötet Richard, Herzog von York bei Wakefield.

1461

12. Februar: Zweite Schlacht von St. Albans. Lancastertruppen schlagen den yorkistischen Earl von Warwick.

28./29. März: Schlacht von Towton. Edward von York schlägt die Hauptarmee der Lancasteranhänger in der blutigsten Schlacht der Rosenkriege und beansprucht bald darauf die englische Krone.

Die Ottomanen erobern Trapezunt, die letzte Stadt des Byzantinischen Reiches.

mussten als ihnen wahrscheinlich lieb war. Verschärft wurde das Problem durch das politische Durcheinander und die Rivalitäten, die die Minderjährigkeit Heinrichs VI. verursachte und die anhielten, nachdem er volljährig geworden war und sich als schwacher, leicht zu manipulierender Herrscher erwies. Nach dem Tod des Herzogs von Bedford im Jahr 1435 war keine starke Persönlichkeit mehr vorhanden, die den Anspruch des jungen Königs auf den französischen Thron geschützt hätte.

Karl VII. von Frankreich war als Militärführer ganz offensichtlich ein Spätzünder. Als Jeanne d`Arc auf der Bildfläche erschien, hatte er, so scheint es, alle Hoffnung auf die Krone Frankreichs fahren gelassen und vielleicht auch einen Nervenzusammenbruch erlitten. Nach seiner Krönung aber und insbesondere nach Bedfords Tod unternahm er methodisch Schritte, die die Wiedereroberung ganz Frankreichs ermöglichten.

1439 und erneut 1445 führte Karl Heeresreformen durch. Er stellte 15 Kompanien auf, die aus je 100 sechs Mann starken „Zügen" bestanden. Ein von der Krone ernannter Kapitän befehligte jede Kompanie. König Karl untersagte es allen seinen Untertanen, selbst Truppen auszuheben – und nun hatte er eine wirkungsvolle Streitmacht, das erste

Links: Johann, Herzog von Bedford (1389-1435), nach dem Tod seines Bruders Heinrich V. Kommandeur der englischen Truppen in Frankreich.

Freie Bogenschützen, Teil des stehenden Heeres, das König Ludwig XI. von Frankreich (1461-1483) aufstellte.

1462

Kasimir IV. von Polen schlägt die Deutschherren bei Puck schwer.

1462-1479: Türkisch-venezianischer Krieg. Venedig gewinnt sämtliche Seeschlachten, doch die Ottomanen erobern nach und nach die venezianischen Stützpunkte im östlichen Mittelmeer.

1462-1471: Böhmischer Bürgerkrieg zwischen Katholiken und Hussiten.

Auf dem Höhepunkt eines langen Kampfes zwischen Bischof und Bürgern erobert Erzbischof Adolf II. in einem 10 Stunden währenden Straßenkampf Mainz; große Teile der Stadt gehen in Flammen auf.

1463

Die Ottomanen erobern Bosnien.

1463-1476: Portugiesische Invasion Marokkos.

stehende christliche Heer Europas, um sein Edikt durchzusetzen. 1448 rief er ein französisches Milizsystem ins Leben. Hierbei musste jede Region eine bestimmte Anzahl von ausgebildeten Soldaten stellen, je nach Zahl der vorhandenen Haushalte. Diese Milizionäre sollten regelmäßig üben, ihre Ausrüstung von den betreffenden Gemeinden gestellt werden. Damit ließen sich bis zu 8000 Infanteristen ausheben, darunter Bogenschützen, Pikenträger, Flintenschützen und besonders die begehrten französischen Armbrustschützen. Das Milizsystem war ein ernsthafter Versuch, sich Truppen zu beschaffen, die ebenso gut kämpfen konnten wie die Söldner, aber wesentlich billiger kamen. Dass Ludwig XI. das System 1479 abschaffte und stattdessen Schweizer Söldner anheuerte, zeigt, dass es kein voller Erfolg war, ebenso die Tatsache, dass Karl VII. selbst weiterhin zahlreiche Söldner anstellte. Dass es Karl aber gelang, so viele Milizionäre auszubilden und sie von den Gemeinden ausrüsten zu lassen, zeigt, wie sehr er seine Landsleute inspirierte; das belegt auch die Tatsache, dass er genügend Geld aufbringen konnte, um die Söldner zu bezahlen. Die Stimmung in Frankreich hatte sich gegen die englische Herrschaft gewendet; das machte es dem König leichter, Zustimmung zu finden. Er machte sogar seinen Frieden mit dem Herzog von Burgund; seit Jeanne d`Arcs meteorhaftem Aufstieg wurde es nicht mehr hingenommen, sich für die Engländer einzusetzen.

Alle diese Reformen benötigten Zeit. 1444 ging Karl VII. einen Waffenstillstand mit England ein, der durch Heinrichs VI. Heirat mit Karls Nichte Margarete von Anjou besiegelt wurde. Die kampffreie Zeit nutzten die Franzosen aber dazu, sich zu reorganisieren, während England immer tiefer im politischen Chaos versank. 1448 brachen die Franzosen den Waffenstillstand und belagerten die Stadt Le Mans. Die Engländer in Maine fielen wieder in der Normandie ein. Am 24. März 1449 läutete die englische Eroberung der Burg Fougères in der Bretagne die letzte Phase des Hundertjährigen Krieges ein. Die Engländer hatten gehofft, den Herzog der Bretagne zwingen zu können, ihnen beizustehen, stattdessen aber trieben sie ihn auf die Seite der Franzosen.

Von Mai 1449 bis August 1450 nahmen die Franzosen über 70 englische Stützpunkte in der Normandie ein. Das Geheimnis – wenn es eines war –

Königin Margarete von Anjou (1430-1482), Gemahlin Heinrichs VI. von England. Sie war eine Hauptfigur des Rosenkrieges und versuchte, den Thron für ihren Sohn zu gewinnen.

1464

25. April: Schlacht von Hedgeley Moor. Eine yorkistische Armee unter Lord Montague schlägt die Lancasters.

10. Mai: Lord Montague schlägt den auf der Seite der Lancasters stehenden Herzog von Somerset in einer weiteren Schlacht bei Hexham. Somerset wird gefangengenommen und hingerichtet.

15. August: Tod von Papst Pius II. in Ancona während der Vorbereitungen zum Aufbruch einer Kreuzfahrerflotte gegen die Türken. Mit ihm stirbt der ganze Kreuzzug.

1464-1480: Kastilischer Bürgerkrieg.

1465

13. Juli: Unentschieden endende Schlacht von Monthléry zwischen König Ludwig IX. von Frankreich und der aufständischen „Liga des Gemeinwohls" des Adels.

bestand in der französischen Artillerie. Karl VII. verfügte über eine eindrucksvolle Artillerie, darunter viele Kanonen, die Mauern brechen konnten. Die große Mehrheit der englischen Burgen und Städte in der Normandie ergab sich kampflos. Nicht nur fürchteten die Garnisonen zu Recht die französische Feuerkraft; sie hatten zudem schon lange keinen Sold mehr erhalten und standen ohne Vorräte da, weil die englische Regierung in einer Finanzkrise steckte. Die Franzosen vernichteten eine englische Armee am 15. April 1450 bei Formigny, vielleicht die erste Schlacht, in der die Feldartillerie eine wichtige Rolle spielte. Mitte August ergab sich Cherbourg, das letzte englische Zentrum in der Normandie.

Die Engländer hatten weiterhin die Gascogne in ihrem Besitz, aber nicht mehr lange. Die Entscheidungsschlacht fand am 17. Juli 1453 bei Castillon statt. Die englisch-gascognische Armee, von John Talbot, dem Earl von Shrewsbury, befehligt, tauschte mit den Franzosen, verglichen mit Crécy, Poitiers und Agincourt, die Rollen. Diesmal waren die Franzosen in der Defensive – um genau zu sein,

Die Schlacht von Formigny am 15. April 1450. Die Franzosen schlugen die Engländer deutlich; die (hier nicht zu sehende) Feldartillerie spielte erstmals eine entscheidende Rolle.

1466

Zweiter Friede von Thorn. Der Deutsche Orden tritt Pommern und die Weichselmündung an Polen ab und anerkennt die polnische Oberhoheit über Preußen.

Schlacht von Monthléry. Karl der Kühne von Burgund erringt in dieser Schlacht mit unklarem Ausgang einen Vorteil über Ludwig IX.

1467

Tod Herzog Philipps des Guten von Burgund.

1468

Die Portugiesen zerstören Casablanca.

Tod Skanderbegs von Albanien; die Türken besetzen Albanien.

1468-1474: Erster „Kabeljaukrieg." Eine Reihe von Gefechten zwischen Engländern und einer Allianz aus Dänen und Hanse um Fischereirechte und den Handel mit Island.

Der Tod von John Talbot, Earl von Shrewsbury, in der Schlacht von Castillon am 17. Juli 1453. Es war dies die letzte Schlacht des Hundertjährigen Krieges.

errichteten sie einen befestigten Artilleriepark. Talbot griff ihre Stellungen an, wohl nicht wissend, wie stark diese waren. Seine Attacke wurde zurückgeschlagen, die Engländer überrannt. Talbot selbst, der nach einer früheren Gefangennahme geschworen hatte, nie wieder in Waffen vor den Franzosen zu erscheinen, wurde der Schädel von einer Streitaxt gespalten; er kämpfte in Wams und violettem Hut. Am 19. Oktober 1453 ergaben sich bei Bordeaux die verbliebenen englisch-gascognischen Truppen bedingungslos. Der Hundertjährige Krieg war zu Ende, auch wenn kein Friedensvertrag jemals die Beziehungen zwischen den beiden Ländern regelte.

Die Rosenkriege

Der Verlust von ganz Frankreich mit Ausnahme einer kleinen Enklave um Calais stellte für die englische Regierung eine Demütigung dar. Die politische Lage wurde zur Katastrophe, als König Heinrich VI. 1453 Anfälle von Wahnsinn zu erleiden begann. Lange verborgene Probleme traten in der herrschenden Klasse Englands zutage, vor allem die Tatsache, dass, als Heinrich IV. 1399 den Thron usurpiert hatte, der rechtmäßige Thronfolger (Heinrichs Cousin) nicht in der Lage gewesen war, dagegen etwas zu unternehmen. Die Tatsache blieb: Es gab englische Adlige, die größeren Anspruch auf den Thron hatten als die Heinrichs vom Hause Lancaster. Zu den wichtigsten zählte Richard, der Herzog von York.

Vor dem Ausbruch seiner Geisteskrankheit konnte Heinrich VI. von England die rivalisierenden Herzöge von York und Somerset im Zaum halten, wie auf dieser Abbildung aus dem 18. Jh. zu sehen.

1469

Union Kastiliens und Aragóns durch die Hochzeit der Isabella von Kastilien mit Ferdinand II. von Aragón.

1469-1471: Karl der Kühne von Burgund schafft die erste moderne Armee, eine stehende Söldnertruppe, die sorgsam organisiert und ausgebildet ist.

26. Juli: Schlacht von Edgecote Moor. Der aufständische Earl Richard Neville von Warwick und George, Herzog von Clarence, schlagen König Edward IV. von England und nehmen ihn Gefangen.

1470

12. Juli: Die Ottomanen erobern Negroponte, einen wichtigen venezianischen Außenposten auf Euböa.

1471

14. April: Schlacht von Barnet. König Edward IV. von England besiegt und tötet seinen vormaligen Verbündeten Richard Neville, Earl von Warwick.

4. Mai: Schlacht von Tewkesbury. Edward IV. von England schlägt die Armee der Margarete von Anjou, Heinrichs IV. Gemahlin.

10. Oktober: Schweden schlägt die Dänen in der Schlacht von Brunkeberg; Schweden erringt die Unabhängigkeit.

Schlacht von Amiens. Ein französisches Heer besiegt Karl den Kühnen von Burgund, weil seine flämischen Pikenier bei Schlachtbeginn davonlaufen.

Die Portugiesen erobern Tanger (Marokko).

1471-1478: Krieg zwischen Kasimir IV. von Polen und Matthias I. Corvinus von Ungarn um die Krone Böhmens.

1471-1478: Iwan III. von Moskau erobert das Fürstentum Nowgorod.

In den Jahren von Heinrichs VI. Minderjährigkeit und schwacher Herrschaft gab es in England kein natürliches Machtzentrum. Die Königinmutter, Katharina von Valois, heiratete erneut und hielt sich von der Politik fern. Der Zank zwischen den führenden Adligen, den keine starke königliche Macht schlichtete, geriet völlig außer Kontrolle. Besonders auffällig war die Feindschaft zwischen der Fraktion von Richard von York und derjenigen von Edmund Beaufort, des Herzogs von Somerset. Beide waren mit dem König verwandt, und beide erhoben Anspruch auf die Herrschaft, als der König nicht mehr imstande war, sie auszuüben.

1455 brach zwischen den Parteien der Krieg aus, der erste einer Reihe wirrer Konflikte, die bis 1487 dauerten. Sie erhielten den Sammelnamen „Rosenkriege", weil eines der Insignien der Herzöge von York eine weiße und eines der Embleme der Lancasters eine rote Rose war. Ein poetischer Name für eine besonders blutige Auseinandersetzung, obwohl sich die Armeen im gesamten Zeitraum nur kurz auf dem Schlachtfeld befanden. In diesem brutalen Kampf, bei dem Täuschung und Verrat eine große Rolle spielten, gingen viele englische Adelsfamilien zugrunde.

Die Engländer waren es nicht mehr gewohnt, in England selbst zu kämpfen. Zu Beginn des 15. Jahrhunderts hatte Heinrich IV. Kriege gegen walisische und englische Rebellen und gegen die Schotten geführt. In den 1450er-Jahren hinkte England aber in der Schießpulvertechnologie hinterher, und die vorhandene Artillerie war in der letzten Phase des Hundertjährigen Krieges fast vollständig an die Franzosen verloren worden. Die verlorene Zeit machte man bald in einer Reihe blutiger Gefechte wieder wett, die in militärischer Hinsicht nicht besonders innovativ gerieten, aber England in die Anarchie stürzten. Es gab nur wenige Belagerungen, da es nicht um Eroberungen ging, sondern um den Anspruch auf politische Führung. Kleine Armeen, bestenfalls 5000 Mann auf jeder Seite, kamen zum Einsatz.

Links: Der Legende zufolge trug der Rosenkrieg seinen Namen, weil die Herzöge von Somerset und York in einem Garten aneinandergerieten. York soll eine weiße, Somerset eine rote Rose als Emblem gewählt haben.

Rechts: König Heinrich VI. wurde nach der Schlacht von St. Albans am 22. Mai 1455 vom Herzog von York gefangengenommen.

1472

27. Juni-2. Juli: Karl der Kühne scheitert in dem Versuch, die französische Stadt Beauvais einzunehmen.

1472-1475: Französisch-aragonesischer Krieg um die Pyrenäen. Der Konflikt endet damit, dass Aragón Katalonien erhält, Frankreich das Roussillon.

1474

Juli 1474-23. Juni 1475: Belagerung von Neuss durch Karl den Kühnen von Burgund. Karls Verbündeter Edward IV. von England taucht nicht auf, Karl ist gezwungen, die Belagerung aufzuheben, als Kaiser Friedrich III. mit einem Entsatzheer vor der Stadt erscheint.

1475

Edward IV. von England fällt in Frankreich ein; sein Abzug wird durch Geld erkauft.

Die Schlachten wurden zu Fuß geschlagen, die Reiter stiegen ab. Das Glück spielte eine große Rolle – zum Beispiel bei der Schlacht von Barnet 1471, die König Edward IV. gewann, weil seine Gegner im dichten Nebel durcheinander gerieten und gegen sich selbst kämpften. Die ganze Sache war äußerst unprofessionell und ein starker Gegensatz zu den disziplinierten Armeen, die in der zweiten Hälfte des Jahrhunderts in Frankreich operierten.

Die Erste Schlacht von St. Albans am 22. Mai 1455 ist dafür typisch. Die Schlacht wurde innerhalb der Mauern von St. Albans geschlagen und vereinigte so Elemente des Straßenkampfes mit der offenen Feldschlacht. Das Heer Richards von York gewann. Seine Männer töteten den Herzog von Somerset – das Abschlachten von Adligen in großem Stil war ein besonderes Kennzeichen dieses Krieges – und Richard errang die Gewalt über den König. 1460 verlor er kurzzeitig seine hervorgehobene Stellung, eroberte sie sich aber im Juli 1460 mit Hilfe seines Verbündeten, des Earl von Warwick, wieder zurück.

Der Tod König Richards III. und Übergabe der Krone an Heinrich Tudor in der Schlacht von Bosworth (1485). Richard verlor die Schlacht – und sein Leben.

1476

März: Schlacht von Toro. Die Armee Isabellas von Kastilien und ihres Gemahls Ferdinand von Aragón sichert sich Kastilien durch den Sieg über die rivalisierenden Thronanwärter Juana und deren Mann Alfons V. von Portugal.

2. März: Eine Schweizer Armee schlägt bei Granson die Burgunder unter Karl dem Kühnen.

22. Juni: Karl der Kühne von Burgund erleidet in der Schlacht von Morat (Murten) eine schwere Niederlage durch die Schweizer.

Eine kastilische Flotte blockiert die Straße von Gibraltar, fängt eine Flottille aus portugiesischen und genuesischen Schiffen ab und schlägt sie.

Am 30. Dezember 1460 wurde Richard, der nun die Krone für sich selbst forderte, in der Schlacht von Wakefield besiegt und getötet. Im folgenden Jahr besiegte Richards Erbe Edward von York die Hauptarmee der Lancasters bei Towton und wurde danach zum König Edward IV. gekrönt. König Heinrich kam ins Verlies, als er aber aus dem Tower von London floh, flammten die Kämpfe wieder auf.

Die Rosenkriege kamen erst zu einem Ende, als England die Thronanwärter ausgingen. Nach dem Tod Edwards IV. entriss sein Bruder Richard III. den Thron bald seinem Neffen, dem jungen Edward V. Die folgenden politischen Unruhen boten einem neuen Usurpator, Heinrich Tudor, eine Gelegenheit, sich zum rechtmäßigen Erben Heinrichs VI. zu erklären. Heinrich Tudor fiel im August 1485 in England ein, Richard III. stellte sich ihm am 22. August zur Schlacht bei Bosworth. Richards Armee war wesentlich größer. Er teilte sie in drei „Battles" (Divisionen) auf und stellte diese Heinrich in den Weg. Bosworth hätte ein müheloser Sieg für Richard sein müssen.

Karl der Kühne, Herzog von Burgund (1467-1477), dessen Bemühung, ein zweiter Karl der Große zu werden, zu seinem ehrlosen Tod in der Schlacht von Nancy führte.

1477

5. Januar: Karl der Kühne von Burgund belagert Nancy, doch ein wesentlich größeres Schweizer Entsatzheer greift die Burgunder während eines Schneesturms an. Das Burgunderheer wird vernichtet, Karl getötet.

1478

1478-1489: Krieg zwischen Russland und Litauen ohne greifbares Ergebnis.

1479

7. August: Der Habsburger Maximilian sichert seinen Anspruch auf die Niederlande, indem er französische Truppen unter Führung Ludwigs IX. in der Schlacht von Guinegate schlägt.

1480

Ottomaneninvasion in Italien und Brandschatzung von Otranto an der Adria.

Die Ottomanen belagern Rhodos, die Hospitaliter widersetzen sich dem erfolgreich.

Die fortschrittliche Arkebuse mit Abzugsmechanismus beginnt den Schiopetto als bevorzugte Handfeuerwaffe abzulösen.

Er hatte militärische Erfahrung, war zahlenmäßig überlegen und konnte das Gelände zu seinem Vorteil nutzen. Doch als Richard seinen Feind Heinrich nur von einer kleinen Leibgarde umgeben erblickte, griff er allzu ungestüm die gegnerischen Linien an. Einer von Richards Adligen, Sir William Stanley, lief in diesem Moment auf die Seite der Tudors über. Richard fiel, seine Armee gab den Kampf kurz danach auf. Die letzte Schlacht der Rosenkriege von größerem Umfang fand am 16. Juni 1487 bei Stoke statt; Heinrich Tudor, der jetzt als Heinrich VII. herrschte, besiegte ein Heer des Betrügers Lambert Simnel, der behauptete, ein Sohn Edwards IV. zu sein. Heinrichs Armee war fast doppelt so groß wie die der Rebellen und das Ergebnis war ein Massaker; in der Schlucht starben so viele Männer, dass sie den Spitznamen „Roter Rinnstein" erhielt.

Karl der Kühne und die moderne Armee

Auf dem Kontinent wurden unterdessen Schritte unternommen, die der Schaffung der ersten Berufsarmee den Weg ebneten. Treibende Kraft dahinter war der Ehrgeiz von Karl dem Kühnen, Herzog von Burgund (1467-1477). Im 15. Jahrhundert standen den Herzögen von Burgund außergewöhnlich hohe Mittel zur Verfügung. Sie waren reich, nicht zuletzt aufgrund ihrer Herrschaft über die prosperierenden Städte Flanderns und der Niederlande. Karl meinte aber, ein Problem zu haben: Er besaß zwei voneinander getrennte Gebiete, Nordburgund und Südburgund, dazwischen lag das Herzogtum Lothringen. Karl wollte diese Gebiete miteinander vereinigen und zu diesem Zweck Lothringen erobern. Aufgrund der komplizierten Politik in der Region führte Karls Ehrgeiz dazu, dass er gegen den deutschen Kaiser, mehrere lokale Herrscher und König Ludwig XI. von Frankreich kämpfen musste.

Ludwig XI. hatte das französische Militär durch Maßnahmen weiterentwickelt, die ihn zugleich mächtiger und unbeliebter machten. Karl der Kühne hoffte, sich den Hass, den die Steuereintreibungen des Königs hervorriefen, zunutze machen zu können. Die Burgunder zettelten mit Freuden den sogenannten Krieg des Gemeinwohls an, einen Bürgerkrieg, der als Revolte gegen Ludwig begann und nur der erste von mehreren Kriegen zwischen Burgund und Frankreich war. Karl versuchte, Edward IV. von England zur Wiederaufnahme des Hundertjährigen Krieges gegen Frankreich zu überreden. Er heuerte außerdem italienische Söldner und mehrere deutsche Prinzen mitsamt ihren Armeen an. 1471 stand Karl der Kühne im Begriff, eine permanente Söldnerarmee zu schaffen.

Karl stand ein Vermögen zur Verfügung, und er schien bereit, alles für seinen Eroberungstraum auszugeben. Die Armee, die er schuf, war eine gemischte Streitmacht. Laut detaillierten Aufzeichnungen aus dem Jahr 1472 bestand die burgundische Armee zu 15 Prozent aus schweren Kavalleristen, die in der offenen Schlacht noch immer unersetzlich waren. 50 Prozent der Truppen waren aber berittene Schützen – Bogen- und überwiegend Armbrustschützen, die auf dem Marsch dank der Pferde mobil waren, aber zu Fuß kämpften – und 10 Prozent Bogenschützen zu Fuß. Die 10 Prozent der Armee, die die Flintenschützen ausmachten, zeigen das Interesse des Herzogs an den jüngsten Feuerwaffen. Am innovativsten waren die 15 Prozent Pikenträger. Diese Infanteristen, zum Großteil Schweizer Söldner, waren unter dem Begriff Landsknechte bekannt. Die Pike, ein 4,5 bis 5,5 Meter langer Speer, wurde genau zu dieser Zeit die bevorzugte Waffe der Schweizer. Wenn sie zusammenhielten, konnten die Pikenträger unter dem Feind enormen Schaden anrichten, wie es zum

Die Schweizer schlagen unter Hans Waldmann die burgundische Armee von Karl dem Kühnen in der Schlacht von Morat am 22. Juni 1476 vollständig in die Flucht.

1482

Schlacht von Loja. Eine kastilisch-aragonesische Armee wird von den Muslimen von Granada in einen Hinterhalt gelockt und geschlagen.

1483

Die Türken erobern die Herzegowina.

1485

22. August: Schlacht von Bosworth. Heinrich Tudor besiegt und tötet Richard III. und beansprucht die englische Krone für sich.

Beispiel 1444 bei St. Jakob-en-Birs geschah, wo eine weit größere Streitmacht von Söldnern aus dem Armagnac 1500 Schweizer Pikenier umzingelte. Die Schweizer wurden am Ende vernichtet, töteten zuvor aber 4000 Armagnacs. Karls des Kühnen Erlass von 1473 beinhaltete das erste Regelwerk für die Truppenausbildung. Zudem baute er große Artillerieeinheiten auf. Karls Armee wurde weithin für ihre Qualität, ihre gute Ausrüstung, ihre Disziplin und ihren Drill bewundert; 1476 galt sie als unschlagbar.

Doch auch die modernste Streitmacht war nur so gut wie ihr Kommandeur. Karl war persönlich mutig und äußerst gründlich, er war aber kein Alexander. Trotz aller Entschlossenheit haben die Feldzüge des Herzogs etwas von einer schwarzen Komödie an sich. 1471 bei Amiens geriet Karl an eine französische Armee und seine flämischen Pikenträger rannten davon. Als er 1472 Ludwigs XI. Stadt Beauvais belagerte, scheiterte er; die Sturmleitern waren zu kurz und er hatte nicht genügend Munition für die Kanonen. Zudem organisierten insbesondere die Frauen der Stadt einen so beherzten Widerstand, dass König Ludwig ihnen danach die dauerhafte Erlaubnis erteilte, bei Prozessionen in der Stadt ihren Männern voranzugehen. Die burgundische Belagerung von Neuss endete ebenso als Farce. Karl hatte Edward von England ein Vermögen bezahlt, damit er ihm zu Hilfe eilte – doch der erschien nicht und zahlte das Geld nie zurück. Kaiser Friedrich III. tauchte im Mai 1475 mit einem Heer auf, um die Belagerung zu beenden, doch als Karl das Lager der Kaiserlichen angriff, brach er nicht durch. Der Kaiser schloss dann Frieden.

Karls des Kühnen Armee stellte die Avantgarde der Militärentwicklung dar, war seinen Feinden, namentlich König Ludwig XI. von Frankreich und die Schweizer Eidgenossenschaft (die auf Seiten der Lothringer kämpfte), aber nur um einen halben Schritt voraus. Die Schweizer Pikenier waren nicht minder zäh als Karls Söldnertruppen und besaßen mehr Korpsgeist. Das ersieht man an den beiden Schweizer Siegen über Karl im Jahr 1476 bei Grandson und bei Morat. Karl scheint sich zu sehr auf die Qualität seiner Armee verlassen zu haben und stellte sich trotz zahlenmäßiger Unterlegenheit zur Schlacht (bei Morat kämpften 15.000 Burgunder gegen 25.000 Schweizer). Morat war besonders demütigend. Karl belagerte Morat, als ein großes Entsatzheer eintraf. Als die Schweizer heranrückten, stand man sich zwei Tage gegenüber. Am 22. Juni schließlich beorderte Karl seine Truppen ins Lager zurück, und in diesem Moment griffen die Schweizer an. Karl schickte seine Männer Zug um Zug in die Schlacht; sie erlitten eine schwere Niederlage. Der Großteil des burgundischen Heeres löste sich auf und floh, und die deutsche Kavallerie jagte den Fliehenden hinterher.

Ideen für die Zukunft

Das Ende des kühnen Burgunderfürsten war ebenso grotesk wie seine frühen Feldzüge. Er belagerte im Winter 1477 die Stadt Nancy mit höchstens 5000 Mann. Ein Schweizer Entsatzheer erschien auf der Bildfläche, das den Burgundern zahlenmäßig vierfach überlegen war. Obwohl Karl seine Stellungen klug auswählte, wurde seine kleine Armee umstellt. Karl selbst wurde nach der Schlacht von Plünderern tödlich verwundet. In beinahe allem, das er unternahm, scheiterte er, doch Militärkommandeure der Zukunft griffen seine Ideen auf und setzten sie mit mehr Erfolg um.

Jeanne Laisné, genannt „Johanna das Beil“, rettete Beauvais, als die Stadt 1472 von Karl dem Kühnen belagert wurde.
Ein Burgunder war die Stadtmauer hochgeklettert, doch Jeanne stürzte ihn, das Beil in der Hand, in die Tiefe, und mit ihm die Standarte, die er auf der Mauer aufgestellt hatte.

1487

16. Juni: Schlacht von Stoke (Nottinghamshire). In dieser letzten Schlacht der Rosenkriege vernichtet Heinrich VII. ein Rebellenheer, das den Hochstapler Lambert Simnel unterstützt.

1492

2. Januar: Granada ergibt sich Ferdinand und Isabella; die spanische Reconquista ist abgeschlossen.

Epilog: Grenzen und Vermächtnis der mittelalterlichen Kriegsführung

Die europäischen Armeen des Jahres 1500 unterschieden sich sehr stark von denen, die zu Beginn des Mittelalters in die Schlacht gezogen waren. Die Kavallerie war wesentlich bedeutender geworden als zur Zeit Karls des Großen und hatte seitdem in jedem Jahrhundert an Anzahl und Wichtigkeit zugelegt.

Auch die Fußsoldaten hatten sich verändert. Nach und nach wurden aus den unorganisierten Haufen schlecht bewaffneter Krieger, die in gemischten Gruppen kämpften, Einheiten mit weit besseren Rüstungen, denen man (normalerweise) zutrauen konnte, Befehle zu befolgen und die in nach ihrer Hauptwaffe sortierten Gruppen zu Werke gingen. Manche trugen sogar Uniformen, was den Zusammenhalt in der Gruppe verstärkte. Im Jahr 800 wurden befestigte Orte nur sehr selten bestürmt oder verteidigt; im Jahr 1500 hatte Europa die Phase des Burgenbaues im Großen und Ganzen hinter sich und im Spiel des Belagerungskrieges hatten sich die Vorteile ganz entschieden von den Verteidigern zu den Angreifern verlagert. Zum großen Teil war diese Entwicklung das Ergebnis der Einführung von Schießpulverwaffen in die europäische Kriegsführung des 14. und 15. Jahrhunderts.

Links: Tod Karls des Kühnen in der Schlacht von Nancy am 5. Januar 1477.
Rechts: Niccolò Mauruzi da Tolentino in der Schlacht von San Romano.

Eine Schießpulver-Revolution?

Im Rückblick auf das Phänomen ist es schwer verständlich, warum die europäischen Armeen in den letzten Jahrhunderten des Mittelalters mehr und mehr das Schießpulver für sich entdeckten. Meistenteils bewährten sich Feuerwaffen erst lange, nachdem die europäischen Kommandeure sie in Gebrauch genommen hatten. Einziger Schießpulver-Erfolg des Mittelalters war die große

Eine Szene aus der 'Geschichte des Grals', eine Schlacht zwischen Rittern in Rüstungen des späten 15. Jahrhunderts darstellend.

Kanone, die Mitte des 15. Jahrhunderts konventionelle Stadtmauern einreißen konnte. Die Kanone war aber mit weniger Erfolg bereits seit einem knappen Jahrhundert verwendet worden, ehe sie diesen Grad an Effizienz erreichte, tötete oft die eigene Mannschaft und schoss in alle Richtungen außer der richtigen. Am Ende unseres Betrachtungszeitraums war die Kanone noch immer umständlich zu bedienen und ungenau, konnte aber einem Geschoss mehr Wucht verleihen als selbst das stärkste Katapult. Auf dem Schlachtfeld war sie von geringem Nutzen, bewies aber ihre Fähigkeiten, wenn man sie aus fixer Position feuern ließ. Schon bald wurden kleine Kanonen auf Schiffen installiert. Bei der Schlacht von Gibraltar etwa, die 1476 zwischen kleinen kastilischen und portugiesischen Flotten geschlagen wurde, besaßen die Schlachtschiffe auf halber Höhe des Schiffskörpers schmiedeeiserne Kanonen. Erst 1513 gelang es freilich Bordkanonen, ein Schiff zu versenken, und noch über ein Jahrhundert lang blieb dies ein seltenes Ereignis.

Noch schwerer verständlich ist die zunehmende Beliebtheit von Handfeuerwaffen. Als Karl der Kühne von Burgund in den 1460er- und 1470er-Jahren seine Armeen aufstellte, umfasste jede „moderne" Armee auch eine Abteilung von Flintenschützen. Erst Mitte des 16. Jahrhunderts begannen Handfeuerwaffen, Schlachten zu entscheiden, obwohl sich Arkebusiere viel schneller und leichter ausbilden ließen als Bogenschützen. Tatsächlich konnten es Handfeuerwaffen erst im 19. Jahrhundert an Reichweite, Zielgenauigkeit und Geschwindigkeit mit dem Langbogen aufnehmen. Für die Handfeuerwaffe sprachen aber drei Dinge. Erstens waren Bogenmacher und Pfeilmacher spezialisierte Handwerker, die nur eine begrenzte Zahl von Pfeilen und Bogen herstellen konnten; es war leichter, die Produktion der Handfeuerwaffen zu erhöhen. Zweitens scheinen viele Kommandeure von den Geräuschen und der Modernität der Feuerwaffen begeistert gewesen zu sein und hielten sie daher für ein Statussymbol. Drittens und zweifellos zum Wichtigsten benötigten Bogenschützen jahrelange Übung, während Arkebusiere ihr Handwerk innerhalb einiger Wochen erlernen konnten. Die Armeen konnten in der Folge vergrößert werden.

Die wahre Revolution: Auf den Krieg ausgerichtete Staaten

Die wirkliche Revolution in der mittelalterlichen Kriegsführung in Europa brachte aber nicht das Schießpulver, sondern die Fähigkeit der Staaten, Kriege zu organisieren und ihre Ressourcen diesem Zweck zu widmen. Es brauchte die Finanzkraft ganzer Staaten, um große Armeen mit teuren Feuerwaffen auszurüsten, wie es auch ganz allgemein der Finanzkraft ganzer Staaten bedurfte, um die Infanterie selbst mit einfachen Waffen und Rüstungen auszustatten. An dem Willen zum Krieg des Durchschnittsherrschers hatte sich

1503

21. April: Schlacht von Cerignola. Die Aragonesen erringen einen Sieg über ein französisches Heer unter Louis d'Armagnac. Man nimmt an, dass dies die erste Schlacht der Weltgeschichte ist, die durch Handfeuerwaffen entschieden wurde.

1521

8. August: Schlacht von Tenochtitlan. Hernán Cortés kommandiert eine spanisch-indianische Armee und schlägt die Azteken unter Cuauhtémoc; damit ist Mexiko praktisch in spanischer Hand. Die spanische Belagerung vor der Schlacht ist die letzte bekannte Gelegenheit, bei der ein Trebuchet mit Gegengewichten eingesetzt wurde.

1526

29. August: Schlacht von Mohács. Der Ottomanensultan Suleiman I. der Prächtige schlägt eine ungarische Armee unter König Ludwig II., der beim Rückzug ums Leben kommt, entscheidend.